どんどん身につく 韓国語・語彙マスター編

どんどん身につく 韓国語・語彙マスター編 改訂版

著者	呉承恩
翻訳	吉本一・中島仁
初版発行	2014年6月
改訂版第1刷発行	2021年8月
発行者	鄭圭道
編集	李淑姫・金淑姫・呉智慧
レイアウト	金娜敬・尹智暎・朴銀斐・咸東春
表示デザイン	金娜敬
イラスト	宋禹錫・金文秀・尹炳喆
監修	尾崎達治
声優	李題因・崔現哲・辛昭玧・金來煥・尾崎達治

DARAKWON

韓国 京畿道 坡州市 文発路 211, 〒10881
Tel: 82-2-736-2031, Fax: 82-2-732-2037
(お問い合わせ先 編集: 内線 420~426, 販売: 内線 250~252)

定価：21,000 ウォン (無料MP3ダウンロード)

ISBN : 978-89-277-3274-7 14710
　　　　978-89-277-3272-3 (セット)

http://www.darakwon.co.kr
http://koreanbooks.darakwon.co.kr

DARAKWONのホームページをご覧くだされば，その他の出版物の情報とMP3ファイルのダウンロードなど多様なサービスがご利用になれます。

改訂版

どんどん身につく
韓国語

語彙マスター編

呉承恩

DARAKWON

まえがき

<Korean Made Easy> 시리즈는 제2언어 혹은 외국어로서 한국어를 공부하는 학습자를 위해 집필되었다. 특히 이 책은 시간적·공간적 제약으로 인해 정규 한국어 교육을 받을 수 없었던 학습자를 위해 혼자서도 한국어를 공부할 수 있도록 기획되었다. <Korean Made Easy> 시리즈는 초판 발행 이후 오랜 시간 독자의 사랑과 지지를 받으며 전세계 다양한 언어로 번역되어 한국어 학습에 길잡이 역할을 했다고 생각한다. 이번에 최신 문화를 반영하여 예문을 깁고 연습 문제를 보완하여 개정판을 출판하게 되어 저자로서 크나큰 보람을 느낀다. 한국어를 공부하려는 모든 학습자가 <Korean Made Easy>를 통해 효과적으로 한국어를 공부하면서 즐길 수 있기를 바란다.

시리즈 중 <Korean Made Easy – Vocabulary>는 학습자가 맥락 안에서 의미 구조를 바탕으로 어휘의 의미와 쓰임을 익혀 갈 수 있도록 고안되었다. 이 책은 어휘 학습이 주제별로 나열된 어휘 목록을 암기하는 데에서 벗어나야 한다는 고민에서 시작되었다. 어휘의 의미를 어떻게 익히는 것이 효과적인지, 학습한 어휘를 담화 내에서 어떻게 사용해야 하는지, 비슷한 어휘들 간에 어떤 차이가 있는지, 이미 학습한 어휘가 다른 어휘로 어떻게 확장될 수 있는지 저자가 연구해 왔던 것을 이 책에 모두 담아내고자 하였다.

<Korean Made Easy – Vocabulary>는 초급에서 중급 초반에 이르는 약 2,500여 개의 방대한 어휘를 총 100개 과에서 다루고 있다. 어휘의 난이도에 따라 Part 1, Part 2, Part 3의 세 부분으로 구성 방식을 달리하여, 학습자가 맥락 안에서 어휘의 의미와 쓰임을 이해하면서 익힐 수 있도록 제시하였다. 또한 그림이나 사진, 듣기 자료, 어휘의 맥락을 보여 주는 대화 카드, 다양한 연습 문제를 통해 학습자가 어휘를 더 짜임새 있게 학습하고 자연스럽게 활용할 수 있도록 하였다. 이 책은 과가 진행되어 갈수록 어휘 수준이 높아지고 복잡해지며 세분화되지만, 각 과는 주제별로 독립적으로 구성되어 있기 때문에 학습자는 목차에서 제시한 순서와 상관 없이 원하는 주제를 선택하여 공부할 수 있다.

<Korean Made Easy – Vocabulary>는 자료 정리 및 책의 구성, 번역, 책의 제작 과정에서 많은 이의 도움과 열정이 함께 했기에 빛을 볼 수 있었다. 먼저, 이 책의 번역을 담당한 요시모토 하지메 선생님과 나카지마 히토시 선생님께 감사드린다. 그분들의 정확한 번역 덕분에 학습자가 자칫 오해하기 쉬운 어휘를 더 분명하게 설명할 수 있었다. 번역 원고를 꼼꼼하게 교정하여 책의 완성도를 높여준 준오마타 미와코 씨께도 감사드리고 싶다. 또한 오랜 원고 집필과 제작 과정을 기다려 주신 정규도 사장님과 멋지게 완성해 주신 다락원의 한국어 출판부 편집진께 진심으로 감사드린다.

마지막으로, 늘 곁에서 딸의 꿈이 실현되도록 응원해 주시는 어머니와, 하늘에서도 큰딸을 흐뭇하게 지켜보실 아버지께 이 책을 바치고 싶다.

오승은

『どんどん身につく韓国語』シリーズは，第2言語または外国語として韓国語を勉強する学習者のために執筆された。特にこの本は，時間的・空間的な制約によって正規の韓国語教育を受けられなかった学習者のために，韓国語を1人でも勉強できるように企画された。『どんどん身につく韓国語』シリーズは，初版発行以降長期にわたって，読者の愛と支持を得，全世界の多様な言語に翻訳され，韓国語学習における道案内の役割を果たしたと思う。このたび，最新の文化を反映した例文や練習問題を補って改訂版を出版することになり，著者として大きな喜びを感じる。韓国語を勉強しようとするすべての学習者が，『どんどん身につく韓国語』を通じて楽しみながら効果的に韓国語を勉強できることを願う。

　シリーズのうち『どんどん身につく韓国語―語彙マスター編』は，単語の意味と用法を文脈の中における意味・構造をもとにして学習者が覚えられるように考案された。この本は，単語の学習がテーマごとに羅列された単語リストを暗記することから抜け出さなければいけない，という悩みから始まった。単語の意味をどのように覚えるのが効果的か，学習した単語を会話の中でどのように使うべきか，類似の単語の間にどのような違いがあるのか，既習の単語から別の単語へどのように拡張できるか，著者が研究してきたことをこの本に盛り込もうとした。

　『どんどん身につく韓国語―語彙マスター編』は，初級から中級はじめにかけての2,500あまりの膨大な語彙を，全100課で取り上げている。単語の難易度によってPart1・Part2・Part3の3つの部分で構成を異にし，学習者が単語の意味と用法を文脈の中で理解しながら覚えられるように提示した。また，絵や写真，聴覚資料，単語の文脈を示す会話カード，多様な練習問題を通じて，学習者がより体系的に単語を学習し，自然に活用できるようにした。この本は，課が進むにつれて単語のレベルが上がり，複雑化・細分化するが，各課はテーマ別に独立して構成されているので，学習者は目次で提示した順序と関係なく好きなテーマを選んで勉強できる。

　『どんどん身につく韓国語―語彙マスター編』は，資料の整理や本の制作過程で多くの方の助力と情熱があったからこそ，日の目を見ることができた。まず，この本の翻訳を担当した吉本一先生と中島仁先生に感謝する。お二方の正確な翻訳のおかげで，学習者がややもすると誤解しやすい単語をより明らかに説明できた。翻訳原稿を入念に校正して本の完成度を高めてくれた小又美和子さんにも感謝したい。また，長期にわたる原稿執筆と制作過程を待ってくださった鄭圭道社長と，素敵な本に仕上げてくださった多楽園の韓国語出版部編集陣に，心から感謝する。

　最後に，いつも傍らで娘の夢が実現するように応援してくれる母と，天からも長女をほほえみながら見守ってくれる父に，この本を捧げたい。

呉承恩

この本の使い方

Part ①

Part 1は，10の大きなテーマの下に60課があり，日常生活でよく使われる基礎的で中心的な語彙が提示される。目標語彙は聴解資料とともに練習問題の形で提示され，語彙を習得する過程で単語の意味と発音を同時に練習し，会話の形に拡張できるように考えられている。

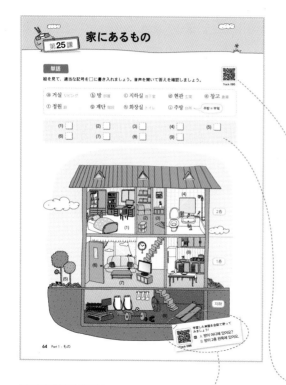

単語

▶ 目標語彙の意味と使用文脈の把握

学習者は，まず，視覚資料で目標語彙の意味と文脈を直観的に理解した後，練習問題を解くことによって，単語の意味と用法をしっかり習得することができる。

QRコード

それぞれの音声ファイルをQRコードで提供しているため，明確な発音と速度をすぐ確認でき，多楽園のHPからもMP3ファイルをすべてダウンロードできる。

解答

練習問題の解答は翻訳と聞き取り資料を通じて付録で確認できるが，聞き取り資料を提供する主な目的は単語の発音を覚えて練習するためである。学習した単語は，会話カードによってその単語の使われる文脈を確認しながら練習する。

会話カード

会話カードは，目標語彙の使われる文脈を基本的な会話の形で提示したものであり，聞き取り資料で提供される対話を真似てみることによって，学習者は一人でも単語の用法を練習することができる。会話カードの台本は，付録に提示されている。

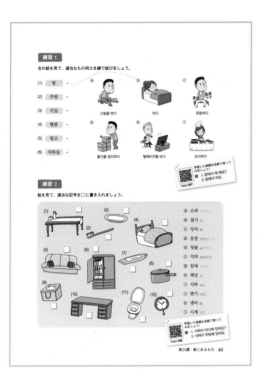

練習

▶ 目標語彙から多様な語彙への拡張練習

練習1・練習2では、単語で学んだ単語と関連して覚えられる単語を練習問題として提示した。単語と同様、練習問題を解いた後、付録の解答と聞き取り資料で答えを確認し、会話カードで練習することができる。

気をつけよう！

学習者が間違いやすい単語の意味や発音について解説する。

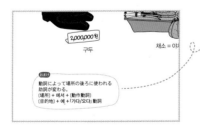

おまけ

目標語彙の使われる文脈に関して、学習者が知っておくとよい内容について解説する。

ふきだし

当該単語の類義語および対義語など、簡単なアドバイスを提示する。

Part ❷

大きく4つのテーマの下に20課で構成されたPart 2は，Part 1より高難度で複雑な単語，フレーズや表現にまとめられる単語を対象として，学習者が理解しやすいように単語をカテゴリー化して提示した。また，各課の練習問題を多様に提示し，学習者が単語の用法をはっきり理解できるようにした。

重要表現

▶ 意味構造を土台に目標語彙を組織化

Part 2の目標語彙は，意味構造に合わせて構成されている。目標語彙は，短い例文とともに提示され，単語が使われる文脈を直接確認することができる。

確認テスト

▶ 多様な練習問題で単語の用法を確認

確認テスト の多様な練習問題で，単語がどのような意味を持っているか，学習した単語が文章の中でどのように使われるか，確認することができる。

Part ③

大きく3つのテーマの下，20課で構成されたPart 3は語彙の難易度が最も高く，抽象的な単語が多い。多義語，フレーズになった表現，類義語のように学習者がよく混同する語彙を扱っており，韓国語の文法的特徴がわかる品詞別特徴も提示した。

重要表現

▶ 意味の差を区別

各課の目標語彙は，単語の意味を中心にいくつかの下位範疇に分けられている。各下位カテゴリーではイメージと説明，例文をともに提示し，単語の微妙な意味の違いを習得できるようにした。

確認クイズ

▶ 複雑な単語の意味および用法をすぐに確認

Part 3の目標語彙は複雑で多義的な場合が多いため，カテゴリー別に語彙を学習した後，すぐ下に簡単な確認クイズをおき，単語の意味と用法をすぐに確認できるようにした。

★ 聞き取り台本

Part 1の対話カードと聴解練習問題が録音された聞き取り資料の台本が提示されている。

★ 単語目録

この本に出てきたすべての単語が，ページ番号とともに가나다順に提示されている。

目次

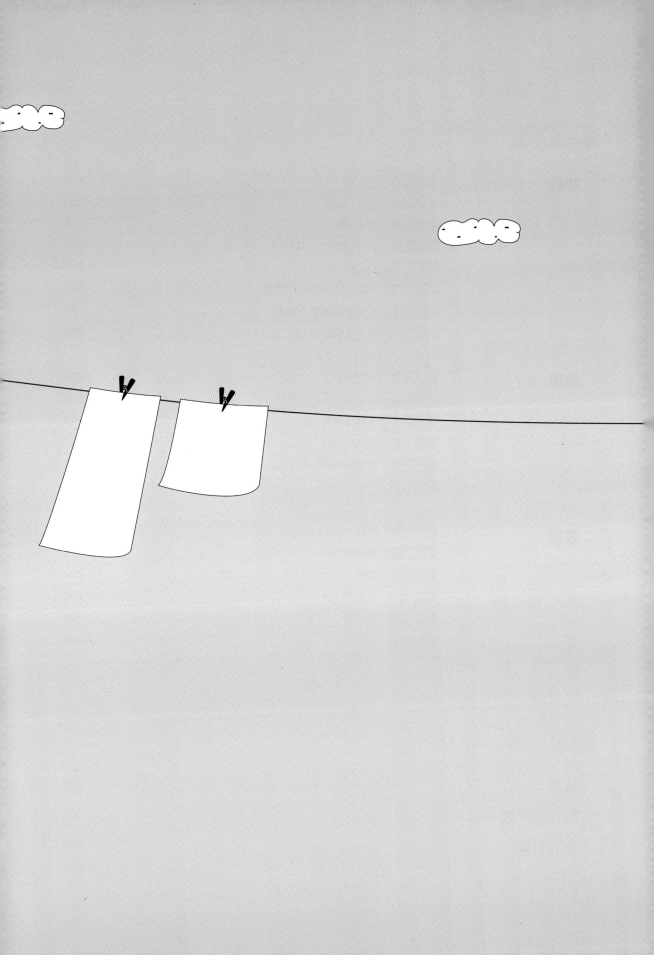

Part

数

時間

個人情報

場所

もの

日常生活

食べ物

余暇

人

自然

Fun!

数字 1

単語

1 音声を聞いて，後について読みましょう。

Track 001

1	2	3	4	5	6	7	8	9	10
일	이	삼	사	오	육	칠	팔	구	십

2 絵を見て，適当な記号を□に書き入れましょう。音声を聞いて答えを確認しましょう。

Track 002

ⓐ 삼일오이　　　　　　　　　　　ⓑ 칠이공삼

ⓒ 공삼일삼구　　　　　　　　　　ⓓ 사구오이삼공

ⓔ 삼삼칠일 이사이공　　　　　　　ⓕ 공일공 구오이삼 팔육일사

ⓖ 구사이팔 칠칠팔공 삼육삼일 이칠육팔

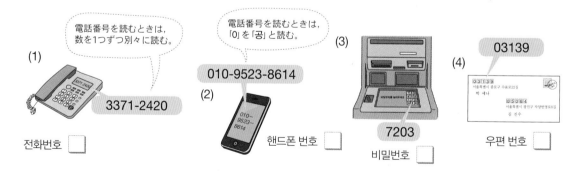

(1) 電話番号を読むときは，数を1つずつ別々に読む。
3371-2420
전화번호 □

(2) 010-9523-8614
핸드폰 번호 □

電話番号を読むときは，「0」を「공」と読む。

(3) 7203
비밀번호 □

(4) 03139
우편 번호 □

(5) 3152
자동차 번호 □

(6) 495230
외국인 등록 번호 □

(7) 9428 7780 3631 2768
카드 번호 □

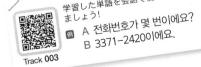
学習した単語を会話で使ってみましょう！
例 A 전화번호가 몇 번이에요?
　 B 3371-2420이에요.
Track 003

音声を聞いて，後について読みましょう。

(1)

(2)

2645-7865

휴대폰 = 핸드폰

A 전화번호가 2645-7865 맞아요?
B 네, 맞아요.
A 電話番号は2645-7865で合っていますか。
B はい，合っています。

A 핸드폰 번호가 010-4964-6547 맞아요?
B 아니요, 틀려요. 010-3964-6547이에요.
A 携帯電話の番号は010-4964-6547で合っていますか。
B いいえ，違います。010-3964-6547です。

練習 2

音声を聞いて，次の番号が正しければ○，間違っていれば×をつけましょう。

(1)  영화관

1544-1580

(2)  공항

1577-2600

(3) 교회

498-1287

(4) 리에

010-5690-0135

(5) 민호

010-3467-3230

(6) 제인

010-2624-3573

(7) 병원

507-7583

(8)  미용실

6334-1010

(9)  경찰서

2438-6970

数字 2

単語

1 音声を聞いて，後について読みましょう。

発音に注意！
11 (십일) [시빌]
16 (십육) [심뉵]

Track 006

11	12	13	14	15	16	17	18	19	20
십일	십이	십삼	십사	십오	십육	십칠	십팔	십구	이십

10	20	30	40	50	60	70	80	90	100
십	이십	삼십	사십	오십	육십	칠십	팔십	구십	백

2 絵を見て，適当な記号を□に書き入れましょう。音声を聞いて答えを確認しましょう。

Track 007

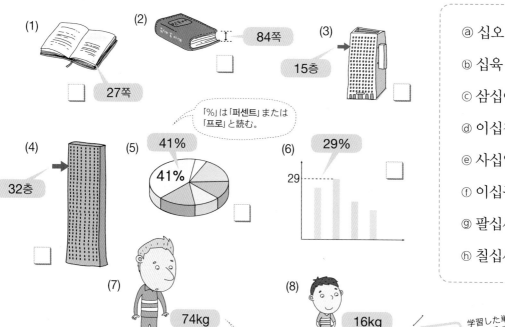

(1) 27쪽

(2) 84쪽

(3) 15층

(4) 32층

(5) 41%

「%」は「퍼센트」または「프로」と読む。

41%

(6) 29%
29

(7) 74kg

「kg」は「킬로그램」または「킬로」と読む。

(8) 16kg

ⓐ 십오
ⓑ 십육
ⓒ 삼십이
ⓓ 이십칠
ⓔ 사십일
ⓕ 이십구
ⓖ 팔십사
ⓗ 칠십사

学習した単語を会話で使ってみましょう！
例 A 몇 쪽이에요?
　　B 27쪽이에요.

Track 008

練習 1

音声を聞いて，後について読みましょう。

Track 009

(1)

110 백십
120 백이십

(2)

150 백오십
250 이백오십

(3)

1050 천오십
1500 천오백

(4)

1300 천삼백
2300 이천삼백

練習 2

絵を見て，適当な記号を□に書き入れましょう。音声を聞いて答えを確認しましょう。

Track 010

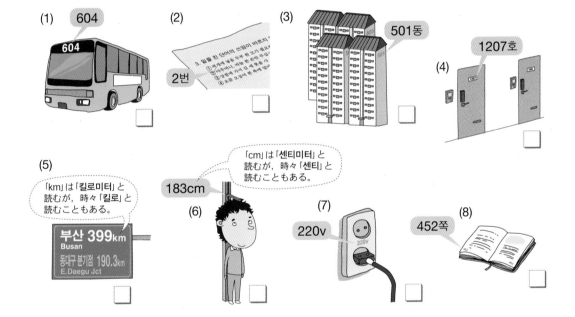

(1) 604

(2) 2번

(3) 501동

(4) 1207호

(5) 「km」は「킬로미터」と読むが，時々「킬로」と読むこともある。

부산 399km
Busan
동대구 분기점 190.3km
E.Daegu Jct

(6) 「cm」は「센티미터」と読むが，時々「센티」と読むこともある。

183cm

(7) 220v

(8) 452쪽

ⓐ A 몇 쪽이에요?
B 사백오십이 쪽이에요.

ⓑ A 방이 몇 호예요?
B 천이백칠 호예요.

ⓒ A 답이 몇 번이에요?
B 이 번이에요.

ⓓ A 집이 몇 동이에요?
B 오백일 동이에요.

ⓔ A 버스가 몇 번이에요?
B 육백사 번이에요.

ⓕ A 전기가 몇 볼트예요?
B 이백이십 볼트예요.

ⓖ A 부산까지 몇 킬로미터예요?
B 삼백구십구 킬로미터예요.

ⓗ A 키가 몇 센티미터예요?
B 백팔십삼 센티미터예요.

おまけ

数を尋ねるときは，単位名詞の前に「몇」を使う。

例 몇 쪽 何ページ, 몇 층 何階,
　몇 호 何号, 몇 번 何番/何回

第03課　値段

単語

Track 011

1　音声を聞いて，後について読みましょう。

(1) 10원
십 원 (일십 원ではない。)

(2) 50원
오십 원

(3) 100원
백 원

(4) 500원
오백 원

(5) 1,000원
천 원 (일천 원ではない。)

(6) 5,000원
오천 원

(7) 10,000원
만 원 (일만 원ではない。)

(8) 50,000원
오만 원

> **気をつけよう!**
> 10 (십) 원 [시붠]
> 100 (백) 원 [배권]
> 1,000 (천) 원 [처눤]
> 10,000 (만) 원 [마눤]

만	천	백	십			
	1	0	0	0	원 →	천 원
	5	0	0	0	원 →	오천 원
1	0	0	0	0	원 →	만 원
5	0	0	0	0	원 →	오만 원
1 0	0	0	0	0	원 →	십만 원

> 「1万」は「일 만」と言わない。
> 「1億」は「일 억」と言う。

Track 012

2　絵を見て，適当な記号を□に書き入れましょう。音声を聞いて答えを確認しましょう。

ⓐ 팔천오백 원

ⓑ 삼천팔백 원

ⓒ 만 이천오백 원

ⓓ 이만 천칠백 원

ⓔ 천사백오십 원

ⓕ 칠만 육천이백 원

(1)
3,800원 □

(2)
1,450원 □

(3)
21,700원 □

(4)
8,500원 □

(5)
12,500원 □

(6)
76,200원 □

練習 1

音声を聞いて，後について読みましょう。

億				万					
		1	0	0,0	0	0	원		
			십만						
		1,	0	0	0,0	0	0	원	
			백만						
	1	0,	0	0	0,0	0	0	원	
		천만							
1	0	0,	0	0	0,0	0	0	원	
일억									

(1) 347,600원 　　삼십사만 칠천육백 원

(2) 2,650,300원 　　이백육십오만 삼백 원

(3) 10,824,500원 　　천팔십이만 사천오백 원

(4) 157,030,000원 　일억 오천칠백삼만 원

「만・십만・백만・천만」の前には
「일만・일십만・일백만・일천만」
のように「일」を付けない。ただし，
例外的に「억」は「일」を付けて
「일억」という。

気をつけよう!
発音に注意!
십만 원 [심마 뉜]
백만 원 [뱅마 뉜]
일억 원 [이러 권]

練習 2

Track 014

音声を聞いて，適当な記号を□に書き入れましょう。

(1) 　노트북 □

(2) 　그림 □

(3) 　한복 □

(4) 　코트 □

(5) 　자동차 □

(6) 　가방 □

(7) 　비행기표 □

(8) 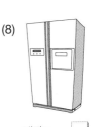　냉장고 □

ⓐ 380,000원　　ⓑ 2,173,000원　　ⓒ 47,400,000원　　ⓓ 830,000원

ⓔ 610,000원　　ⓕ 56,300,000원　　ⓖ 2,837,000원　　ⓗ 1,120,000원

個数

Track 015

1 音声を聞いて，後について読みましょう。

 하나　　　 둘　　　 셋　　　 넷　　　 다섯

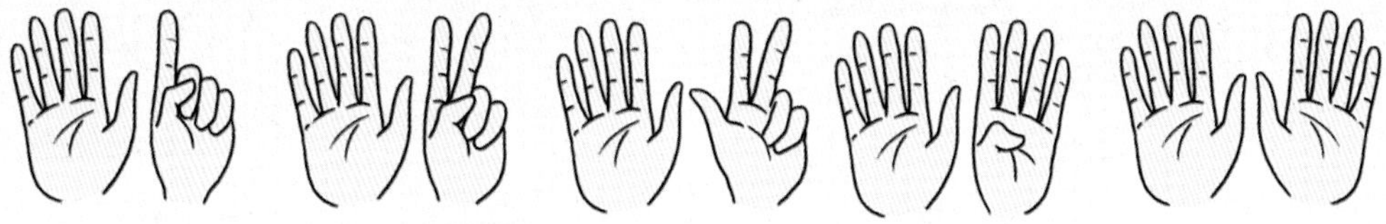

여섯　　　일곱　　　여덟　　　아홉　　　열

> 韓国語には，漢字語数詞と固有語数詞がある。
> 漢字語数詞(일, 이, …)は番号を数えるときに用い，
> 固有語数詞(하나, 둘, …)は個数を数えるときに用いる。

Track 016

2 絵を見て，適当な記号を□に書き入れましょう。音声を聞いて答えを確認しましょう。

ⓐ 사과 열 개

ⓑ 사과 한 개

ⓒ 사과 세 개

ⓓ 사과 두 개

ⓔ 사과 네 개

ⓕ 사과 일곱 개

> いくつかの数詞は，単位名詞の前で
> 次のように形が変わる。
> 하나 → 한 개　　　둘 → 두 개
> 셋 → 세 개　　　넷 → 네 개
> 스물 → 스무 개

(1) □

(2) 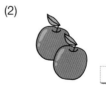 □

(3) □

(4) □

(5)  □

(6)  □

次のうち，単位名詞に合わないものを1つ選びましょう。

(1) ⓐ 새　ⓑ 모기　ⓒ 꽃　ⓓ 개　마리

(2) ⓐ 아기　ⓑ 남자　ⓒ 아이　ⓓ 고양이　명

(3) ⓐ 사과　ⓑ 사탕　ⓒ 치약　ⓓ 생선　개

(4) ⓐ 책　ⓑ 사진　ⓒ 표　ⓓ 종이　장

(5) ⓐ 커피　ⓑ 생맥주　ⓒ 소주　ⓓ 녹차　잔

(6) ⓐ 세탁기　ⓑ 비행기　ⓒ 피아노　ⓓ 책상　대

(7) ⓐ 만두　ⓑ 국　ⓒ 라면　ⓓ 밥　그릇

(8) ⓐ 신발　ⓑ 바지　ⓒ 장갑　ⓓ 양말　켤레

練習 2

絵を見て，適当な記号を□に書き入れましょう。音声を聞いて答えを確認しましょう。

Track 017

ⓐ 개　　ⓑ 명　　ⓒ 장　　ⓓ 잔　　ⓔ 권　　ⓕ 대　　ⓖ 병　　ⓗ 분　　ⓘ 마리　　ⓙ 켤레

(1) 책 네 □

(2) 표 세 □

(3) 물 한 □

(4) 맥주 두 □

(5) 여자 두 □

(6) 생선 네 □

(7) 가방 세 □

(8) 양말 한 □

(9) 자동차 두 □

(10) 할아버지 한 □

97살

> **おまけ**
> よく使われる単位名詞
> 개: もの
> 명: 人〔普通〕
> 분: 人〔尊敬〕
> 마리: 動物
> 장: 紙のように薄く平たいもの
> 권: 本
> 잔: コップ，カップ
> 병: 瓶
> 대: 乗り物または機械
> 켤레: 靴下のようにペアに
> 　　　なっているもの

月と日

単語

1 音声を聞いて，後について読みましょう。

Track 018

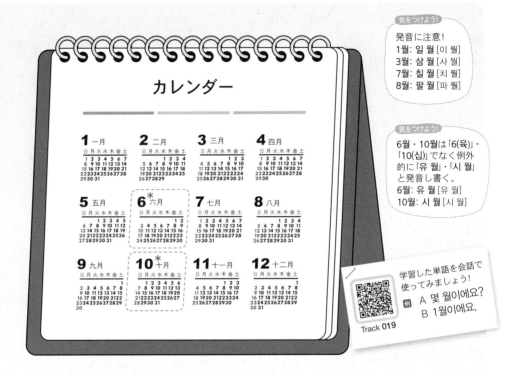

気をつけよう!

発音に注意!
1月: 일 월 [이 뤌]
3月: 삼 월 [사 뭘]
7月: 칠 월 [치 뤌]
8月: 팔 월 [파 뤌]

気をつけよう!

6月・10月は「6(육)」・「10(십)」でなく例外的に「유 월」・「시 월」と発音し書く。
6月: 유 월 [유 월]
10月: 시 월 [시 월]

学習した単語を会話で使ってみましょう!
例 A 몇 월이에요?
　 B 1월이에요.

Track 019

2 音声を聞いて，正しい答えを選びましょう。

Track 020

(1) 시험을 (ⓐ 1월 / ⓑ 2월)에 봐요.

(2) 출장을 (ⓐ 4월 / ⓑ 10월)에 가요.

(3) 휴가를 (ⓐ 7월 / ⓑ 8월)에 가요.

(4) 축제를 (ⓐ 6월 / ⓑ 9월)에 해요.

時間を表す名詞の後ろに，助詞「에」を付けて使う。

練習 1

音声を聞いて，後について読みましょう。

カレンダー **3**월

일요일	월요일	화요일	수요일	목요일	금요일	토요일
				1	2	3
4	5	6	7	8	9	10
11	12	13	14	15	16	17
18	19	20	21	22	23	24
25	26	27	28	29	30	31

気をつけよう!

発音に注意!
1일: 일 일 [이 릴]
6일: 육 일 [유 길]
7일: 칠 일 [치 릴]
10일: 십 일 [시 빌]

学習した単語を会話で
使ってみましょう!
例 A 며칠이에요?
　 B 1일이에요.

Track 022

練習 2

音声を聞いて，正しい答えを選びましょう。

Track 023

(1) 오늘이 (ⓐ 13일 / ⓑ 14일)이에요.

(2) 졸업이 (ⓐ 17일 / ⓑ 27일)이에요.

(3) 발표가 (ⓐ 11일 / ⓑ 12일)이에요.

(4) 생일이 (ⓐ 30일 / ⓑ 31일)이에요.

特別な日

単語

絵を見て，適当な記号を□に書き入れましょう。音声を聞いて答えを確認しましょう。

Track 024

ⓐ 5월 5일	ⓑ 10월 3일	ⓒ 음력 1월 1일
ⓓ 6월 6일	ⓔ 10월 9일	ⓕ 음력 4월 8일
ⓖ 8월 15일	ⓗ 12월 25일	ⓘ 음력 8월 15일

発音に注意!
음력 [음녁]

(1)

気をつけよう!
発音に注意!
ㄴ + ㄹ → ㄹ + ㄹ
설날 [설랄]
한글날 [한글랄]

설날 □
旧正月

(2)

개천절 □
開天節

(3)

어린이날 □
子どもの日

(4)

광복절 □
光復節

(5)

추석 □
仲秋

(6)

부처님 오신 날 □
花祭り，灌仏会

(7)

성탄절 (= 크리스마스) □
クリスマス

(8)

현충일 □
顕忠日

(9)

한글날 □
ハングルの日

学習した単語を会話で使ってみましょう!

例 A 설날이 며칠이에요?
B 음력 1월 1일이에요.

Track 025

練習 1

絵を見て，適当な記号を□に書き入れましょう。

ⓐ 추석

ⓑ 돌

ⓒ 설날

ⓓ 어버이날

(1) □
세배하다

(2) □
잔치를 하다

学習した単語を会話で使ってみましょう！

例 A 설날 때 뭐 해요?
　 B 세배해요.

Track 026

(3) □
부모님께 꽃을 드리다

(4) □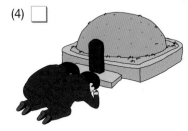
성묘 가다

> 文の目的語を高める場合，次のように助詞も動詞も敬語に変わる。
> 〔普通〕제가 친구에게 꽃을 줘요.
> 〔尊敬〕제가 부모님께 꽃을 드려요.

練習 2

適当なもの同士を線で結びましょう。 音声を聞いて答えを確認しましょう。

Track 027

(1)
생일
・

・ ⓐ
떡국

(2)
설날
・

・ ⓑ
팥죽

(3)
동지
・

・ ⓒ
미역국

(4)
복날
・

・ ⓓ
삼계탕

曜日

単語

1 絵を見て，適当な記号を□に書き入れましょう。音声を聞いて答えを確認しましょう。

Track 028

ⓐ 목　　ⓑ 일　　ⓒ 화　　ⓓ 금　　ⓔ 월　　ⓕ 토　　ⓖ 수

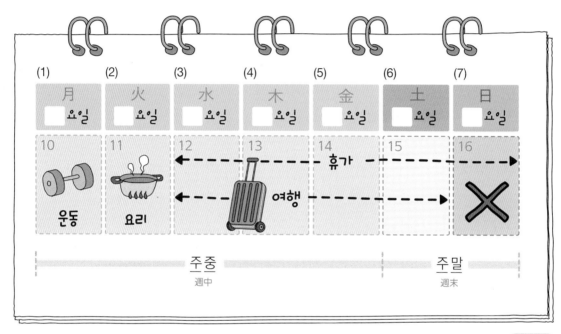

2 上の絵を見て，正しい答えを選びましょう。音声を聞いて答えを確認しましょう。

Track 029

(1) 11일이 (ⓐ 월요일 / ⓑ 화요일)이에요.

(2) 월요일에 (ⓐ 운동해요. / ⓑ 요리해요.)

(3) 휴가가 (ⓐ 수요일 / ⓑ 목요일)에 시작해요.

(4) 휴가가 (ⓐ 토요일 / ⓑ 일요일)에 끝나요.

(5) 수요일(ⓐ 부터 / ⓑ 까지) 토요일(ⓒ 부터 / ⓓ 까지) 여행 가요.

> おまけ
> 時間の範囲を表すとき
> (開始時間)부터 (終了時間)까지

(6) (ⓐ 월요일 / ⓑ 일요일)에 아무것도 안 해요.

> おまけ
> 「아무것도」は「안」のような否定の文法表現とともに使われる。
> 例1 아무것도 안 해요. 何もしません。
> 例2 아무것도 안 먹어요. 何も食べません。
> 例3 아무것도 안 읽어요. 何も読みません

練習 1

音声を聞いて，後について読みましょう。

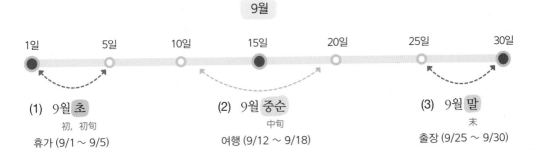

9월

| 1일 | 5일 | 10일 | 15일 | 20일 | 25일 | 30일 |

(1) 9월 초
初, 初旬
휴가 (9/1 ~ 9/5)

(2) 9월 중순
中旬
여행 (9/12 ~ 9/18)

(3) 9월 말
末
출장 (9/25 ~ 9/30)

学習した単語を会話で
使ってみましょう！
例 A 언제 휴가 가요?
B 9월 초에 가요.

Track 031

練習 2

絵を見て，正しい答えを選びましょう。音声を聞いて
答えを確認しましょう。

Track 032

여행

10월

日	月	火	水	木	金	土
1	2	3	4	5	6	7
8	9	10	11	12	13	14
15	16	17	18	19	20	21
22	23	24	25	26	27	28
29	30	31				

생일 파티

축제

おまけ
첫 번째 주 1週目
두 번째 주 2週目
세 번째 주 3週目
네 번째 주 4週目
다섯 번째 주 5週目
마지막 주 最後の週

(1) 10월 (ⓐ 초 / ⓑ 말)에 중국에 친구하고 여행 가요.
10월 2일(ⓐ 부터 / ⓑ 까지) 5일(ⓐ 부터 / ⓑ 까지) 여행해요.
10월 5일에 (ⓐ 집을 떠나요. / ⓑ 집에 돌아와요.)

(2) 원래 (ⓐ 십월 / ⓑ 시월) 십칠 일이 제 생일이에요.
그런데 (ⓐ 주중 / ⓑ 주말)에는 일해야 해서 시간이 없어요.
그래서 (ⓐ 세 번째 / ⓑ 네 번째) 주 일요일에 우리 집에서 생일 파티를 해요.

(3) 10월 (ⓐ 초 / ⓑ 말)에 축제가 있어요.
10월 (ⓐ 첫 번째 / ⓑ 마지막) 주 금요일에 축제가 시작해요.
10월 31일에 축제가 (ⓐ 시작해요. / ⓑ 끝나요.)

年度

単語

1 音声を聞いて，後について読みましょう。

Track 033

(1) | 3 9 2 년
천 삼백 구십 이

(2) | 9 8 6 년
천 구백 팔십 육

(3) 2 0 | 3 년
이 천 십 삼

気をつけよう!
発音に注意!
1년: 일 년 [일 련]
6년: 육 년 [융 년]
7년: 칠 년 [칠 련]
8년: 팔 년 [팔 련]
10년: 십 년 [심 년]
100년: 백 년 [뱅 년]

2 写真を見て，適当な記号を□に書き入れましょう。音声を聞いて答えを確認しましょう。

Track 034

(1)
김연아 선수 選手
(1990~) □

(2)
김대중 전 대통령 前大統領
(1924~2009) □

(3)
박찬욱 감독 監督
(1963~) □

(4)
배우 俳優 이병헌
(1970~) □

(5)
세종대왕 世宗大王
(1397~1450) □

(6)
김수환 추기경 枢機卿
(1922~2009) □

ⓐ 천구백 육십삼 년에 태어났어요.

ⓑ 천구백 구십 년에 태어났어요.

ⓒ 천구백 칠십 년에 태어났어요.

ⓓ 천사백 오십 년에 돌아가셨어요.

ⓔ 천구백 이십사 년에 태어나셨어요.

ⓕ 이천구 년에 돌아가셨어요.

練習 1

音声を聞いて，後について読みましょう。

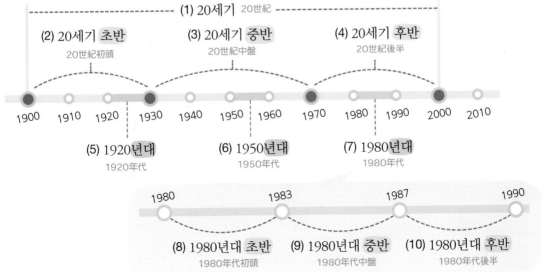

(1) 20세기 20世紀

(2) 20세기 초반
20世紀初頭

(3) 20세기 중반
20世紀中盤

(4) 20세기 후반
20世紀後半

1900 1910 1920 1930 1940 1950 1960 1970 1980 1990 2000 2010

(5) 1920년대
1920年代

(6) 1950년대
1950年代

(7) 1980년대
1980年代

1980 1983 1987 1990

(8) 1980년대 초반
1980年代初頭

(9) 1980년대 중반
1980年代中盤

(10) 1980년대 후반
1980年代後半

練習 2

1 写真を見て，適当な記号を□に書き入れましょう。音声を聞いて答えを確認しましょう。

(1)

한글 1443년 □

(2)

경복궁 1395년 □

ⓐ 8세기 중반에 만들어졌어요.

ⓑ 7세기 후반에 만들어졌어요.

ⓒ 14세기 후반에 만들어졌어요.

ⓓ 15세기 중반에 만들어졌어요.

(3)
석굴암 751년 □

(4)
부석사 676년 □

おまけ
한글 ハングル: 韓国語のアルファベット
경복궁 景福宮: 朝鮮時代の宮殿
석굴암 石窟庵: 新羅時代に石で洞窟を作り，建てた寺
부석사 浮石寺: 韓国で最も古い木造建築

2 適当なもの同士を線で結びましょう。音声を聞いて答えを確認しましょう。

(1)

1945년 해방
解放

(2)

1950 ～ 1953년 한국 전쟁
朝鮮戦争

(3)

1988년 서울 올림픽
ソウルオリンピック

(4)

2002년 한일 월드컵
日韓ワールドカップ

ⓐ 2000년대 초반

ⓑ 1950년대 초반

ⓒ 1940년대 중반

ⓓ 1980년대 후반

週と月

単語

Track 038

1　音声を聞いて，後について読みましょう。

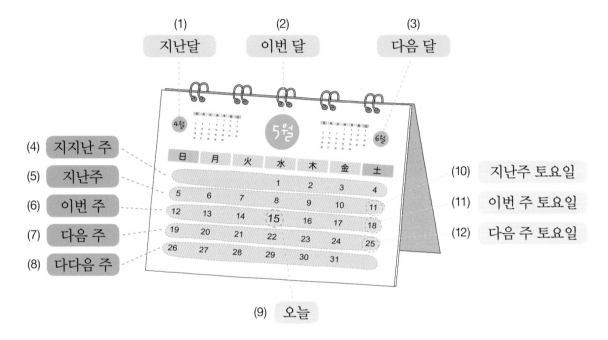

(1) 지난달　(2) 이번 달　(3) 다음 달

(4) 지지난 주
(5) 지난주
(6) 이번 주
(7) 다음 주
(8) 다다음 주

(10) 지난주 토요일
(11) 이번 주 토요일
(12) 다음 주 토요일

(9) 오늘

2　上の絵を見て，正しい答えを選びましょう。音声を聞いて答えを確認しましょう。

Track 039

(1) 이번 주 월요일이 (ⓐ 6일 / ⓑ 13일)이에요.

(2) 5월 9일이 (ⓐ 지난주 / ⓑ 이번 주) 목요일이에요.

(3) 4월은 (ⓐ 지난달 / ⓑ 이번 달)이에요.

(4) 다음 달은 (ⓐ 5월 / ⓑ 6월)이에요.

(5) 지지난 주 금요일은 (ⓐ 3일 / ⓑ 10일)이에요.

(6) 5월 29일은 (ⓐ 다음 주 / ⓑ 다다음 주) 수요일이에요.

(7) 지지난달은 (ⓐ 3월 / ⓑ 4월)이에요.

(8) 다음 주 화요일은 (ⓐ 21일 / ⓑ 28일)이에요.

気をつけよう！
이번 월 (×) → 이번 달 (○)
이번 년 (×) → 이번 해 (○)

音声を聞いて，後について読みましょう。

Track 040

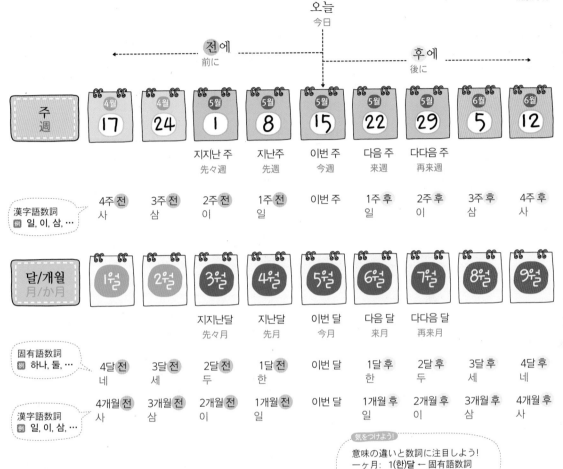

練習 2

練習 2

上の絵を見て，正しい答えを選びましょう。音声を聞いて答えを確認しましょう。

Track 041

(1) (ⓐ 두 달 / ⓑ 세 달) 전에 졸업식을 했어요. 졸업식은 2월 18일이었어요.

(2) (ⓐ 일 개월 / ⓑ 이 개월) 전에 생일 파티를 했어요. 제 생일은 4월 20일이에요.

(3) (ⓐ 한 달 / ⓑ 두 달) 후에 휴가가 시작해요. 7월 22일부터 휴가예요.

(4) (ⓐ 일 개월 / ⓑ 이 개월) 후에 고향에 돌아갈 거예요. 6월 15일에 출발해요.

(5) (ⓐ 이 주 / ⓑ 삼 주) 전에 옷을 샀어요. 그날이 5월 첫 번째 주 목요일이었어요.

(6) 다음 주에는 시간이 없어요. (ⓐ 일 주 / ⓑ 이 주) 후에 시간이 있어요.

> おまけ
> 「일주」は生活の中で，
> よく「일주일」と言われる。

日と年

単語

絵を見て，空欄に入る適当な単語を書き入れましょう。音声を聞いて答えを確認しましょう。

내일 明日	어제 昨日	올해 今年
그제 一昨日	작년 去年	후년 再来年
모레 明後日	내년 来年	재작년 一昨年

Track 042

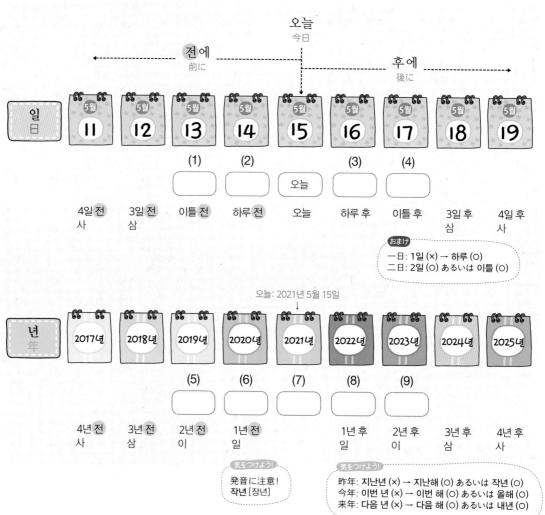

오늘 今日

전에 前に　　　　　후에 後に

일 日

5월 11 / 5월 12 / 5월 13 / 5월 14 / 5월 15 / 5월 16 / 5월 17 / 5월 18 / 5월 19

(1) / (2) / 오늘 / (3) / (4)

4일 전 사 / 3일 전 삼 / 이틀 전 / 하루 전 / 오늘 / 하루 후 / 이틀 후 / 3일 후 삼 / 4일 후 사

おまけ
一日: 1일 (×) → 하루 (○)
二日: 2일 (○) あるいは 이틀 (○)

오늘: 2021년 5월 15일
↓

년 年

2017년 / 2018년 / 2019년 / 2020년 / 2021년 / 2022년 / 2023년 / 2024년 / 2025년

(5) / (6) / (7) / (8) / (9)

4년 전 사 / 3년 전 삼 / 2년 전 이 / 1년 전 일 / 1년 후 일 / 2년 후 이 / 3년 후 삼 / 4년 후 사

気をつけよう!
発音に注意!
작년 [장년]

気をつけよう!
昨年: 지난년 (×) → 지난해 (○) あるいは 작년 (○)
今年: 이번 년 (×) → 이번 해 (○) あるいは 올해 (○)
来年: 다음 년 (×) → 다음 해 (○) あるいは 내년 (○)

練習 1

絵を見て，空欄に入る適当な単語を書き入れましょう。音声を聞いて答えを確認しましょう。

Track 043

달
후
전
매주
오늘
내일
어제
모레
화요일
일주일

5월	오늘 : 5월 15일 수요일					
월	화	수	목	금	토	일
6 7:00 AM 한국어 수업	7 2:00 PM 동료, 점심	8 등산 (북한산)	9 7:00 PM 쇼핑	10 7:00 AM 출발	11 여행 휴가	12 10:00 PM 도착
13 7:00 AM 한국어 수업	14 10:00 PM 영화	15 1:00 PM 아르바이트	16 6:30 PM 음악회	17 2:00 PM 운동	18 6:00 PM 가족, 식사	19 3:00 PM 친구 집

(1) 이번 _____ 은 5월이에요.

(2) 3일 _____ 에 여행에서 돌아왔어요.

(3) _____ 저녁에 영화 보러 갔어요.

(4) _____ 월요일 저녁 7시마다 한국어 수업이 있어요.

(5) _____ 오후에 운동할 거예요.

(6) _____ 저녁 6시 30분에 음악회에 가려고 해요.

(7) _____ 전에 친구하고 북한산에 등산 갔어요.

(8) 4일 _____ 에 친구 집에 놀러 갈 거예요.

(9) 지난주 _____ 오후 2시에 동료하고 점심을 먹었어요.

(10) _____ 오후 1시에 백화점에서 아르바이트해요.

> **気をつけよう!**
> 昨夜: 지난밤 (✕) → 어젯밤 (○)
> 今朝: 이 아침 (✕) → 오늘 아침 (○)
> 今日の夕方: 이 저녁 (✕) → 오늘 저녁 (○)
> 今夜: 이 밤 (✕) → 오늘 밤 (○)

> **気をつけよう!**
> 時間表現の後ろには，普通，助詞「에」を使うが，次のものは「에」と一緒に使わない。
> 오늘에 (✕) → 오늘 (○)
> 내일에 (✕) → 내일 (○)
> 어제에 (✕) → 어제 (○)

練習 2

助詞を入れて文を完成させましょう。音声で答えを確認しましょう。

Track 044

> 例 작년 / 9월 / 친구 / 중국 / 여행 / 가다
> → 작년 9월에 친구하고 중국에 여행을 갔어요.

(1) 오늘 / 오후 / 2시 / 30분 / 명동 / 약속 / 있다
→ _____ .

(2) 지난주 / 금요일 / 밤 / 8시 / 동료 / 저녁 식사 / 하다
→ _____ .

(3) 올해 / 12월 / 마지막 주 / 토요일 / 콘서트 / 보다 / 가다
→ _____ .

(4) 다음 주 / 월요일 / 아침 / 9시 / 한국어 / 수업 / 시작하다
→ _____ .

第11課 時間

単語

1 音声を聞いて，後について読みましょう。

Track 045

10시　10분

열 시　십 분

固有語数詞
例 하나, 둘, …

漢字語数詞
例 일, 이, 삼, …

시				분	
1시	한 시	7시	일곱 시	5분	오 분
2시	두 시	8시	여덟 시	10분	십 분
3시	세 시	9시	아홉 시	20분	이십 분
4시	네 시	10시	열 시	30분	삼십 분
5시	다섯 시	11시	열한 시	40분	사십 분
6시	여섯 시	12시	열두 시	50분	오십 분

2 絵を見て，適当な記号を□に書き入れましょう。音声を聞いて答えを確認しましょう。

Track 046

ⓐ 여섯 시 이십 분

ⓑ 두 시 사십 분

ⓒ 일곱 시 십오 분

ⓓ 한 시 이십오 분

ⓔ 아홉 시 삼십 분

ⓕ 네 시 반

(1) 　□

(2) 　□

(3) 　□

(4) 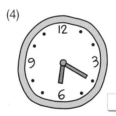　□

(5) 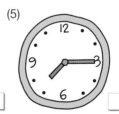　□

(6) 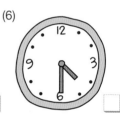　□

3 音声を聞いて，後について読みましょう。

Track 047

(1)　5시 10분 전이에요. 5時10分前です。
　　= 4시 50분이에요. 4時50分です。

(2)　6시 15분 전이에요. 6時15分前です。
　　= 5시 45분이에요. 5時45分です。

練習 1

音声を聞いて，適当な記号を□に書き入れましょう。

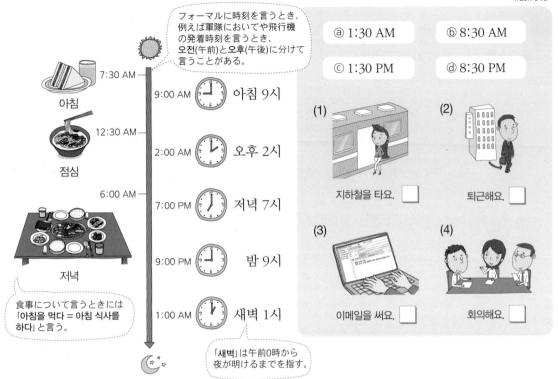

フォーマルに時刻を言うとき，例えば軍隊においてや飛行機の発着時刻を言うとき，오전(午前)と오후(午後)に分けて言うことがある。

7:30 AM
아침

9:00 AM アナログ時計 아침 9시

12:30 AM
점심

2:00 AM アナログ時計 오후 2시

6:00 AM

7:00 PM アナログ時計 저녁 7시

9:00 PM アナログ時計 밤 9시

저녁

食事について言うときには「아침을 먹다 = 아침 식사를 하다」と言う。

1:00 AM アナログ時計 새벽 1시

「새벽」は午前0時から夜が明けるまでを指す。

@ 1:30 AM
ⓑ 8:30 AM
ⓒ 1:30 PM
ⓓ 8:30 PM

(1) 지하철을 타요. □

(2) 퇴근해요. □

(3) 이메일을 써요. □

(4) 회의해요. □

練習 2

音声を聞いて，後について読みましょう。

(1)

시작
3:30 PM

MOVIE

끝
6:00 PM

A 몇 시에 영화가 시작해요?

B 오후 3시 30분에 시작해요.

A 몇 시에 영화가 끝나요?

B 저녁 6시에 끝나요.

(2)

파ン屋

Open 7:00 AM
Close 11:00 PM

A 빵집이 몇 시에 문을 열어요?

B 매일 아침 7시에 문을 열어요.

A 빵집이 몇 시에 문을 닫아요?

B 매일 밤 11시에 문을 닫아요.

所要時間

第**12**課

単語

Track 050

1 音声を聞いて，後について読みましょう。

(1)
年
1**년** = 12**달** = 12**개월** = 52**주** = 365**일**
일　　열두　　십이　　오십이　　삼백육십오

かか月
か月
週
日

2つの月の数え方
1달 (固有語数詞) = 1개월 (漢字語数詞)

(2) 一日
하루 = 24**시간** (3) 1**시간** = 60**분** (4) 1**분** = 60**초**
스물 네　　한　　육십　　일　　육십

時間　分　秒

「1일」と言わず，「하루」と言う。

Track 051

2 正しい答えを選んで会話を完成させましょう。音声で答えを確認しましょう。

ⓐ 며칠 동안　　ⓑ 몇 년 동안　　ⓒ 몇 개월 동안　　ⓓ 몇 시간 동안

(1)
9시부터 11시까지 회의해요.

9:00　　11:00

A ＿＿＿＿＿ 회의해요?
B 2시간 동안 회의해요.

(2)
월요일부터 금요일까지 수업해요.

월요일　　금요일

A ＿＿＿＿＿ 수업해요?
B 5일 동안 수업해요.

(3)
6월부터 8월까지 휴가예요.

6/1　　8/31

A ＿＿＿＿＿ 휴가예요?
B 3개월 동안 휴가예요.

(4)
2019년부터 2020년까지
한국어를 공부했어요.

2019년 9월　　2020년 9월

A ＿＿＿＿＿ 한국어를 공부했어요?
B 1년 동안 한국어를 공부했어요.

おまけ
かかった時間を尋ねるときは「얼마 동안」を使う。

絵を見て，適当な記号を□に書き入れましょう。音声を聞いて答えを確認しましょう。

Track 052

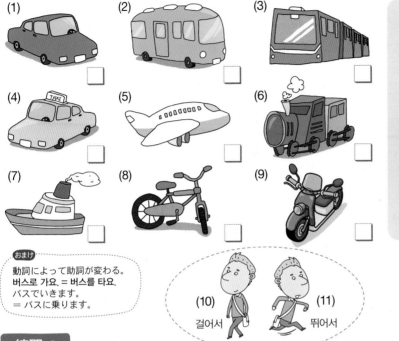

(1) □
(2) □
(3) □
(4) □
(5) □
(6) □
(7) □
(8) □
(9) □

@ 배 船
ⓑ 택시 タクシー
ⓒ 기차 汽車，電車
ⓓ 버스 バス
ⓔ 자동차 自動車
ⓕ 비행기 飛行機
ⓖ 지하철 地下鉄
ⓗ 자전거 自転車
ⓘ 오토바이 オートバイ

おまけ
動詞によって助詞が変わる。
버스로 가요. = バスを乗る。
버스로 가요. = バスでいきます。
= バスに乗ります。

(10) 걸어서
(11) 뛰어서

学習した単語を会話で使ってみましょう！
例 A 어떻게 가요?
B 자동차로 가요.
Track 053

絵を見て，適当な記号を□に書き入れましょう。音声を聞いて答えを確認しましょう。

Track 054

@ 집에서 공항까지 택시로 40분 걸려요.
ⓑ 집에서 회사까지 지하철로 50분 걸려요.
ⓒ 집에서 지하철역까지 걸어서 10분 걸려요.
ⓓ 부산에서 오사카까지 배로 18시간 걸려요.
ⓔ 서울에서 뉴욕까지 비행기로 14시간 걸려요.
ⓕ 서울에서 부산까지 기차로 3시간 30분 걸려요.

学習した単語を会話で使ってみましょう！
例 A 서울에서 뉴욕까지 어떻게 가요?
B 비행기로 가요.
A 시간이 얼마나 걸려요?
B 14시간 걸려요.
Track 055

~から~まで
〔空間〕〔出発点〕에서〔到着点〕까지
〔時間〕〔開始時間〕부터〔終了時間〕까지

(1) □

14시간
서울 ⸺ 뉴욕

(2) □
40분
집 ⸺ 공항

(3) □

3시간 30분
서울 ⸺ 부산

(4) □
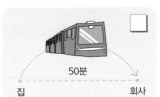
18시간
부산 ⸺ 오사카

(5) □
50분
집 ⸺ 회사

(6) □
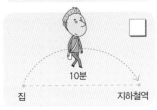
10분
집 ⸺ 지하철역

国家

単語

絵を見て，適当な番号を□に書き入れましょう。音声を聞いて答えを確認しましょう。

Track 056

(1)

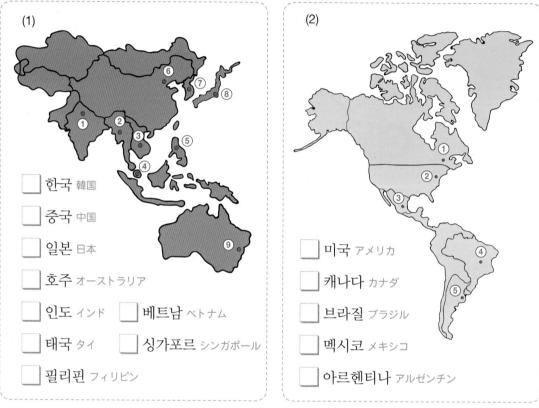

□ 한국 韓国

□ 중국 中国

□ 일본 日本

□ 호주 オーストラリア

□ 인도 インド ☐ 베트남 ベトナム

□ 태국 タイ ☐ 싱가포르 シンガポール

□ 필리핀 フィリピン

(2)

□ 미국 アメリカ

□ 캐나다 カナダ

□ 브라질 ブラジル

□ 멕시코 メキシコ

□ 아르헨티나 アルゼンチン

(3)

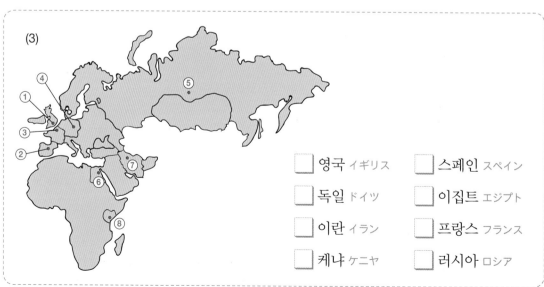

□ 영국 イギリス ☐ 스페인 スペイン

□ 독일 ドイツ ☐ 이집트 エジプト

□ 이란 イラン ☐ 프랑스 フランス

□ 케냐 ケニヤ ☐ 러시아 ロシア

練習 1

絵を見て，適当な記号を□に書き入れましょう。

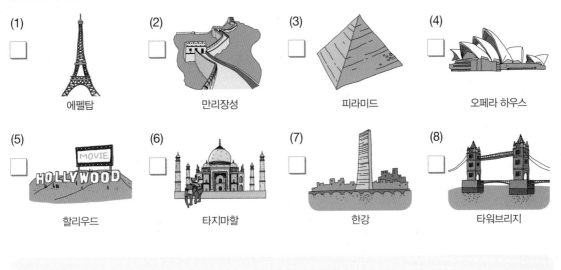

(1) 에펠탑

(2) 만리장성

(3) 피라미드

(4) 오페라 하우스

(5) 할리우드

(6) 타지마할

(7) 한강

(8) 타워브리지

ⓐ 한국　　ⓑ 미국　　ⓒ 중국　　ⓓ 영국

ⓔ 인도　　ⓕ 호주　　ⓖ 이집트　　ⓗ 프랑스

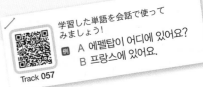

学習した単語を会話で使ってみましょう！

例 A 에펠탑이 어디에 있어요?
　 B 프랑스에 있어요.

Track 057

練習 2

絵を見て，適当な記号を□に書き入れましょう。

(1) 한국 □

(2) 일본 □

(3) 독일 □

(4) 미국 □

(5) 영국 □

(6) 호주 □

(7) 인도 □

(8) 스페인 □

ⓐ 맥주

ⓑ 캥거루

ⓒ 여왕

ⓓ 태권도

ⓔ 카우보이

ⓕ 투우

ⓖ 초밥

ⓗ 카레

学習した単語を会話で使ってみましょう！

例 A 한국은 뭐가 유명해요?
　 B 태권도가 유명해요.

Track 058

第14課 国籍と言語

単語

空欄に入る適当な単語を書き入れましょう。音声で答えを確認しましょう。

Track 059

国		国籍 (国名 + 사람/인)	言語 (国名 + 말/어)
1 한국 韓国	話し言葉体	한국 사람 韓国人)	한국말 韓国語
	書き言葉体	한국인 韓国人	한국어 韓国語
2 일본 日本	話し言葉体	일본 사람 日本人	일본말 日本語
	書き言葉体	일본인 日本人	(1)
3 중국 中国	話し言葉体	중국 사람 中国人	중국말 中国語
	書き言葉体	(2)	중국어 中国語
4 멕시코 メキシコ	話し言葉体	멕시코 사람 メキシコ人	스페인말 スペイン語
	書き言葉体	멕시코인 メキシコ人	스페인어 スペイン語
5 (3)	話し言葉体	프랑스 사람 フランス人	프랑스말 フランス語
	書き言葉体	프랑스인 フランス人	프랑스어 フランス語
6 이집트 エジプト	話し言葉体	이집트 사람 エジプト人	아랍말 アラビア
	書き言葉体	이집트인 エジプト人	(4)
7 미국 アメリカ	話し言葉体	(5)	영어 英語
	書き言葉体	미국인 アメリカ人	
8 영국 イギリス	話し言葉体	영국 사람 イギリス人	(6)
	書き言葉体	영국인 イギリス人	
9 (7)	話し言葉体	외국 사람 外国人	외국말 外国語
	書き言葉体	외국인 外国人	외국어 外国語

英語は例外！
영어말 (×), 영국말 (×),
미국말 (×)

絵を見て，正しい答えを選びましょう。音声を聞いて答えを確認しましょう。

Track 060

(1) 이 (ⓐ 남자 / ⓑ 여자)는 마크예요. 미국 사람이에요. 뉴욕에서 왔어요.

(2) 이 (ⓐ 남자 / ⓑ 여자)는 유키예요. 일본 사람이에요. 오사카에서 왔어요.

(3) 이 사람은 제임스예요. (ⓐ 미국 / ⓑ 영국) 사람이에요. 런던에서 왔어요.

(4) 이분은 자크 씨예요. 프랑스 분이에요. (ⓐ 파리 / ⓑ 로마)에서 왔어요.

(5) 이 (ⓐ 사람 / ⓑ 사람들)은 링링하고 유웨이예요. 중국 사람들이에요. 상하이에서 왔어요.

(6) 이 (ⓐ 분 / ⓑ 분들)은 사라 씨하고 다니엘 씨예요. 호주 분들이에요. 시드니에서 왔어요.

指し示す人を高めるときには
「사람」の代わりに「분」と言う。

複数のときには，名詞の
後ろに「들」を付ける。

練習 2

音声を聞いて，話し手が次の言語ができれば○，できなければ×を付けましょう。

Track 061

(1) 안녕하세요?

한국어　□

(2) こんにちは。

일본어　□

(3) Hello.

영어　□

(4) 你好!

중국어　□

(5) ¡Hola!

스페인어　□

(6) اَلسَّلَامُ عَلَيْكُمْ.

아랍어　□

職業

単語

絵を見て，適当な記号を□に書き入れましょう。音声を聞いて答えを確認しましょう。

Track 062

ⓐ 의사 医者	ⓑ 작가 作家	ⓒ 회사원 会社員
ⓓ 배우 俳優	ⓔ 교사 教師	ⓕ 간호사 看護師
ⓖ 군인 軍人	ⓗ 주부 主婦	ⓘ 요리사 料理師
ⓙ 가수 歌手	ⓚ 변호사 弁護士	ⓛ 운동선수 運動選手

(1)

(2)

(3)

(4)

(5)

(6)

(7)

(8)

(9)

(10)

(11)

(12)

職業の尋ね方は2つあります。
例 직업이 뭐예요? 職業は何ですか。
＝ 무슨 일 해요? どんな仕事をしていますか。

学習した単語を会話で使ってみましょう！
例 A 직업이 뭐예요?
B 교사예요.

Track 063

適当なもの同士を線で結びましょう。

(1) 기자   (2) 미용사   (3) 경찰   (4) 수리 기사   (5) 영화감독

ⓐ 머리를 자르다
髪を切る

ⓑ 기사를 쓰다
記事を書く

ⓒ 기계를 고치다
機械を直す

ⓓ 영화를 만들다
映画を作る

ⓔ 도둑을 잡다
泥棒を捕まえる

(기계를) 고치다 = 수리하다

学習した単語を会話で使ってみましょう！
例 A 기자가 무슨 일을 해요?
B 기자가 기사를 써요.

Track 064

練習 2

質問に合う答えを線で結びましょう。音声を聞いて答えを確認しましょう。

Track 065

(1) 무슨 일을 해요?   •   • ⓐ 우체국에 다녀요.

(2) 월급이 얼마예요?   •   • ⓑ 3년 됐어요.

(3) 어디에 다녀요?   •   • ⓒ 변호사예요.

(4) 언제부터 일했어요?   •   • ⓓ 아침 9시에 출근해요.

(5) 몇 시에 출근해요?   •   • ⓔ 한 달에 500만 원이에요.

(6) 하루에 얼마 동안 일해요?   •   • ⓕ 8시간 동안 일해요.

第16課　年齢

単語

1　絵を見て，適当な記号を□に書き入れましょう。音声を聞いて答えを確認しましょう。

Track 066

年齢を数える単位は「살」。

ⓐ 다섯 살

ⓑ 한 살

ⓒ 서른한 살

ⓓ 여덟 살

ⓔ 스물두 살

1살	5살	8살	22살	31살
(1) □	(2) □	(3) □	(4) □	(5) □

2　絵を見て，適当な記号を□に書き入れましょう。音声を聞いて答えを確認しましょう。

Track 067

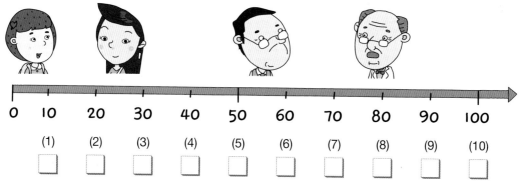

(1)	(2)	(3)	(4)	(5)	(6)	(7)	(8)	(9)	(10)
□	□	□	□	□	□	□	□	□	□

ⓐ 열　　ⓑ 백　　ⓒ 쉰　　ⓓ 마흔　　ⓔ 아흔

ⓕ 일흔　　ⓖ 서른　　ⓗ 여든　　ⓘ 예순　　ⓙ 스물

「살」の前で使われる「스물」は
次のように形が変わる。
例 20 (스물) → 20살 (스무 살)
21 (스물하나) → 21살 (스물한 살)

Track 068

1 音声を聞いて，後について読みましょう。

20살	24살	27살	29살

(1) 이십 대 **초반**
20代前半

(2) 이십 대 **중반**
20代中盤

(3) 이십 대 **후반**
20代後半

Track 069

2 適当な記号を□に書き入れましょう。音声を聞いて答えを確認しましょう。

(1) 51살 □　(2) 68살 □

(3) 29살 □　(4) 14살 □

(5) 45살 □　(6) 32살 □

ⓐ 십 대 중반　　ⓑ 오십 대 초반

ⓒ 사십 대 중반　　ⓓ 이십 대 후반

ⓔ 삼십 대 초반　　ⓕ 육십 대 후반

Track 070

絵を見て，適当な記号を□に書き入れましょう。音声を聞いて答えを確認しましょう。

ⓐ 십 대 후반이에요.

ⓑ 이십 대 중반이에요.

ⓒ 사십 대 후반이에요.

ⓓ 오십 대 초반이에요.

ⓔ 육십 대 중반이에요.

ⓕ 칠십 대 초반이에요.

할아버지	아줌마	남학생	아저씨	할머니	여자
(72세)	(51세)	(18세)	(49세)	(66세)	(24세)
(1) □	(2) □	(3) □	(4) □	(5) □	(6) □

気をつけよう!
나이가 많다 年をとっている。
↔ 젊다 若い
↔ 어리다 幼い (10代前半かそれより若い年齢)

おまけ
年齢を表す他の方法
29: 거의 서른이 다 됐어요. ほぼ30です。
29~31: 서른쯤 됐어요. 30くらいです。
33: 서른이 넘었어요. 30過ぎました。

家族

単語

絵を見て，適当な記号を□に書き入れましょう。音声を聞いて答えを確認しましょう。

Track 071

ⓐ 큰딸 長女　　　　ⓑ 누나 姉　　　　ⓒ 할머니 祖母

ⓓ 작은딸 下の娘　　ⓔ 남동생 弟　　　ⓕ 어머니 母

ⓖ 형 兄　　　　　　ⓗ 여동생 妹　　　ⓘ 할아버지 祖父

ⓙ 아들 息子　　　　ⓚ 아버지 父　　　ⓛ 아내 妻

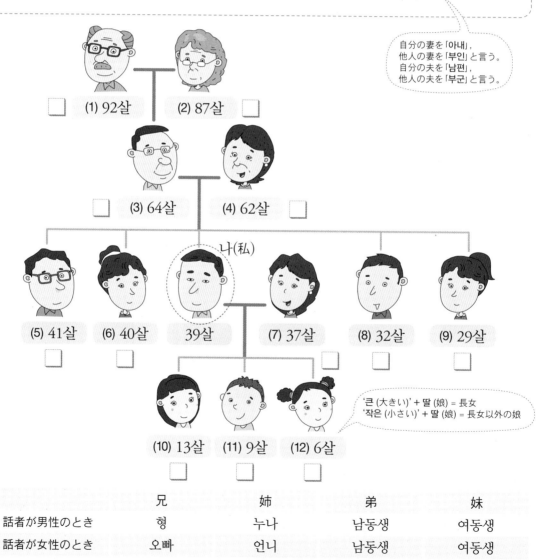

自分の妻を「아내」，
他人の妻を「부인」と言う。
自分の夫を「남편」，
他人の夫を「부군」と言う。

(1) 92살　　(2) 87살

(3) 64살　　(4) 62살

나(私)

(5) 41살　(6) 40살　39살　(7) 37살　(8) 32살　(9) 29살

(10) 13살　(11) 9살　(12) 6살

'큰 (大きい)' + 딸 (娘) = 長女
'작은 (小さい)' + 딸 (娘) = 長女以外の娘

	兄	姉	弟	妹
話者が男性のとき	형	누나	남동생	여동생
話者が女性のとき	오빠	언니	남동생	여동생

絵を見て，正しい答えを選びましょう。音声を聞いて答えを確認しましょう。

Track 072

| 아버지 | 어머니 | 큰딸 | 아들 | 작은딸 |

(1) 큰딸이 (ⓐ 아버지 / ⓑ 어머니)하고 똑같이 생겼어요.

(2) 아들이 아버지의 (ⓐ 귀 / ⓑ 코)를 닮았어요.

(3) 작은딸이 아버지하고 눈이 (ⓐ 비슷해요. / ⓑ 달라요.)

(4) 큰딸이 아버지를 하나도 (ⓐ 닮았어요. / ⓑ 안 닮았어요.)

おまけ
· 똑같이 생겼어요. そっくりです。
· 닮았어요. ↔ 안 닮았어요.
  似ています。 ↔ 似ていません。
· 비슷해요. ↔ 달라요.
  似ています。 ↔ 違います。

絵を見て，正しい答えを選びましょう。音声を聞いて答えを確認しましょう。

Track 073

| 큰딸 | 아들 | 작은딸 |
| (13살) | (9살) | (6살) |

큰딸하고 아들이 4살 차이가 나요. 長女と息子が4歳差です。

큰딸이 아들보다 4살 많아요. 長女が息子より4歳上です。

아들이 큰딸보다 4살 어려요. 息子が長女より4歳下です。

(1) 아들하고 작은딸하고 (ⓐ 삼 년 / ⓑ 세 살) 차이가 나요.

(2) 아들이 큰딸보다 네 살 (ⓐ 많아요 / ⓑ 적어요).

(3) 큰딸하고 작은딸이 (ⓐ 일곱 살 / ⓑ 여덟 살) 차이가 나요.

(4) 작은딸이 아들보다 (ⓐ 세 살 / ⓑ 네 살) 어려요.

おまけ
子どもが3人以上の場合
첫째 1番目/一番上
둘째 2番目
셋째 3番目
막내 末っ子

場所 1

第18課

単語

適当なもの同士を線で結びましょう。

気をつけよう!
発音に注意!
백화점 [배콰점]
편의점 [펴니점]

(1)

책

(2)

약

- ⓐ 백화점 デパート

- ⓑ 여행사 旅行社

- ⓒ 서점 書店

(3)

빵

(4)
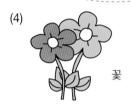
꽃

- ⓓ 꽃집 花屋

- ⓔ 약국 薬局

(5)

옷

(6)

우유

- ⓕ 편의점 コンビニ

- ⓖ 빵집 パン屋

(7)

커피

(8)

표

- ⓗ 카페 カフェ

- ⓘ 옷 가게 服屋

(9)

2,000,000원
구두

(10)
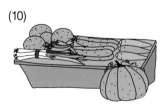
채소 = 야채

- ⓙ 시장 市場

もの + 가게(店)
例 옷 가게 服屋, 가방 가게 かばん屋,
생선 가게 魚屋, 과일 가게 果物屋

おまけ
動詞によって場所の後ろに使われる
助詞が変わる。
〔場所〕 + 에서 + 〔動作動詞〕
〔目的地〕 + 에 +「가다/오다」動詞

学習した単語を会話で使って
みましょう。
例 A 어디에서 책을 사요?
B 서점에서 책을 사요.

Track 074

絵を見て，適当な記号を□に書き入れましょう。

(1)

돈을 찾다 お金を下ろす

(2)

산책하다 散歩する

(3)

일하다 働く

(4)

기도하다 祈る

(5)

머리를 자르다 髪を切る

(6)
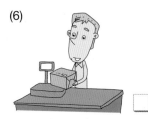
소포를 보내다 小包を送る

ⓐ 회사 会社　　　ⓑ 은행 銀行　　　ⓒ 우체국 郵便局

ⓓ 공원 公園　　　ⓔ 성당 聖堂　　　ⓕ 미용실 美容室

学習した単語を会話で使ってみましょう！
例 A 어디에 가요?
　　B 돈을 찾으러 은행에 가요.
Track 075

練習 2

絵を見て，適当な記号を□に書き入れましょう。

(1)

집

(2)

공항

(3)

식당

(4)

학원

(5)

영화관

(6)

PC방

PC방 [피시방]

気をつけよう！
発音に注意！
학원 [하권]

ⓐ 영화를 보다
映画を見る

ⓑ 밥을 먹다
ごはんを食べる

ⓒ 비행기를 타다
飛行機に乗る

ⓓ 요리를 배우다
料理を習う

ⓔ 게임하다
ゲームをする

ⓕ 쉬다
休む

学習した単語を会話で使ってみましょう！
例 A 집에서 뭐 해요?
　　B 집에서 쉬어요.
Track 076

第19課

場所 2

単語

絵を見て，適当な記号を□に書き入れましょう。

気をつけよう！
発音に注意！
박물관 [방물관]

ⓐ 교회 教会	ⓑ 박물관 博物館	ⓒ 주차장 駐車場
ⓓ 술집 飲み屋	ⓔ 대사관 大使館	ⓕ 노래방 カラオケ店
ⓖ 대학교 大学	ⓗ 도서관 図書館	ⓘ 경찰서 警察署
ⓙ 헬스장 ジム	ⓚ 사진관 写真館	ⓛ 지하철역 地下鉄の駅

(1)  □

(2)  □

(3) 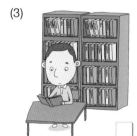 □

(4)  □

(5)  비자 VISA □

(6)  □

(7)  □

(8) 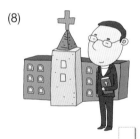 □

(9)  □

(10)  □

(11)  POLICE □

(12)  □

学習した単語を会話で使って
みましょう！

例 A 여기가 어디예요?
　 B 노래방이에요.

Track 077

適当なもの同士を線で結びましょう。

(1) 경찰
(2) 신부
(3) 요리사
(4) 교수
(5) 의사
(6) 소방관

ⓐ 식당 食堂
ⓑ 성당 聖堂
ⓒ 병원 病院
ⓓ 소방서 消防署
ⓔ 대학교 大学
ⓕ 경찰서 警察署

学習した単語を会話で使ってみましょう!
例 A 경찰이 어디에 있어요?
B 경찰이 경찰서에 있어요.
Track 078

練習 2

適当なもの同士を線で結びましょう。音声を聞いて答えを確認しましょう。

Track 079

ⓐ 대사관 大使館
ⓑ 세탁소 クリーニング屋
ⓒ 병원 病院
ⓓ 서비스 센터 サービスセンター
ⓔ 주유소 ガソリンスタンド
ⓕ 헬스장 ジム

(1)
옷이 더러워요.

(2) 교통사고가 났어요.

(3) 살을 빼고 싶어요.

(4)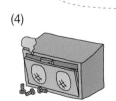
스피커가 고장 났어요.

(5)
여권을 잃어버렸어요.

(6)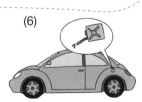
기름이 떨어졌어요.

路上

単語

絵を見て，適当な記号を□に書き入れましょう。音声を聞いて答えを確認しましょう。

Track 080

(1)	(2)	(3)	(4)	(5)	(6)	(7)	(8)
(9)	(10)	(11)	(12)	(13)	(14)	(15)	

ⓐ 건물 建物　　　　ⓑ 신호등 信号　　　　ⓒ 포장마차 屋台

ⓓ 간판 看板　　　　ⓔ 표지판 標識　　　　ⓕ 횡단보도 横断歩道

ⓖ 분수 噴水　　　　ⓗ 주차장 駐車場　　　　ⓘ 지하철역 地下鉄の駅

ⓙ 매점 売店　　　　ⓚ 매표소 チケット売り場　　　ⓛ 쓰레기통 ごみ箱

ⓜ 가로등 街灯　　　　ⓝ 가로수 街樹　　　　ⓞ 버스 정류장 バスの停留所

쓰레기통 = 휴지통

練習 1

左の絵を見て，正しい答えを選びましょう。音声を聞いて答えを確認しましょう。

Track 081

(1) (ⓐ 수지 / ⓑ 민희)가 버스를 타고 있어요.

(2) (ⓐ 문규 / ⓑ 진호)가 벤치에 앉아 있어요.

(3) (ⓐ 기현 / ⓑ 재민)이 자동차를 운전하고 있어요.

(4) (ⓐ 도윤 / ⓑ 인석)이 표를 사려고 줄을 서 있어요.

(5) (ⓐ 지우 / ⓑ 유나)가 지하철역의 계단을 내려가고 있어요.

(6) (ⓐ 주영 / ⓑ 서영)이 횡단보도를 건너고 있어요.

練習 2

左の絵を見て，正しい答えを選びましょう。音声を聞いて答えを確認しましょう。

Track 082

(1) 지영이 ⓐ ☐ 신호등 앞에서 신호를 기다리고 있어요.

ⓑ ☐ 신호등 옆에서 신호를 기다리고 있어요.

(2) 가로수가 ⓐ ☐ 인도 위에 있어요.

인도 = 보도 歩道 ⓑ ☐ 인도 뒤에 있어요.

(3) 철수가 ⓐ ☐ 포장마차 밖에서 음식을 팔고 있어요.

ⓑ ☐ 포장마차 안에서 음식을 팔고 있어요.

(4) 동상이 ⓐ ☐ 분수 근처에 있어요.

ⓑ ☐ 분수에서 멀리 있어요.

(5) ⓐ ☐ 지하철역 건너편에 공원이 있어요.

ⓑ ☐ 지하철역 바로 앞에 있어요.

位置と方向

単語

絵を見て，適当な記号を□に書き入れましょう。音声を聞いて答えを確認しましょう。

Track 083

(1) 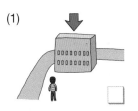 □

(2) 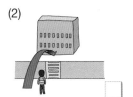 □

(3)  □

(4) 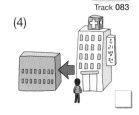 □

(5)  □

(6) 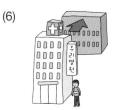 □

(7) 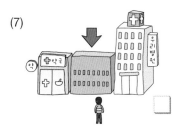 □

(8) 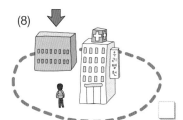 □

(9) 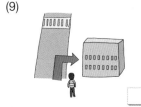 □

(10) 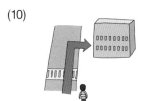 □

学習した単語を会話で使ってみましょう！
例 A 은행이 어디에 있어요?
　　B 모퉁이에 있어요.
Track 084

ⓐ 병원 오른쪽에 있어요.
病院の右にあります。

ⓑ 길 건너편에 있어요.
道の向い側にあります。

ⓒ 병원 왼쪽에 있어요.
病院の左にあります。

ⓓ 병원 바로 뒤에 있어요.
病院のすぐ後ろにあります。

ⓔ 병원 근처에 있어요.
病院の近所にあります。

ⓕ 약국하고 병원 사이에 있어요.
薬局と病院の間にあります。

ⓖ 모퉁이에 있어요.
角にあります。

ⓗ 횡단보도 지나서 오른쪽에 있어요.
横断歩道を過ぎて，右側にあります。

ⓘ 병원 앞에 있어요.
病院の前にあります。

ⓙ 횡단보도 지나기 전에 오른쪽에 있어요.
横断歩道を過ぎる前に，右側にあります。

「바로」は名詞の前に用いられ名詞を強調する。
바로 앞 すぐ前，바로 뒤 すぐ後ろ，바로 옆 すぐ横

絵を見て，名所の位置を線で結びましょう。音声を聞いて答えを確認しましょう。

Track 085

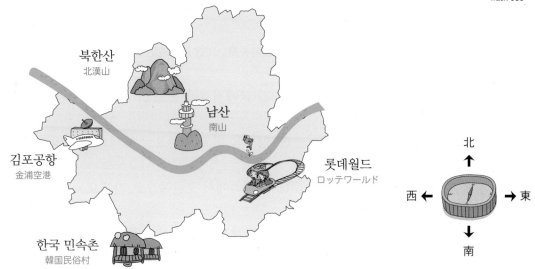

北
↑
西 ← 〔コンパス〕 → 東
↓
南

(1) 남산　　　　•　　　　　　• ⓐ 동쪽에 있어요.

(2) 북한산　　　•　　　　　　• ⓑ 서쪽에 있어요.

(3) 김포공항　•　　　　　　• ⓒ 남쪽에 있어요.

(4) 롯데월드　•　　　　　　• ⓓ 북쪽에 있어요.

(5) 한국 민속촌 •　　　　　　• ⓔ 중앙에 있어요.

> 方向を指し示すときには「쪽」を付ける。
> 例 이쪽 こちら，저쪽 あちら

絵を見て，適当な記号を□に書き入れましょう。音声を聞いて答えを確認しましょう。

Track 086

(1) □

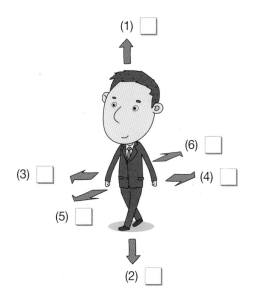

(6) □
(3) □
(4) □
(5) □
(2) □

ⓐ 왼쪽으로 가요. 左に行きます。

ⓑ 위쪽으로 가요. 上に行きます。

ⓒ 뒤쪽으로 가요. 後ろに行きます。

ⓓ 앞쪽으로 가요. 前に行きます。

ⓔ 아래쪽으로 가요. 下に行きます。

ⓕ 오른쪽으로 가요. 右に行きます。

第22課 道を尋ねる

Track 087

単語

絵を見て，適当な記号を□に書き入れましょう。音声を聞いて答えを確認しましょう。

ⓐ 쭉 가세요.
まっすぐ行ってください。

ⓑ 길 끝에서 왼쪽으로 가세요.
つきあたりで左へ行ってください。

ⓒ 다리를 건너세요.
橋を渡ってください。

ⓓ 약국을 끼고 왼쪽으로 도세요.
薬局がある角を左に曲がってください。

ⓔ 길을 따라가세요.
道に沿って行ってください。

ⓕ 사거리에서 오른쪽으로 가세요.
十字路で右へ行ってください。

ⓖ 골목으로 들어가세요.
路地へ入って行ってください。

ⓗ 횡단보도를 지나서 오른쪽으로 도세요.
横断歩道を過ぎて右へ曲がってください。

ⓘ 지하도로 내려가세요.
地下道へ降りて行ってください。

ⓙ 횡단보도를 지나기 전에 오른쪽으로 도세요.
横断歩道を過ぎる前に右へ曲がってください。

ⓚ 다리 밑을 지나가세요.
橋の下を通り過ぎてください。

> 「밑」と「아래」は
> 似た意味。

> おまけ
> タクシーに乗って道を説明するとき必要な表現:
> 〔場所〕에 가 주세요. 〔目的地〕に行ってください。
> 〔場所〕에서 세워 주세요. 〔目的地〕で停めてください。

(1) 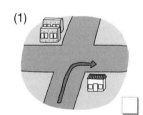 □

(2) 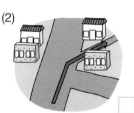 □

(3)  □

(4) 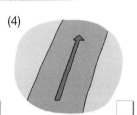 □

(5) 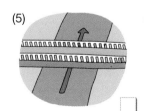 □

(6) 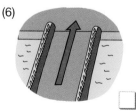 □

(7) 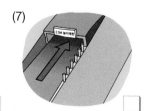 □

(8) 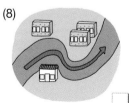 □

(9) 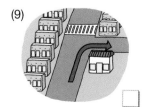 □

(10) 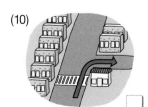 □

(11) 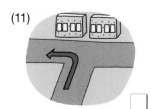 □

次の文章を読んで，到着した場所の位置を地図で探しましょう。音声を聞いて答えを確認しましょう。

Track 088

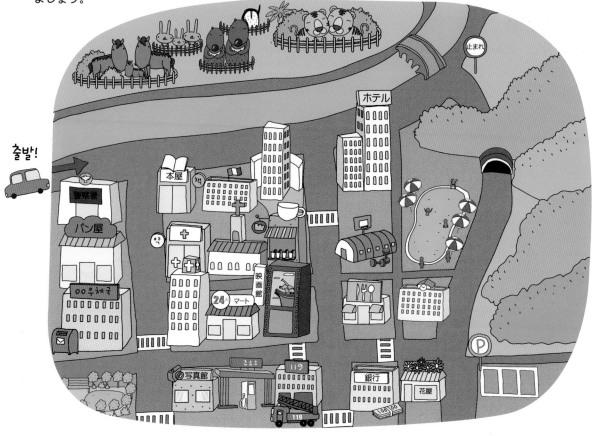

여기가 어디예요?

(1) 쭉 가면 오른쪽에 호텔이 있어요. 호텔을 끼고 오른쪽으로 돌면 왼쪽에 있어요.
   체육관 건너편에 있어요. ＿＿＿＿＿＿＿

(2) 경찰서에서 오른쪽으로 가면 사거리가 나와요. 사거리에서 왼쪽으로 돌아서 조금만 가면 횡단보도가
   나와요. 그 횡단보도 앞 왼쪽에 있는 건물이에요. 편의점 다음 건물이에요. ＿＿＿＿＿＿＿

(3) 다리가 보일 때까지 직진하세요.
   왼쪽에 다리가 나오면 다리를 건너세요. 다리를 건너자마자 바로 있어요. ＿＿＿＿＿＿＿

(4) 서점 앞에서 오른쪽으로 가면 횡단보도를 지나기 전에 왼쪽에 약국이 보여요.
   약국을 끼고 왼쪽으로 돌면 왼쪽에 있어요. 약국하고 카페 사이에 있어요. ＿＿＿＿＿＿＿

(5) 호텔을 지나서 다리가 나올 때까지 쭉 가세요. 다리 반대쪽으로 가면 터널이 있어요.
   터널을 나와서 길을 따라 가면 오른쪽에 수영장을 지나서 학교가 나와요.
   학교를 끼고 오른쪽으로 돌면 횡단보도가 나오는데 바로 왼쪽에 있어요.
   식당 맞은편에 있어요. ＿＿＿＿＿＿＿

個人のもの

単語

絵を見て，適当な記号を□に書き入れましょう。音声を聞いて答えを確認しましょう。

Track 089

(1) □

(2) □

(3) □

(4) □

(5) □

(6) □

(7) □

(8) □

(9) □

(10) □

(11) □

(12) □

(13) □

(14) □

(15) □

(16) □

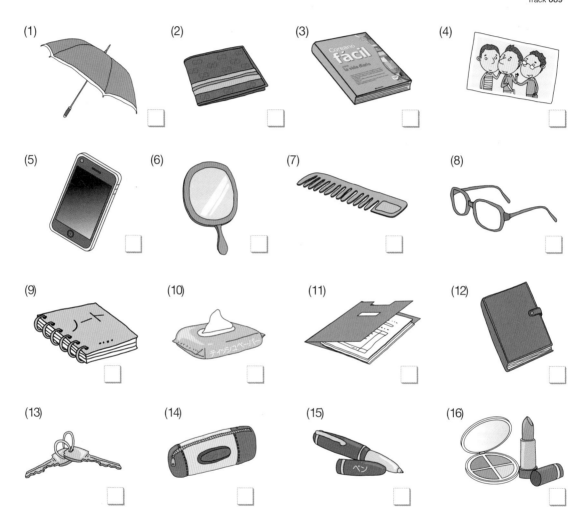

ⓐ 책 本	ⓑ 우산 傘	ⓒ 거울 鏡	ⓓ 빗 くし
ⓔ 열쇠 鍵	ⓕ 공책 ノート	ⓖ 펜 ペン	ⓗ 수첩 手帳
ⓘ 휴지 ティッシュペーパー	ⓙ 안경 メガネ	ⓚ 화장품 化粧品	ⓛ 필통 ペンケース
ⓜ 사진 写真	ⓝ 핸드폰 携帯電話	ⓞ 서류 書類	ⓟ 지갑 財布

音声を聞いて，それぞれの人が持っているものを書きましょう。

Track 090

(1)

아빠

(3)

아이

(2)

엄마

上の絵を見て，正しい答えを選びましょう。音声を聞いて答えを確認しましょう。

Track 091

(1) 엄마 가방에 우산이 (ⓐ 들어 있어요. / ⓑ 들어 있지 않아요.)

(2) 아이 가방에 열쇠가 (ⓐ 들어 있어요. / ⓑ 들어 있지 않아요.)

(3) 아빠 가방에 서류가 (ⓐ 들어 있어요. / ⓑ 들어 있지 않아요.)

(4) 아이 가방에 휴지가 (ⓐ 들어 있어요. / ⓑ 들어 있지 않아요.)

(5) 아빠 가방에 지갑이 (ⓐ 들어 있어요. / ⓑ 들어 있지 않아요.)

(6) 엄마 가방에 안경이 (ⓐ 들어 있어요. / ⓑ 들어 있지 않아요.)

「들어 있다」の否定は「들어 있지 않다」である。
⑩ 가방에 핸드폰이 들어 없어요. (×)
　가방에 핸드폰이 들어 있지 않아요. (○)
　カバンに携帯電話が入っていません。

おまけ
아빠 = 아버지 お父さん
엄마 = 어머니 お母さん

部屋にあるもの

単語

絵を見て，適当な記号を□に書き入れましょう。音声を聞いて答えを確認しましょう。

Track 092

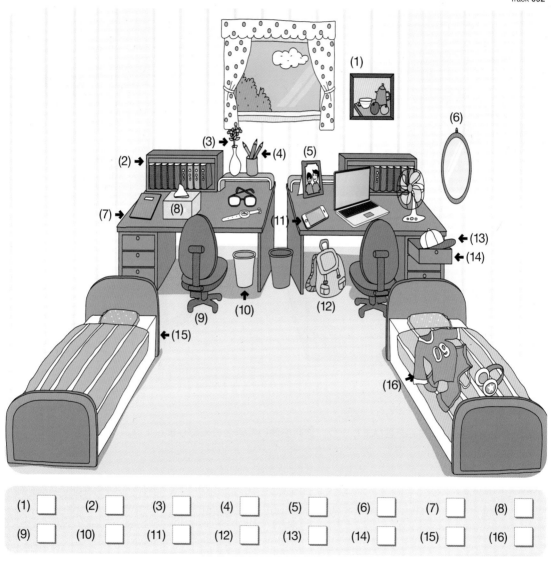

| (1) ☐ | (2) ☐ | (3) ☐ | (4) ☐ | (5) ☐ | (6) ☐ | (7) ☐ | (8) ☐ |
| (9) ☐ | (10) ☐ | (11) ☐ | (12) ☐ | (13) ☐ | (14) ☐ | (15) ☐ | (16) ☐ |

ⓐ 옷 服   ⓑ 그림 絵   ⓒ 휴지 ティッシュペーパー   ⓓ 핸드폰 携帯電話

ⓔ 꽃병 花瓶   ⓕ 책상 机   ⓖ 가방 カバン   ⓗ 책꽂이 本棚

ⓘ 액자 額縁   ⓙ 연필 鉛筆   ⓚ 모자 帽子   ⓛ 서랍 引き出し

ⓜ 의자 椅子   ⓝ 침대 ベッド   ⓞ 거울 鏡   ⓟ 휴지통 ごみ箱

練習 1

左の絵を見て，正しい答えを選びましょう。

(1) 공책이 휴지 (ⓐ 앞 / ⓑ 옆)에 있어요.

(2) 나무가 창문 (ⓐ 안 / ⓑ 밖)에 있어요.

(3) 핸드폰이 액자 (ⓐ 앞 / ⓑ 뒤)에 있어요.

(4) 가방이 책상 (ⓐ 위 / ⓑ 아래)에 있어요.

(5) 책꽂이가 휴지 (ⓐ 위 / ⓑ 뒤)에 있어요.

(6) 옷이 침대 (ⓐ 위 / ⓑ 아래)에 있어요.

(7) 시계가 안경 (ⓐ 앞 / ⓑ 뒤)에 있어요.

(8) 모자가 책상 서랍 (ⓐ 안 / ⓑ 밖)에 있어요.

(9) 그림이 창문 (ⓐ 왼쪽 / ⓑ 오른쪽)에 있어요.

(10) 노트북이 핸드폰과 선풍기 (ⓐ 앞 / ⓑ 사이)에 있어요.

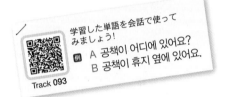

学習した単語を会話で使ってみましょう！

例 A 공책이 어디에 있어요?
B 공책이 휴지 옆에 있어요.

Track 093

練習 2

絵を見て，正しい答えを選びましょう。

지수

	ⓐ 지수	ⓑ 승민
(1) 안경	☐	☐
(2) 치마	☐	☐
(3) 노트북	☐	☐
(4) 시계	☐	☐
(5) 핸드폰	☐	☐
(6) 모자	☐	☐
(7) 공책	☐	☐
(8) 가방	☐	☐
(9) 연필	☐	☐
(10) 바지	☐	☐

승민

おまけ

すでに指示された対象を指すとき
「거」を使う。
例 A 누구 거예요? = 누구 시계예요?
　　誰のですか。　誰の時計ですか。
　 B 보라 거예요. = 보라 시계예요.
　　ポラのです。　ポラの時計です。

学習した単語を会話で使ってみましょう！

例 A 안경이 누구 거예요?
B 안경이 지수 거예요.

Track 094

家にあるもの

単語

絵を見て，適当な記号を□に書き入れましょう。音声を聞いて答えを確認しましょう。

Track 095

ⓐ 거실 リビング　　ⓑ 방 部屋　　ⓒ 지하실 地下室　　ⓓ 현관 玄関　　ⓔ 창고 倉庫

ⓕ 정원 庭　　ⓖ 계단 階段　　ⓗ 화장실 トイレ　　ⓘ 주방 台所　＜ 주방 = 부엌 ＞

(1) ☐　(2) ☐　(3) ☐　(4) ☐　(5) ☐

(6) ☐　(7) ☐　(8) ☐　(9) ☐

学習した単語を会話で使ってみましょう!

例　A 방이 어디에 있어요?
　　B 방이 2층 왼쪽에 있어요.

Track 096

練習 1

左の絵を見て，適当なもの同士を線で結びましょう。

(1) 방 •

(2) 주방 •

(3) 거실 •

(4) 현관 •

(5) 창고 •

(6) 지하실 •

ⓐ 신발을 벗다

ⓑ 자다

ⓒ 운동하다

ⓓ 물건을 정리하다

ⓔ 텔레비전을 보다

ⓕ 요리하다

学習した単語を会話で使ってみましょう！
例 A 방에서 뭐 해요?
B 방에서 자요.
Track 097

練習 2

絵を見て，適当な記号を□に書き入れましょう。

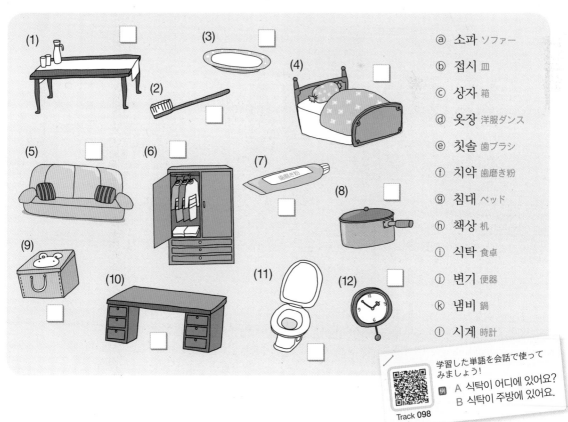

(1) (2) (3) (4) (5) (6) (7) (8) (9) (10) (11) (12)

ⓐ 소파 ソファー
ⓑ 접시 皿
ⓒ 상자 箱
ⓓ 옷장 洋服ダンス
ⓔ 칫솔 歯ブラシ
ⓕ 치약 歯磨き粉
ⓖ 침대 ベッド
ⓗ 책상 机
ⓘ 식탁 食卓
ⓙ 변기 便器
ⓚ 냄비 鍋
ⓛ 시계 時計

学習した単語を会話で使ってみましょう！
例 A 식탁이 어디에 있어요?
B 식탁이 주방에 있어요.
Track 098

家具と生活用品

単語

絵を見て，適当な記号を□に書き入れましょう。音声を聞いて答えを確認しましょう。

Track 099

ⓐ 책장 本棚	ⓑ 베개 枕	ⓒ 옷걸이 ハンガー	ⓓ 서랍장 整理ダンス
ⓔ 옷장 洋服ダンス	ⓕ 욕조 バスタブ	ⓖ 청소기 掃除機	ⓗ 냉장고 冷蔵庫
ⓘ 침대 ベッド	ⓙ 이불 ふとん	ⓚ 샤워기 シャワー	ⓛ 에어컨 エアコン
ⓜ 탁자 テーブル	ⓝ 변기 便器	ⓞ 세면대 洗面台	ⓟ 가스레인지 ガスレンジ
ⓠ 의자 椅子	ⓡ 선풍기 扇風機	ⓢ 신발장 下駄箱	ⓣ 전자레인지 電子レンジ

(1) ☐　(2) ☐　(3) ☐　(4) ☐　(5) ☐　(6) ☐　(7) ☐　(8) ☐　(9) ☐　(10) ☐

(11) ☐　(12) ☐　(13) ☐　(14) ☐　(15) ☐　(16) ☐　(17) ☐　(18) ☐　(19) ☐　(20) ☐

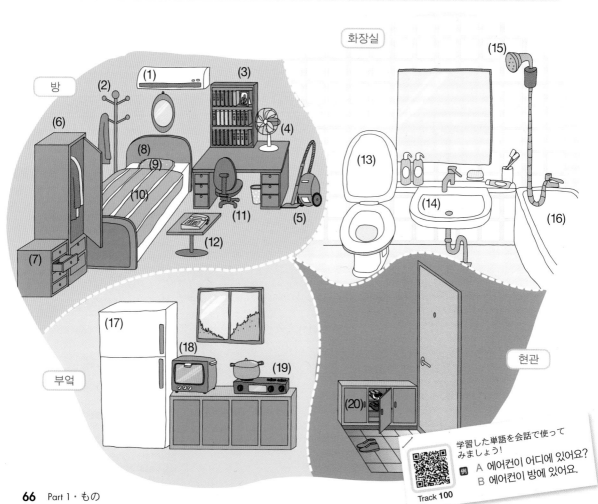

방 　 화장실 　 부엌 　 현관

学習した単語を会話で使ってみましょう！

例　A 에어컨이 어디에 있어요?
　　B 에어컨이 방에 있어요.

Track 100

絵を見て，正しい答えを選びましょう。

(1) 이 집에 냉장고가 (ⓐ 있어요. / ⓑ 없어요.) (2) 이 집에 청소기가 (ⓐ 있어요. / ⓑ 없어요.)

(3) 이 집에 의자가 (ⓐ 있어요. / ⓑ 없어요.) (4) 이 집에 옷장이 (ⓐ 있어요. / ⓑ 없어요.)

(5) 이 집에 신발장이 (ⓐ 있어요. / ⓑ 없어요.) (6) 이 집에 선풍기가 (ⓐ 있어요. / ⓑ 없어요.)

(7) 이 집에 침대가 (ⓐ 있어요. / ⓑ 없어요.) (8) 이 집에 세탁기가 (ⓐ 있어요. / ⓑ 없어요.)

> 日本語と違って，韓国語では人にも事物にも「있다」と「없다」を用いる。

学習した単語を会話で使ってみましょう！
例 A 이 집에 냉장고가 있어요?
B 네, 있어요.

Track 101

上の絵を見て，正しい答えを選びましょう。

(1) 거울이 ⓐ 벽에 있어요.
　　　 ⓑ 바닥에 있어요.

(2) 냄비가 ⓐ 가스레인지 바로 뒤에 있어요.
　　　 ⓑ 가스레인지 바로 위에 있어요.

(3) 그림이 ⓐ 창문 옆에 있어요.
　　　 ⓑ 창문 앞에 있어요.

(4) 청소기가 ⓐ 옷장 옆에 있어요.
　　　 ⓑ 옷장 안에 있어요.

(5) 신발이 ⓐ 신발장 안에 있어요.
　　　 ⓑ 신발장 밖에 있어요.

(6) 방석이 ⓐ 탁자 사이에 있어요.
　　　 ⓑ 탁자 양쪽에 있어요.

学習した単語を会話で使ってみましょう！
例 A 거울이 어디에 있어요?
B 거울이 벽에 있어요.

Track 102

一日の日課

単語

絵を見て，適当な記号を□に書き入れましょう。

ⓐ 자다 寝る　　　　　　ⓑ 옷을 입다 服を着る

ⓒ 일어나다 起きる　　　ⓓ 이를 닦다 歯を磨く

ⓔ 세수하다 顔を洗う　　ⓕ 집에 돌아오다 家に帰って来る

ⓖ 목욕하다 入浴する　　ⓗ 집에서 나가다 家から出かける

ⓘ 밥을 먹다 ごはんを食べる

おまけ
아침 朝　　　오후 午後
저녁 夕方　　밤 夜

(1)  6:55 AM □

(2)  7:00 AM □

(3) 7:10 AM □

(4)  7:20 AM □

(5)  7:30 AM □

(6)  7:30 PM □

(7)  8:00 PM □

(8)  9:30 PM □

(9)  11:00 PM □

学習した単語を会話で使ってみましょう！

例 A 몇 시에 일어나요?
　　B 6시 55분에 일어나요.

Track 103

練習 1

絵を見て，適当な記号を□に書き入れましょう。音声を聞いて答えを確認しましょう。

Track 104

(1) ✕
(2) ◯
(3) ✕

□

(4) ✕
(5) ◯
(6)

□

ⓐ 보통 아침에 신문을 안 읽어요.

ⓑ 보통 아침에 커피를 마셔요.

ⓒ 보통 저녁에 음식을 만들어요.

ⓓ 보통 주말에 편지를 안 써요.

ⓔ 보통 저녁에 텔레비전을 안 봐요.

ⓕ 보통 밤에 친구한테 전화 안 해요.

・動詞の否定を表すときには，動詞の前に「안」を付ける。
例 안 봐요. 見ません。
・「〔名詞〕하다」動詞は，名詞と「하다」の間に「안」を付ける。
例 전화 안 해요. 電話しません。

練習 2

音声を聞いて，適当な記号を□に書き入れましょう。

Track 105

(1) 뭐 마셔요?

ⓐ 커피를 마셔요. □

ⓑ 녹차를 마셔요. □

ⓒ 우유를 마셔요. □

ⓓ ✕ 아무것도 안 마셔요. □

(2) 뭐 읽어요?

ⓐ 신문을 읽어요. □

ⓑ 책을 읽어요. □

ⓒ 잡지를 읽어요. □

ⓓ ✕ 아무것도 안 읽어요. □

(3) 뭐 봐요?

ⓐ 텔레비전을 봐요. □

ⓑ 영화를 봐요. □

ⓒ 공연을 봐요. □

ⓓ ✕ 아무것도 안 봐요. □

(4) 뭐 해요?

ⓐ 편지를 써요. □

ⓑ 전화를 해요. □

ⓒ 이메일을 보내요. □

ⓓ ✕ 아무것도 안 해요. □

家でする行動

第28課

単語

絵を見て，適当な記号を□に書き入れましょう。

学習した単語を会話で
使ってみましょう！

例　A 아빠가 뭐 해요?
　　B 자동차를 닦아요.

Track 106

(1)  □

(2) ?  □

(3)  □

(4)  □

(5)  □

(6)  □

(7)  □

(8)  □

(9)  □

(10)  □

(11)  □

(12)  □

ⓐ 면도하다 ひげをそる

ⓑ 편지를 쓰다 手紙を書く

ⓒ 화장하다 化粧する

ⓓ 단어를 찾다 単語を調べる

ⓔ 자동차를 닦다 車を磨く

ⓕ 머리를 빗다 髪をとかす

ⓖ 손을 씻다 手を洗う

ⓗ 집을 수리하다 家を修理する

ⓘ 이를 닦다 歯を磨く

ⓙ 음식을 만들다 食べ物を作る

ⓚ 라면을 먹다 ラーメンを食べる

ⓛ 화분에 물을 주다 植木鉢に水をやる

練習 1

左の絵を見て，次の行動をしている人を選びましょう。

行動	ⓐ 아빠	ⓑ 엄마	ⓒ 아이	行動	ⓐ 아빠	ⓑ 엄마	ⓒ 아이
(1) 손을 씻어요.	☐	☐	☐	(2) 면도해요.	☐	☐	☐
(3) 이를 닦아요.	☐	☐	☐	(4) 화장해요.	☐	☐	☐
(5) 라면을 먹어요.	☐	☐	☐	(6) 편지를 써요.	☐	☐	☐
(7) 자동차를 닦아요.	☐	☐	☐	(8) 단어를 찾아요.	☐	☐	☐
(9) 머리를 빗어요.	☐	☐	☐	(10) 화분에 물을 줘요.	☐	☐	☐
(11) 집을 수리해요.	☐	☐	☐	(12) 음식을 만들어요.	☐	☐	☐

学習した単語を会話で
使ってみましょう！

例 A 누가 손을 씻어요?
B 엄마가 손을 씻어요.

Track 107

練習 2

適当なもの同士を線で結びましょう。

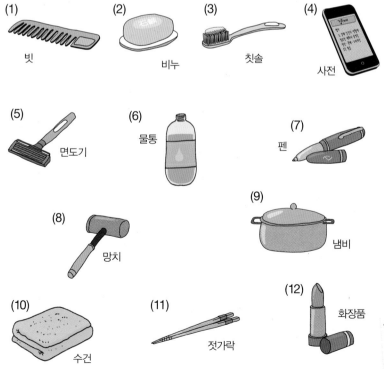

(1) 빗
(2) 비누
(3) 칫솔
(4) 사전
(5) 면도기
(6) 물통
(7) 펜
(8) 망치
(9) 냄비
(10) 수건
(11) 젓가락
(12) 화장품

- ⓐ 면도하다
- ⓑ 화장하다
- ⓒ 손을 씻다
- ⓓ 이를 닦다
- ⓔ 라면을 먹다
- ⓕ 편지를 쓰다
- ⓖ 단어를 찾다
- ⓗ 머리를 빗다
- ⓘ 자동차를 닦다
- ⓙ 음식을 만들다
- ⓚ 집을 수리하다
- ⓛ 화분에 물을 주다

学習した単語を会話で
使ってみましょう！

例 A 뭘로 머리를 빗어요?
B 빗으로 머리를 빗어요.

Track 108

生活習慣

第29課

単語

音声を聞いて，次の行動をどれくらいの頻度で行うのかを
書きましょう。

Track 109

> **おまけ**
> 頻度数を表すときには，
> 固有語の数詞を用いる。
> 하루에 1(한) 번　1日に1回
> 일주일에 2(두) 번　1週間に2回
> 한 달에 3(세) 번　1か月に3回
> 일년에 4(네) 번　1年に4回

하루에 몇 번…?

(1)

커피를 마시다 ☐
コーヒーを飲む

(2)

이를 닦다 ☐
歯を磨く

(3)

손을 씻다 ☐
手を洗う

(4)

밥을 먹다 ☐
ごはんを食べる

> **おまけ**
> 1～2 (한두) 번　1, 2回
> 2～3 (두세) 번　2, 3回
> 여러 번　何度も

일주일에 몇 번…?

(5)

운동하다 ☐
運動する

(6)

요리하다 ☐
料理する

(7)

택시를 타다 ☐
タクシーに乗る

(8)

신용 카드를 사용하다 ☐
クレジットカードを使う

한 달에 몇 번…?

(9)

친구를 만나다 ☐
友だちに会う

(10)

빨래하다 ☐
洗濯する

(11)

가족한테 전화하다 ☐
家族に電話する

(12)

장을 보다 ☐
買い物をする

일 년에 몇 번…?

(13)

선물을 사다 ☐
プレゼントを買う

(14)

여행하다 ☐
旅行する

(15)

영화를 보다 ☐
映画を見る

(16)

미용실에 가다 ☐
美容室に行く

> **おまけ**
> 매일 毎日　　매주 毎週
> 매달 毎月　　매년 毎年

> **おまけ**
> まったくしないという意味を表現するとき，
> 副詞「전혀」と否定の「안」を用いる。
> 例 영화를 전혀 안 봐요. 映画を全然見ません。

練習 1

質問に合う答えを線で結びましょう。音声を聞いて答えを確認しましょう。

(1) 하루에 얼마나 많이 걸어요?

(2) 하루에 얼마나 많이 이메일을 받아요?

(3) 하루에 얼마나 많이 돈을 써요?

(4) 하루에 얼마나 많이 사람을 만나요?

(5) 하루에 얼마나 많이 물을 마셔요?

ⓐ 1리터쯤 마셔요.

ⓑ 30분쯤 걸어요.

ⓒ 10통쯤 받아요.

ⓓ 3만 원쯤 써요.

ⓔ 15명쯤 만나요.

> おおよそ数量を表すときは，〔数量名詞〕の後に「쯤」を用いる。

練習 2

> 항상 = 언제나 = 늘 いつも

100%

항상: 항상 채소를 먹어요. いつも野菜を食べます。

보통: 보통 아침에 채소를 먹어요. 普通，朝に野菜を食べます。

자주: 채소를 **자주** 먹어요. 野菜をよく食べます。

가끔: 채소를 **가끔** 먹어요. 野菜をときどき食べます。

별로 안: 채소를 **별로 안** 먹어요. 野菜をあまり食べません。

거의 안: 채소를 **거의 안** 먹어요. 野菜をほとんど食べません。

0%

전혀 안: 채소를 **전혀 안** 먹어요. 野菜を全く食べません。

> 否定の意味で「별로, 거의, 전혀」を使うとき，否定の「안」を必ず一緒に用いる。
> 例 운전을 전혀 해요. (×)
> 운전을 전혀 안 해요. (〇)
> 運転を全くしません。

音声を聞いて，適当な記号を□に書き入れましょう。

ⓐ 보통　　ⓑ 거의　　ⓒ 자주　　ⓓ 항상　　ⓔ 전혀　　ⓕ 가끔

(1)

외식하다
外食する

(2)

담배를 피우다
タバコを吸う

(3)

거짓말하다
嘘をつく

(4)

늦잠을 자다
寝坊する

(5)

감기에 걸리다
風邪をひく

(6)

정장을 입다
スーツを着る

(7)

술을 마시다
お酒を飲む

(8)

운동하다
運動する

家事

単語

絵を見て，適当な記号を □ に書き入れましょう。

ⓐ 청소하다 掃除する　　　　　　ⓑ 상을 차리다 食事の支度をする

ⓒ 빨래하다 洗濯する　　　　　　ⓓ 상을 치우다 食器を下げる

ⓔ 요리하다 料理する　　　　　　ⓕ 다리미질하다 アイロンがけをする

ⓖ 장을 보다 買い物をする　　　　ⓗ 옷을 정리하다 服を整理する

ⓘ 설거지하다 皿洗いする　　　　ⓙ 음식을 데우다 食べ物を温める

ⓚ 바닥을 닦다 床を磨く　　　　　ⓛ 쓰레기를 버리다 ゴミを捨てる

(1)　(2)　(3)　(4)

(5)　(6)　(7)　(8)

(9)　(10)　(11)　(12)

学習した単語を会話で
使ってみましょう！

例 A 지금 뭐 해요?
　 B 장을 봐요.

Track 112

適当なもの同士を線で結びましょう。

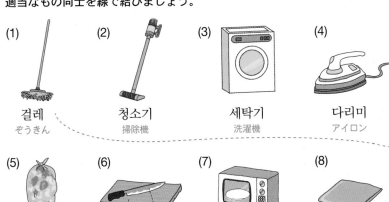

(1) 걸레 ぞうきん
(2) 청소기 掃除機
(3) 세탁기 洗濯機
(4) 다리미 アイロン

- ⓐ 요리하다
- ⓑ 빨래하다
- ⓒ 상을 치우다
- ⓓ 바닥을 닦다
- ⓔ 청소하다
- ⓕ 다리미질하다
- ⓖ 음식을 데우다
- ⓗ 쓰레기를 버리다

(5) 쓰레기봉투 ゴミ袋
(6) 도마 まな板　칼 包丁
(7) 전자레인지 電子レンジ
(8) 행주 ふきん

学習した単語を会話で
使ってみましょう!
例 A 걸레로 뭐 해요?
　　B 바닥을 닦아요.
Track 113

練習 2

絵を見て，必要なものを線で結びましょう。

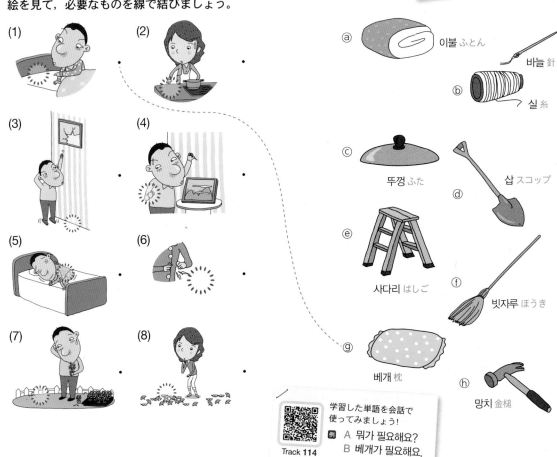

(1)
(2)
(3)
(4)
(5)
(6)
(7)
(8)

- ⓐ 이불 ふとん
- 바늘 針
- ⓑ 실 糸
- ⓒ 뚜껑 ふた
- 삽 スコップ
- ⓓ
- ⓔ 사다리 はしご
- ⓕ 빗자루 ほうき
- ⓖ 베개 枕
- ⓗ 망치 金槌

学習した単語を会話で
使ってみましょう!
例 A 뭐가 필요해요?
　　B 베개가 필요해요.
Track 114

週末の活動

 単語

絵を見て，適当な記号を□に書き入れましょう。

(1)

(2)

(3)

(4)

(5)

(6)

(7)

(8)

(9)

(10)

(11)

(12)

ⓐ 쉬다 休む

ⓑ 데이트하다 デートする

ⓒ 구경하다 見物する

ⓓ 시험을 보다 試験を受ける

ⓔ 이사하다 引っ越す

ⓕ 친구를 만나다 友だちに会う

ⓖ 산책하다 散歩する

ⓗ 아르바이트하다 アルバイトする

ⓘ 책을 읽다 本を読む

ⓙ 피아노를 배우다 ピアノを習う

ⓚ 동영상을 보다 動画を見る

ⓛ 친구 집에 놀러 가다 友だちの家に遊びに行く

学習した単語を会話で使ってみましょう！

Track 115

例 A 지난 주말에 뭐 했어요?
B 시험을 봤어요.

音声を聞いて，正しい答えを選びましょう。

Track 116

「여행, 구경, 출장, 산책, 유학」の
ような名詞を場所と一緒に言うとき
〔場所〕＋ 을/를 ＋ 하다
〔場所〕＋ 에 ＋ 가다

(1)

(@ 절 / ⓑ 궁)을 구경했어요.

(2)

(@ 공원 / ⓑ 길)을 산책했어요.

(3)

(@ 영화관 / ⓑ 재래시장)에서 데이트했어요.

(4)

(@ 동물원 / ⓑ 놀이공원)에 놀러 갔어요.

(5)

(@ 카페 / ⓑ 술집)에서 친구를 만났어요.

(6)

(@ 편의점 / ⓑ 세탁소)에서 아르바이트했어요.

재미있다 面白い
신나다 浮き浮きする
좋다 よい

그저 그렇다 まあまあだ

재미없다 つまらない
심심하다 退屈だ
별로이다 いまいちだ

音声を聞いて，適当なもの同士を線で結びましょう。

Track 117

(1)	(2)	(3)	(4)	(5)	(6)
데이트	생일 파티	여행	수업	영화	공연
•	•	•	•	•	•

•	•	•	•	•	•
@	ⓑ	ⓒ	ⓓ	ⓔ	ⓕ
신났어요	별로였어요	심심했어요	재미있었어요	재미없었어요	그저 그랬어요

第32課 生活でよく使う動詞

単語

絵を見て，適当な記号を□に書き入れましょう。

(1)		(2)		(3)		(4)		(5)		(6)		(7)	
(8)		(9)		(10)		(11)		(12)		(13)		(14)	

ⓐ 울다 泣く　　　　ⓑ 숨다 隠れる　　　　ⓒ 얘기하다 話す

ⓓ 웃다 笑う　　　　ⓔ 찾다 探す　　　　ⓕ 춤을 추다 ダンスをする

ⓖ 사다 買う　　　　ⓗ 앉다 座る　　　　ⓘ 사진을 찍다 写真を撮る

ⓙ 팔다 売る　　　　ⓚ 싸우다 けんかする　　ⓛ 음악을 듣다 音楽を聞く

ⓜ 놀다 遊ぶ　　　　ⓝ 기다리다 待つ

学習した単語を会話で使って
みましょう！

例　A 정우가 뭐 하고 있어요?
　　B 정우가 웃고 있어요.

Track 118

練習 1

左の絵を見て，正しい答えを選びましょう。音声を聞いて答えを確認しましょう。

(1) 정우는 (ⓐ 웃고 있어요. / ⓑ 웃고 있지 않아요.)

(2) 현철은 (ⓐ 울고 있어요. / ⓑ 울고 있지 않아요.)

(3) 정희는 (ⓐ 앉아 있어요. / ⓑ 서 있어요.)

(4) 민수는 소은을 (ⓐ 찾고 있어요. / ⓑ 사진 찍고 있어요.)

(5) 진규는 유나하고 (ⓐ 놀고 있어요. / ⓑ 만나고 있어요.)

(6) 윤호는 친구를 (ⓐ 기다리고 있어요. / ⓑ 기다리고 있지 않아요.)

(7) 지연은 동욱하고 (ⓐ 얘기하고 있어요. / ⓑ 얘기하고 있지 않아요.)

(8) 혜인은 진석하고 (ⓐ 싸우고 있어요. / ⓑ 싸우고 있지 않아요.)

> 「-고 있다」の否定を表すとき
> 例 웃고 있지 않아요. (○) 笑っていません。
> 웃고 없어요. (×)

> 「싸우다, 얘기하다」などの動作動詞は
> 「-고 있다」を用いる。
> 例 싸우고 있다 けんかしています。
> 「앉다, 서다, 숨다」などの状態動詞は
> 「-아/어 있다」を用いる。
> 例 앉아 있다 座っています。

練習 2

左の絵を見て，適当なもの同士を線で結びましょう。

(1) 진석 ・

(2) 동현 ・

(3) 소은 ・

(4) 성하 ・

(5) 동욱 ・

(6) 윤호 ・

・① 목도리

・② 치마

・③ 운동화

・④ 모자

・⑤ 시계

・⑥ 부채

・ⓐ 입고 있어요.

・ⓑ 차고 있어요.

・ⓒ 쓰고 있어요.

・ⓓ 하고 있어요.

・ⓔ 신고 있어요.

・ⓕ 들고 있어요.

Track 120

> 学習した単語を会話で使ってみましょう!
> 例 A 누가 운동화를 신고 있어요?
> B 진석이 운동화를 신고 있어요.

生活でよく使う形容詞

単語

絵を見て，適当な記号を□に書き入れましょう。音声を聞いて答えを確認しましょう。

Track 121

ⓐ 이상하다 変だ　　ⓑ 필요하다 必要だ　　ⓒ 힘들다 大変だ　　ⓓ 어렵다 難しい

ⓔ 재미있다 面白い　　ⓕ 위험하다 危険だ　　ⓖ 중요하다 重要だ

ⓗ 맛있다 おいしい　　ⓘ 바쁘다 忙しい　　ⓙ 인기가 많다 人気がある

(1) 불고기가 ＿＿＿!

(2) 수영복이 ＿＿＿!

(3) ＿＿＿!

(4) 너무 ＿＿＿!

(5) 건강이 더 ＿＿＿!

(6) 너무 ＿＿＿!

(7) 컴퓨터 게임이 ＿＿＿!

(8) 한자가 너무 ＿＿＿!

(9) ＿＿＿!

(10) 저 사람이 ＿＿＿!

おまけ

韓国語の形容詞は，活用形が動詞と同じである。
例 유명하다 → 김치가 유명해요. (○)
　　有名だ　　キムチが有名です。
　　　　　　　김치가 유명이에요. (×)

練習 1

反対の単語を選んで書きましょう。

(1) 필요하다 ↔

(2) 어렵다 ↔

(3) 위험하다 ↔

(4) 재미있다 ↔

(5) 맛있다 ↔

(6) 바쁘다 ↔

(7) 중요하다 ↔

(8) 인기가 많다 ↔

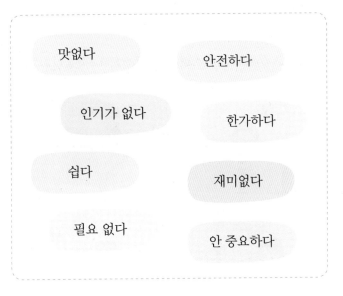

맛없다

안전하다

인기가 없다

한가하다

쉽다

재미없다

필요 없다

안 중요하다

気をつけよう!
하다動詞と하다形容詞で，否定の「안」の位置が異なる。
〔形容詞〕안 중요해요. (「안」は形容詞の前)
〔動詞〕운동 안 해요. (「안」は名詞と「하다」の間)

練習 2

適当なもの同士を線で結びましょう。音声を聞いて答えを確認しましょう。

Track 122

(1) 혼자 이사하는 것은 힘들어요. •

(2) 봄에 눈이 와요. •

(3) 비싼 음식이 정말 맛없었어요. •

(4) 이곳은 안전해요. •

(5) 이번 시험이 정말 중요해요. •

(6) 너무 바빠서 쉴 수 없어요. •

(7) 얼음이 필요해요. •

(8) 이 음식은 정말 맛있어요. •

• ⓐ 돈이 아까워요.

• ⓑ 친구가 도와주면 좋겠어요.

• ⓒ 냉장고에서 꺼내도 돼요?

• ⓓ 요즘 날씨가 정말 이상해요.

• ⓔ 그러니까 너무 걱정하지 마세요.

• ⓕ 그러니까 열심히 준비해야 해요.

• ⓖ 혼자 10개라도 먹을 수 있어요.

• ⓗ 그래서 스트레스를 많이 받아요.

生活でよく使う表現 1

単語

ふきだしに入る適当な記号を選んで会話を完成させましょう。音声を聞いて答えを確認
しましょう。

(1)
ⓓ
안녕하세요?

(2)
안녕히 가세요.

(3)
네.

(4)
괜찮아요.

(5)

(6)

(7)
여보세요.

(8)
맛있게 드세요.

(9)

(10)
한국 사람이세요?

(11)
같이 영화 봐요.

(12)
감사합니다.

ⓐ 맞아요. そうです。

ⓑ 실례합니다. 失礼します。

ⓒ 좋아요. いいです。

ⓓ 안녕하세요? こんにちは。

ⓔ 여보세요. もしもし。

ⓕ 도와주세요. 手伝ってください。

ⓖ 미안합니다. すみません。

ⓗ 안녕히 계세요. さようなら。

ⓘ 축하합니다. おめでとうございます。

ⓙ 잘 먹었습니다. ごちそうさまでした。

ⓚ 감사합니다. ありがとうございます。

ⓛ 잘 먹겠습니다. いただきます。

> 韓国語では時間に関係なく
> 「안녕하세요?」を使う。
>
> おはようございます。
> こんにちは。 ▶ 안녕하세요!
> こんばんは。

> 韓国語では誰かに助けを
> 求めるとき，何かを頼む
> とき，救助を要請するとき
> 全て「도와주세요」と言う。

適当なもの同士を線で結びましょう。音声を聞いて答えを確認しましょう。

Track 124

(1) 맛있게 드세요.　　　　　　　　　　　　ⓐ 좋아요.

(2) 안녕하세요?　　　　　　　　　　　　　　ⓑ 축하합니다.

(3) 우리 같이 식사해요.　　　　　　　　ⓒ 안녕하세요?

(4) 김수지 씨죠?　　　　　　　　　　　ⓓ 잘 먹겠습니다.

(5) 안녕히 계세요.　　　　　　　　　　ⓔ 안녕히 가세요.

(6) 시험에 합격했어요.　　　　　　　　　　ⓕ 맞아요.

> **おまけ**
> 안녕히 계세요: 別れるとき，その場に留まる相手に使うあいさつ。
> 안녕히 가세요: 別れるとき，その場から去る相手に使うあいさつ。

練習 2

正しい単語を線で結んで，会話に合う文を完成させましょう。

(1) 유나는 약속 시간을 잘 몰라서 진수한테 　　　　　　.
유나: 3시 맞아요?
진수: 네, 맞아요.

　　　　　　ⓐ 약속해요

(2) 유나는 약속 시간에 늦게 와서 진수에게 　　　　　　.
유나: 약속에 늦어서 정말 미안해요.
진수: 괜찮아요.

　　　　　　ⓑ 인사해요

(3) 진수는 유나하고 저녁을 먹기로 　　　　　　.
진수: 오늘 같이 저녁 먹을까요?
유나: 좋아요. 7시에 만나요.

　　　　　　ⓒ 확인해요

(4) 진수와 유나는 길에서 만나서 　　　　　　.
유나: 안녕하세요? 잘 지내죠?
진수: 네, 잘 지내요.

　　　　　　ⓓ 사과해요

生活でよく使う表現 2

第35課

おまけ

「알겠어요」は親しい人との間におけるインフォーマルな状況で用い、「알겠습니다」は会社やサービス業の人がお客に対してフォーマルな状況で用いる。

例1　A 미안해요. 갑자기 일이 생겨서 못 가요.
　　　すみません。急用ができて行けません。
　　　B 알겠어요. わかりました。

例2　A 커피 한 잔 주세요. コーヒー1杯ください。
　　　B 네, 알겠습니다. はい，わかりました。

単語

ふきだしに入る適当な記号を選んで会話を完成させましょう。音声を聞いて答えを確認しましょう。

Track 125

韓国語の「수고하셨습니다」は「ありがとうございます」と「お疲れ様でした」という2つの意味がある。サービスを受けた後，感謝の意味でも使え，何かが終わりその苦労をねぎらうためにも使える。

@ 건배! 乾杯!

ⓑ 잘 모르겠어요. よくわかりません。

ⓒ 괜찮아요. 大丈夫です。

ⓓ 수고하셨습니다. お疲れさまでした。

ⓔ 잠깐만요. ちょっと待ってください。

ⓕ 처음 뵙겠습니다. 初めまして。

ⓖ 잘 지내요. 元気に過ごしています。

ⓗ 주말 잘 보내세요. よい週末をお過ごしください。

ⓘ 알겠습니다. わかりました。

ⓙ 아니에요, 괜찮아요. いえ，結構です。

ⓚ 오랜만이에요. お久しぶりです。

ⓛ 다시 한번 말해 주세요. もう1回，言ってください。

(1)

(2) 만나서 반갑습니다.

그동안 잘 지냈어요?

(3) 요즘 어떻게 지내요?

(4)

(5)

(6) 네?

(7) 표 2장 주세요.

(8)

(9) 죄송합니다.

(10)

(11) 마크 씨 좀 바꿔 주세요.

(12) 좀 더 드세요.

練習 1

絵を見て，適当な記号を□に書き入れましょう。

(1) 이분은 제임스 씨예요.

(2) 이걸로 할게요.

(3) 생일이 며칠이에요?

(4) 9월 24일이에요.

(5) 같이 점심 먹어요.

(6) 미안해요.

(7) 사진 좀 찍어 주세요.

(8) 한국말 정말 잘하네요.

(9) 오늘 집들이에 오세요. / 네, 알겠어요.

(10) 맛있어요? / 한번 드셔 보세요.

ⓐ 부탁하다　頼む
ⓑ 대답하다　答える
ⓒ 소개하다　紹介する
ⓓ 칭찬하다　ほめる
ⓔ 선택하다　選ぶ
ⓕ 추천하다　推薦する
ⓖ 거절하다　断る
ⓗ 초대하다　招待する
ⓘ 질문하다　質問する
ⓙ 제안하다　提案する

練習 2

適当なもの同士を線で結びましょう。

(1) 집세가 얼마예요?

(2) 표 한 장 주세요.

(3) 여기에서 세워 주세요.

(4) 지하철역이 어디예요?

(5) 뭐 주문하시겠어요?

(6) 소포를 보내려고 하는데요.

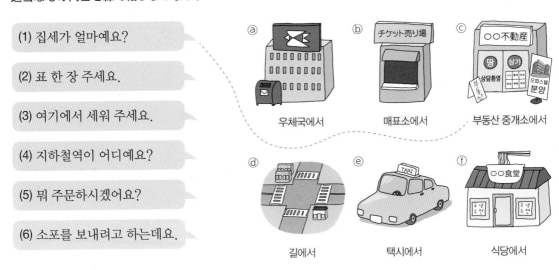

ⓐ 우체국에서
ⓑ 매표소에서
ⓒ 부동산 중개소에서
ⓓ 길에서
ⓔ 택시에서
ⓕ 식당에서

果物

単語

絵を見て，適当な記号を□に書き入れましょう。音声を聞いて答えを確認しましょう。

Track 126

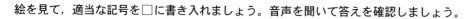

ⓐ 배 梨	ⓑ 사과 りんご	ⓒ 키위 キウイ
ⓓ 감 柿	ⓔ 포도 ブドウ	ⓕ 레몬 レモン
ⓖ 귤 みかん	ⓗ 수박 スイカ	ⓘ 바나나 バナナ
ⓙ 딸기 いちご	ⓚ 참외 マクワウリ	ⓛ 복숭아 桃

(1)　　　　　　(2)　　　　　　(3)　　　　　　(4)

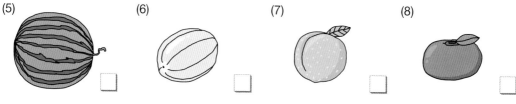

(5)　　　　　　(6)　　　　　　(7)　　　　　　(8)

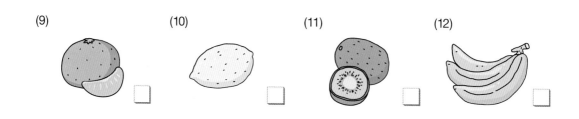

(9)　　　　　　(10)　　　　　　(11)　　　　　　(12)

学習した単語を会話で
使ってみましょう！
例 A 뭐 드릴까요?
　　B 사과 주세요.

Track 127

音声を聞いて，後について読みましょう。

Track 128

 (1) 싱싱하다 みずみずしい

 (2) 안 싱싱하다 みずみずしくない

 (3) 썩다 腐る

A 사과가 어때요?
りんごはどうですか。
B 싱싱해요. みずみずしいですよ。

A 사과가 어때요?
りんごはどうですか。
B 안 싱싱해요.
みずみずしくありません。

A 사과가 어때요?
りんごはどうですか。
B 썩었어요. 腐っています。

 5월　10월

 (4) 덜 익다 熟していない

 (5) 잘 익다 よく熟している

A 사과가 어때요?
りんごはどうですか。
B 덜 익었어요. 熟していません。

A 사과가 어때요?
りんごはどうですか。
B 잘 익었어요. よく熟しています。

練習 2

音声を聞いて，適当なもの同士を線で結びましょう。

Track 129

(1)
 ・

・① 사과 한 상자 ・

・ⓐ 1,500원이에요.

(2)
 ・

・② 사과 한 봉지 ・

・ⓑ 10,000원이에요.

(3)
 ・

・③ 사과 한 바구니 ・

・ⓒ 6,000원이에요.

(4)
・

・④ 사과 한 개 ・

・ⓓ 25,000원이에요.

野菜

第37課

単語

絵を見て，適当な記号を□に書き入れましょう。音声を聞いて答えを確認しましょう。

Track 130

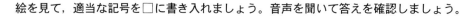

(1) 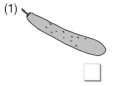 □

(2) □

(3) 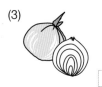 □

(4)  □

(5)  □

(6) 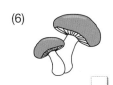 □

(7)  □

(8) 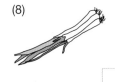 □

(9)  □

(10) 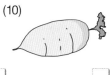 □

ⓐ 파 ねぎ   ⓑ 마늘 にんにく   ⓒ 호박 カボチャ

ⓓ 콩 豆   ⓔ 당근 人参   ⓕ 양파 玉ねぎ

ⓖ 무 大根   ⓗ 고추 唐辛子

ⓘ 오이 きゅうり   ⓙ 버섯 きのこ

---

(11) □

(12)  □

(13) 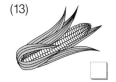 □

(14) 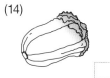 □

(15)  □

(16) 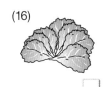 □

(17) □

(18)  □

(19)  □

(20) □

ⓚ 가지 なす   ⓛ 토마토 トマト   ⓜ 고구마 さつまいも

ⓝ 배추 白菜   ⓞ 콩나물 豆もやし   ⓟ 시금치 ほうれん草

ⓠ 상추 サンチュ   ⓡ 양배추 キャベツ

ⓢ 감자 じゃがいも   ⓣ 옥수수 トウモロコシ

練習 1

1 音声を聞いて，後について読みましょう。

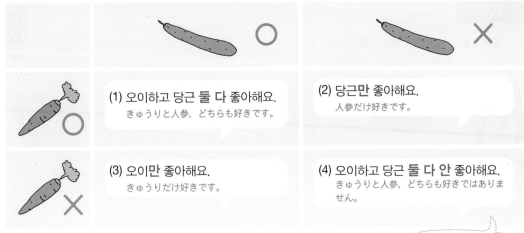

(1) 오이하고 당근 **둘 다** 좋아해요.
きゅうりと人参，どちらも好きです。

(2) 당근**만** 좋아해요.
人参だけ好きです。

(3) 오이**만** 좋아해요.
きゅうりだけ好きです。

(4) 오이하고 당근 **둘 다 안** 좋아해요.
きゅうりと人参，どちらも好きではありません。

다: 全部，みんな
둘 다: どちらも，2つとも
둘 다 안: どちらも〜ない，
　　　　　2つとも〜ない

Track 132

2 音声を聞いて，話し手が野菜が好きであれば○，好きでなければ
×を付けましょう。

(1)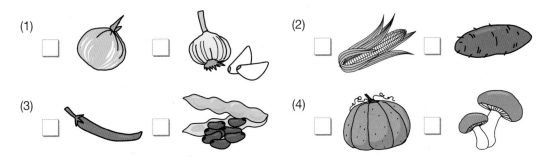

(2)

(3)

(4)

練習 2

絵を見て，正しければ○，間違っていれば×をつけましょう。

흰색 = 하얀색 白
녹색 = 초록색 緑
검은색 = 까만색 黒

(1) 고추가 흰색이에요.

(2) 오이가 녹색이에요.

(3) 가지가 흰색이에요.

(4) 당근이 파란색이에요.

(5) 양파가 검은색이에요.

(6) 마늘이 빨간색이에요.

(7) 옥수수가 노란색이에요.

(8) 토마토가 검은색이에요.

빨간색　검은색
파란색　흰색
노란색　회색
녹색　보라색
갈색　주황색

肉と海産物

単語

1 音声を聞いて，後について読みましょう。

Track 133

(1)   (2)   (3)

소 牛   소고기 牛肉   돼지 豚   돼지고기 豚肉   닭 鶏   닭고기 鶏肉

2 絵を見て，適当な記号を□に書き入れましょう。音声を聞いて答えを確認しましょう。

Track 134

(1)    (2)   (3)   (4)   (5)

(6)    (7)   (8)   (9)   (10)

(11)   (12)   (13)   (14)   (15)   (16)

해물 海産物   ⓐ 문어 ミズダコ   ⓑ 홍합 ムール貝   ⓒ 미역 わかめ

ⓓ 굴 カキ   ⓔ 낙지 マダコ   ⓕ 새우 エビ   ⓖ 오징어 イカ

ⓗ 게 カニ   ⓘ 조개 貝   ⓙ 가재 ザリガニ

생선 魚   ⓚ 장어 うなぎ   ⓛ 참치 マグロ   ⓜ 고등어 サバ

ⓝ 연어 サケ   ⓞ 갈치 タチウオ   ⓟ 멸치 イワシ

気をつけよう!

물고기: 水中に住む全ての魚類
생선: 捕まえて食べる対象として表現したもの，乾燥させたり漬けたりしていない魚

Track 135

学習した単語を会話で使ってみましょう!

例 A 이게 한국어로 뭐예요?
　 B 새우예요.

練習 1

音声を聞いて，後について読みましょう。

(1) 신선하다 新鮮だ

A 고기가 어때요? 肉はどうですか。
B 신선하지 않아요. 新鮮ではありません。

(2) 신선하지 않다 新鮮ではない

A 고기가 어때요? 肉はどうですか。
B 신선해요. 新鮮です。

(3) 상하다 傷んでいる

A 고기가 어때요? 肉はどうですか。
B 상했어요. 傷んでいます。

(4) 신선하다 新鮮だ

A 생선이 어때요? 魚はどうですか。
B 신선해요. 新鮮です。

(5) 신선하지 않다 新鮮ではない

A 생선이 어때요? 魚はどうですか。
B 신선하지 않아요. 新鮮ではありません。

(6) 상하다 傷んでいる

A 생선이 어때요? 魚はどうですか。
B 상했어요. 傷んでいます。

練習 2

絵を見て，適当な記号を□に書き入れましょう。音声を聞いて答えを確認しましょう。

		ⓐ	ⓑ	ⓒ	ⓓ	ⓔ
(1) 소고기	남자	항상 □	자주 □	가끔 □	거의 □	전혀 □
	여자	항상 □	자주 □	가끔 □	거의 □	전혀 □
(2) 돼지고기	남자	항상 □	자주 □	가끔 □	거의 □	전혀 □
	여자	항상 □	자주 □	가끔 □	거의 □	전혀 □
(3) 닭고기	남자	항상 □	자주 □	가끔 □	거의 □	전혀 □
	여자	항상 □	자주 □	가끔 □	거의 □	전혀 □
(4) 새우	남자	항상 □	자주 □	가끔 □	거의 □	전혀 □
	여자	항상 □	자주 □	가끔 □	거의 □	전혀 □
(5) 조개	남자	항상 □	자주 □	가끔 □	거의 □	전혀 □
	여자	항상 □	자주 □	가끔 □	거의 □	전혀 □
(6) 장어	남자	항상 □	자주 □	가끔 □	거의 □	전혀 □
	여자	항상 □	자주 □	가끔 □	거의 □	전혀 □

第39課　毎日の食べ物と材料

単語

1　適当なもの同士を線で結びましょう。

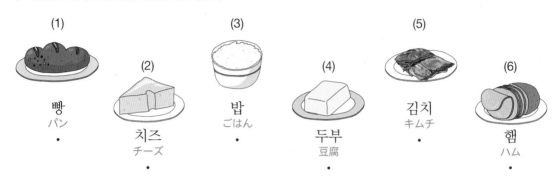

(1) 빵　パン

(2) 치즈　チーズ

(3) 밥　ごはん

(4) 두부　豆腐

(5) 김치　キムチ

(6) 햄　ハム

ⓐ 쌀　米

ⓑ 콩　豆

ⓒ 밀가루　小麦粉

ⓓ 우유　牛乳

ⓔ 배추　白菜

ⓕ 돼지고기　豚肉

2　正しい答えを選びましょう。音声を聞いて答えを確認しましょう。

Track 138

(1) 빵은 (ⓐ 쌀 / ⓑ 밀가루)로 만들어요.

(2) 치즈는 (ⓐ 콩 / ⓑ 우유)(으)로 만들어요.

(3) 밥은 (ⓐ 쌀 / ⓑ 밀가루)로 만들어요.

(4) 두부는 (ⓐ 콩 / ⓑ 우유)(으)로 만들어요.

(5) 김치는 (ⓐ 배추 / ⓑ 돼지고기)로 만들어요.

(6) 햄은 (ⓐ 배추 / ⓑ 돼지고기)로 만들어요.

> **おまけ**
>
> 材料を表すとき，材料名詞の後ろに助詞「(으)로」を付ける。材料名詞が母音で終わる場合は「로」，子音で終わる場合は「으로」を付ける。ただし，「ㄹ」で終わる場合は「으로」でなく「로」を付ける。
>
> 例 쌀로 만들었어요. 米で作りました。

練習 1

適当なもの同士を線で結びましょう。 音声を聞いて答えを確認しましょう。

Track 139

(1) 고추 唐辛子 ・ ・ ⓐ 짜다 塩辛い

> **おまけ**
> 싱겁다 味が薄い: 食べ物の
> 味付けが普通より薄いとき使う。

(2) 바닷물 海水 ・ ・ ⓑ 쓰다 苦い

> **気をつけよう!**
> 発音に注意!
> 바닷물 [바단물]

(3) 초콜릿 チョコレート ・ ・ ⓒ 시다 酸っぱい

(4) 레몬 レモン ・ ・ ⓓ 맵다 辛い

(5) 치킨 チキン ・ ・ ⓔ 달다 甘い

(6) 인삼 朝鮮人参 ・ ・ ⓕ 느끼하다 脂っこい

練習 2

絵を見て，適当な記号を□に書き入れましょう。音声を聞いて答えを確認しましょう。

Track 140

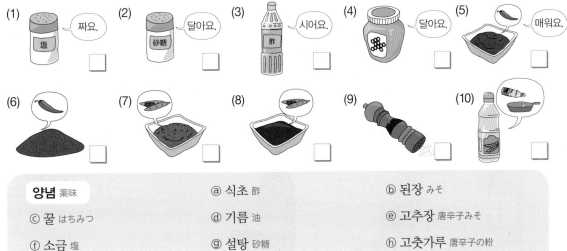

(1) 짜요. (2) 달아요. (3) 시어요. (4) 달아요. (5) 매워요.

(6) (7) (8) (9) (10)

양념 薬味	ⓐ 식초 酢	ⓑ 된장 みそ
ⓒ 꿀 はちみつ	ⓓ 기름 油	ⓔ 고추장 唐辛子みそ
ⓕ 소금 塩	ⓖ 설탕 砂糖	ⓗ 고춧가루 唐辛子の粉
ⓘ 후추 コショウ	ⓙ 간장 しょうゆ	

飲み物

単語

絵を見て，適当な記号を□に書き入れましょう。音声を聞いて答えを確認しましょう。

Track 141

음료수 飲み物

ⓐ 우유 牛乳

ⓑ 주스 ジュース

ⓒ 녹차 緑茶

ⓓ 콜라 コーラ

ⓔ 홍차 紅茶

ⓕ 커피 コーヒー

ⓖ 생수 ミネラルウォーター

ⓗ 사이다 サイダー

(1) □

(2) □

(3) □

(4) □

(5)  □

(6)   □

(7)  □

(8)  □

(9) 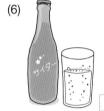 □

(10)  □

술 酒

ⓘ 와인 ワイン

ⓙ 맥주 ビール

ⓚ 소주 焼酎

ⓛ 생맥주 生ビール

ⓜ 막걸리 マッコリ

(11)  □

(12)  □

(13)  □

学習した単語を会話で
使ってみましょう！
例 A 뭐 드릴까요?
　 B 커피 주세요.

Track 142

音声を聞いて，後について読みましょう。

Track 143

차다 (=차갑다)
冷たい

시원하다
冷たい

미지근하다
ぬるい

따뜻하다
温かい

뜨겁다
熱い

(1)
물이 차요.
= 물이 차가워요.

(2)
물이 시원해요.

(3)
물이 미지근해요.

(4)
물이 따뜻해요.

(5)
물이 뜨거워요.

「차다」は温度が非常に低い場合に用い，「시원하다」は心地よい場合に用いる。

気をつけよう!
手に触れるもの温度を表すとき：
冷たい 차갑다，熱い 뜨겁다
気温を表すとき：寒い 춥다，暑い 덥다

練習 2

絵を見て，適当な記号を□に書き入れましょう。音声を聞いて答えを確認しましょう。

Track 144

(1)

(2)

(3)
Espresso

(4)
coffee

(5)

(6)
BEER 4.5%

ⓐ 커피가 연해요.
コーヒーが薄いです。

ⓑ 커피가 진해요.
コーヒーが濃いです。

ⓒ 술이 독해요.
アルコール度数が高いです。

ⓓ 술이 순해요.
アルコール度数が低いです。

ⓔ 주스가 사과 맛이 나요.
ジュースがりんごの味がします。

ⓕ 주스가 딸기 향이 나요.
ジュースがいちごの香りがします。

気をつけよう!
・液体の濃度と関連するときは「진하다」
　진한 커피 (→연한 커피)
・液体が刺激的なときは「독하다」
　독한 술 (→순한 술)

デザートとおやつ

第**41**課

単語

1 絵を見て，適当な記号を□に書き入れましょう。音声を聞いて答えを確認しましょう。

Track 145

ⓐ 떡 餅　　　　　ⓑ 사탕 キャンディー　　　ⓒ 케이크 ケーキ

ⓓ 과자 お菓子　　ⓔ 호두 くるみ　　　　　ⓕ 아이스크림 アイスクリーム

ⓖ 땅콩 ピーナッツ　ⓗ 초콜릿 チョコレート

(1)　　　　　　　(2)　　　　　　　(3)　　　　　　　(4)

□　　　　　　　□　　　　　　　□　　　　　　　□

(5)　　　　　　　(6)　　　　　　　(7)　　　　　　　(8)

□　　　　　　　□　　　　　　　□　　　　　　　□

2 音声を聞いて，後について読みましょう。

Track 146

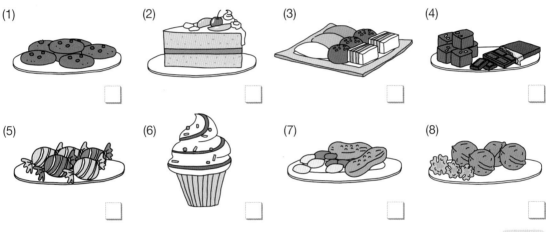

(1) 케이크가 부드러워요.
　　ケーキがやわらかいです。

(2) 호두가 딱딱해요.
　　くるみが固いです。

(3) 사탕이 몸에 안 좋아요.
　　キャンディーが体によくないです。

(4) 땅콩이 몸에 좋아요.
　　ピーナッツが体にいいです。

練習 1

絵を見て，適当な記号を□に書き入れましょう。音声を聞いて答えを確認しましょう。

Track 147

(1)　□

(2)　□

(3)　□

(4)　□

(5)　□

(6)　□

(7)　□

(8)　□

ⓐ 커피 한 **잔**　　ⓑ 생수 세 **통**　　ⓒ 땅콩 한 **접시**　　ⓓ 케이크 한 **조각**

ⓔ 맥주 두 **병**　　ⓕ 과자 한 **봉지**　　ⓖ 생맥주 세 **잔**　　ⓗ 초콜릿 한 **상자**

「통」は何かを入れるために木・鉄・プラスチックなどで深く作ったもの。
「병」は液体や粉末を入れるためにガラスで作ったもの。

練習 2

音声を聞いて，適当なもの同士を線で結びましょう。

Track 148

(1)　　　·

(2)　　　·

(3)　　　·

(4)　　　·

·　ⓐ　

·　ⓑ　

·　ⓒ　

おまけ

助詞「하고」は名詞の後ろに付けて羅列の意味を表す。

·　ⓓ　

食卓

単語

1　絵を見て，適当な記号を□に書き入れましょう。音声を聞いて答えを確認しましょう。

Track 149

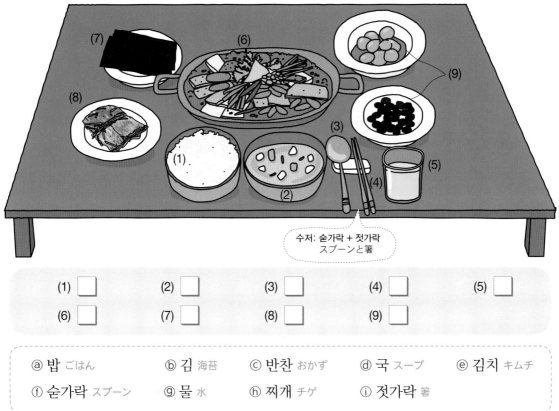

(7)　(6)　(9)　(8)　(3)　(1)　(2)　(4)　(5)

수저: 숟가락 + 젓가락
スプーンと箸

| (1) □ | (2) □ | (3) □ | (4) □ | (5) □ |
| (6) □ | (7) □ | (8) □ | (9) □ | |

ⓐ 밥 ごはん　　ⓑ 김 海苔　　ⓒ 반찬 おかず　　ⓓ 국 スープ　　ⓔ 김치 キムチ

ⓕ 숟가락 スプーン　　ⓖ 물 水　　ⓗ 찌개 チゲ　　ⓘ 젓가락 箸

2　絵を見て，適当な記号を□に書き入れましょう。

学習した単語を会話で使って
みましょう！
例 개인 접시 좀 갖다주세요.

Track 150

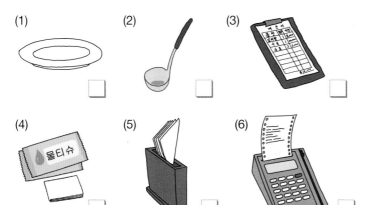

(1)　□　(2)　□　(3)　□

(4) 물티슈　□　(5)　□　(6)　□

ⓐ 국자 おたま

ⓑ 냅킨 ナプキン

ⓒ 물티슈 おしぼり

ⓓ 계산서 伝票

ⓔ 영수증 レシート

ⓕ 개인 접시 取り皿

音声を聞いて，それぞれの野菜が料理に入れば○，入らなければ×を付けましょう。

Track 151

(1) ☐　(2) ☐

(3) ☐　(4) ☐

(5) ☐　(6) ☐

(7) ☐　(8) ☐

(9) ☐　(10) ☐

学習した単語を会話で使ってみましょう！
例　A 찌개에 오이가 들어가요?
　　B 아니요, 안 들어가요.
Track 152

絵を見て，正しい答えを選びましょう。音声を聞いて答えを確認しましょう。

Track 153

塩　砂糖

(1) 저는 단 음식을 좋아해요. (ⓐ 설탕 / ⓑ 소금)을 넣어 주세요.

(2) 고기를 정말 좋아해요. 고기를 (ⓐ 빼 / ⓑ 넣어) 주세요.

(3) 저는 매운 음식을 못 먹어요. (ⓐ 된장 / ⓑ 고추장)을 빼 주세요.

(4) 계란을 정말 (ⓐ 좋아해요. / ⓑ 싫어해요.) 계란을 하나 더 주세요.

(5) 마늘을 먹으면 배가 아파요. 마늘을 (ⓐ 빼 / ⓑ 넣어) 주세요.

(6) 저는 버섯 알레르기가 (ⓐ 있어요. / ⓑ 없어요.) 버섯을 빼 주세요.

・〔명사〕을/를 넣어 주세요.
　〔名詞〕を入れてください。
・〔명사〕을/를 빼 주세요.
　〔名詞〕を抜いてください。

気をつけよう！
順序に注意！
例　하나 더 주세요. (○)
　　もう1つください。
　　더 하나 주세요. (×)

食事

単語

絵を見て，適当な記号を□に書き入れましょう。音声を聞いて答えを確認しましょう。

Track 154

ⓐ 양식 洋食　　　　ⓑ 중식 中華料理　　　　ⓒ 일식 和食

ⓓ 한식 韓国料理　　　ⓔ 분식 韓国式軽食　　　ⓕ 패스트푸드 ファーストフード

(1)

비빔밥　　불고기
삼계탕

(2)

초밥　　돈가스
우동

(3)

짜장면　　짬뽕
만두

(4)

스파게티　　스테이크
피자

(5)

라면　　떡볶이
김밥

(6)

햄버거　　감자튀김
핫도그

絵を見て，適当な記号を□に書き入れましょう。音声を聞いて答えを確認しましょう。

Track 155

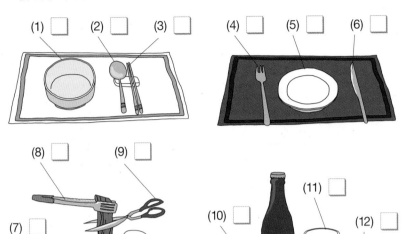

(1) □ (2) □ (3) □   (4) □ (5) □ (6) □

(8) □   (9) □

(7) □

(10) □   (11) □   (12) □

ⓐ 칼 ナイフ	
ⓑ 컵 コップ	
ⓒ 집게 トング	
ⓓ 접시 皿	
ⓔ 그릇 器	
ⓕ 가위 はさみ	
ⓖ 쟁반 おぼん	
ⓗ 포크 フォーク	
ⓘ 불판 グリル	
ⓙ 병따개 栓抜き	
ⓚ 젓가락 箸	
ⓛ 숟가락 スプーン	

絵を見て，適当な記号を□に書き入れましょう。音声を聞いて答えを確認しましょう。

Track 156

(1) 식당 □

(2) 여기 앉으세요. □

(3) 이거 매워요? ? □

(4) 이거 먹을 거야. 비빔밥 16.0 □

(5) 비빔밥 주세요. □

(6) □

(7) 물 좀 주세요. □

(8) 10,000원입니다. □

ⓐ 손님이 의자에 앉아요.	ⓑ 손님이 음식값을 계산해요.
ⓒ 손님이 음식을 정해요.	ⓓ 종업원이 음식을 갖다줘요.
ⓔ 손님이 음식을 시켜요.	ⓕ 손님이 종업원에게 물을 부탁해요.
ⓖ 손님이 식당에 들어가요.	ⓗ 손님이 종업원에게 음식에 대해 물어봐요.

おまけ
시키다 = 주문하다
たのむ　注文する

料理法

単語

おまけ
양념: 薬味
거품: 泡
국물: スープ

Track 157

1 音声を聞いて，後について読みましょう。

(1) 　(2) 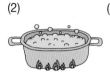　(3) 　(4) 　(5)

고기를 굽다
肉を焼く

찌개를 끓이다
チゲを作る

채소를 볶다
野菜を炒める

만두를 찌다
餃子を蒸す

새우를 튀기다
エビを揚げる

2 絵を見て，正しい答えを選びましょう。音声を聞いて答えを確認しましょう。

Track 158

(1) ⓐ 자르다 切る
　　ⓑ 썰다 切り刻む

(2) ⓐ 넣다 入れる
　　ⓑ 빼다 取り出す

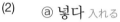

(3) 「부치다」は
チヂミやお好み
焼きのように，
フライパンに
油をひいて
焼くことを
意味する。

ⓐ 부치다 焼く
ⓑ (생선) 굽다 (魚)焼く

(4) ⓐ 뿌리다 振りかける
　　ⓑ 바르다 塗る

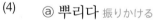

(5) ⓐ 섞다 混ぜる
　　ⓑ 젓다 かき混ぜる

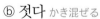

(6) ⓐ 삶다 ゆでる
　　ⓑ 데치다 ゆがく

練習 1

次の中から料理法が他のものと違うものを1つ選びましょう。

(1)
ⓐ 국 ☐
ⓑ 탕 ☐
ⓒ 찌개 ☐
ⓓ 김치 ☐

(2)
ⓐ 갈비 ☐
ⓑ 불고기 ☐
ⓒ 비빔밥 ☐
ⓓ 삼겹살 ☐

(3)
ⓐ 간장 ☐
ⓑ 된장 ☐
ⓒ 김장 ☐
ⓓ 고추장 ☐

(4)
ⓐ 김밥 ☐
ⓑ 만두 ☐
ⓒ 갈비찜 ☐
ⓓ 아귀찜 ☐

(5)
ⓐ 빵 ☐
ⓑ 과자 ☐
ⓒ 떡볶이 ☐
ⓓ 케이크 ☐

(6)
ⓐ 라면 ☐
ⓑ 국수 ☐
ⓒ 튀김 ☐
ⓓ 냉면 ☐

練習 2

音声を聞いて，料理の順番に記号を書きましょう。

Track 159

ⓐ
채소를 밥 위에 놓아요.

ⓑ
맛있게 먹어요.

ⓒ
채소를 씻어요.

ⓓ
고추장을 넣어요.

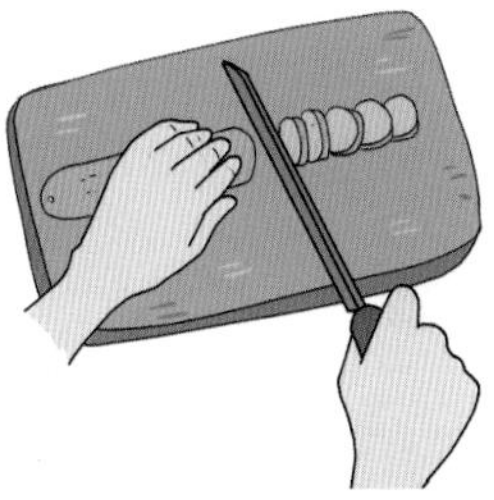

ⓔ
채소를 썰어요.

ⓕ
잘 비벼요.

気をつけよう!
発音が似ているので注意!
놓다 (置く): 위에 놓다 (上に置く)
넣다 (入れる): 안에 넣다 (中に入れる)

☐ → ☐ → ☐ → ☐ → ☐ → ☐

趣味

第45課

単語

絵を見て，適当な記号を□に書き入れましょう。

 Track 160

学習した単語を会話で使ってみましょう!

例 A 시간이 있을 때 뭐 해요?
　 B 여행해요.

ⓐ 운동하다 運動する
ⓑ 책을 읽다 本を読む
ⓒ 여행하다 旅行する
ⓓ 사진을 찍다 写真を撮る
ⓔ 요리하다 料理する
ⓕ 영화를 보다 映画を見る
ⓖ 수리하다 修理する
ⓗ 음악을 듣다 音楽を聞く
ⓘ 등산하다 山に登る
ⓙ 그림을 그리다 絵を描く
ⓚ 낚시하다 釣りをする
ⓛ 테니스를 치다 テニスをする　테니스를 하다 (×)
ⓜ 쇼핑하다 ショッピングする
ⓝ 악기를 연주하다 楽器を演奏する
ⓞ 게임하다 ゲームする
ⓟ 개하고 놀다 犬と遊ぶ

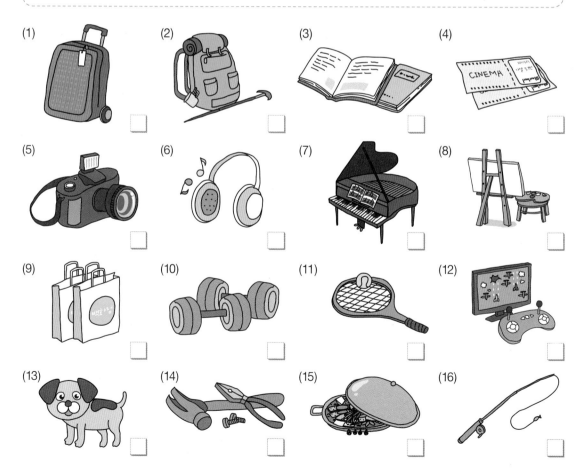

(1) (2) (3) (4)
(5) (6) (7) (8)
(9) (10) (11) (12)
(13) (14) (15) (16)

104 Part 1・余暇

練習 1

音声を聞いて，後について読みましょう。

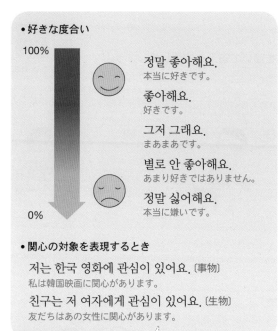

• 好きな度合い

100%

정말 좋아해요.
本当に好きです。

좋아해요.
好きです。

그저 그래요.
まあまあです。

별로 안 좋아해요.
あまり好きではありません。

정말 싫어해요.
本当に嫌いです。

0%

• 関心の対象を表現するとき

저는 한국 영화에 관심이 있어요. 〔事物〕
私は韓国映画に関心があります。

친구는 저 여자에게 관심이 있어요. 〔生物〕
友だちはあの女性に関心があります。

関心の対象が事物であれば「에」，生物であれば「에게」または「한테」を用いる。

(1)

A 여행 좋아해요?
　旅行，好きですか。
B 네, 정말 좋아해요.
　ええ，本当に好きです。

A 영화 좋아해요?
　映画，好きですか。
B 네, 좋아해요.
　ええ，好きです。

(2)

(3)

A 그림 좋아해요?
　絵，好きですか。
B 그저 그래요.
　まあまあです。

A 쇼핑 좋아해요?
　ショッピング，好きですか。
B 아니요, 별로 안 좋아해요.
　いいえ，あまり好きではありません。

(4)

(5)

A 등산 좋아해요?
　山登り，好きですか。
B 아니요, 정말 싫어해요.
　いいえ，本当に嫌いです。

練習 2

音声を聞いて，話し手が好きだったり関心があったりすれば○，そうでなければ×を付けましょう。

(1)

음악　　　가수

(2)

사진　　　사진작가

(3)

요리　　　음식

(4)

운동　　　운동선수

(5)

영화　　　영화감독　　　배우

(6)
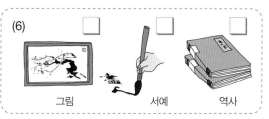
그림　　　서예　　　역사

スポーツ

単語

絵を見て，適当な記号を□に書き入れましょう。音声を聞いて答えを確認しましょう。

Track 163

치다 ボールを打つスポーツをするとき

(1)  □

(2)  □

(3)  □

(4) 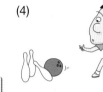 □

타다 ある物の上に乗るスポーツをするとき

(5)  □

(6)  □

(7) □

하다 「치다」と「타다」を使う以外のスポーツをするとき

(8)  □

(9)  □

(10)  □

(11)  □

(12)  □

(13)  □

(14) □

(15)  □

ⓐ 야구 野球	ⓑ 스키 スキー	ⓒ 검도 剣道
ⓓ 축구 サッカー	ⓔ 골프 ゴルフ	ⓕ 태권도 テコンドー
ⓖ 탁구 卓球	ⓗ 수영 水泳	ⓘ 자전거 自転車
ⓙ 농구 バスケットボール	ⓚ 볼링 ボーリング	ⓛ 테니스 テニス
ⓜ 배구 バレーボール	ⓝ 요가 ヨガ	ⓞ 스케이트 スケート

音声を聞いて，後について読みましょう。

Track 164

(1)

수영을 잘해요.
水泳が上手です。

(2)

수영을 조금 해요.
水泳を少しします。

(3)

수영을 잘 못해요.
水泳があまりできません。

(4)

수영을 전혀 못해요.
全然泳げません。

気をつけよう！
「잘하다」と「못하다」の前に用いられる助詞に注意！
例 노래를 잘해요. (○) 歌が上手です。 ≠ 노래가 못해요. (×)
　 수영을 못해요. (○) 水泳ができません。 ≠ 수영이 못해요. (×)

音声を聞いて，話し手が得意なら○，苦手なら△，全くできなければ×を付けましょう。

Track 165

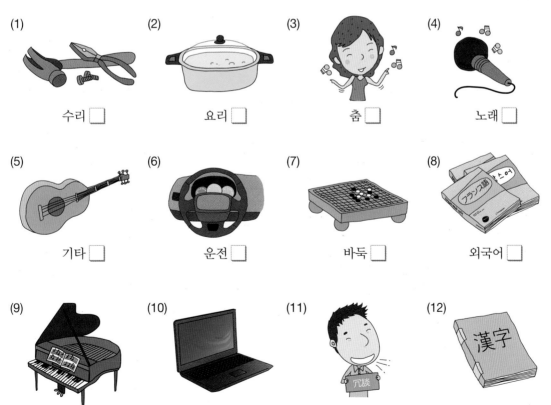

(1) 수리 ☐

(2) 요리 ☐

(3) 춤 ☐

(4) 노래 ☐

(5) 기타 ☐

(6) 운전 ☐

(7) 바둑 ☐

(8) 외국어 ☐

(9) 피아노 ☐

(10) 컴퓨터 ☐

(11) 농담 ☐

(12) 한자 ☐

旅行 1

単語

絵を見て，適当な記号を□に書き入れましょう。音声を聞いて答えを確認しましょう。

Track 166

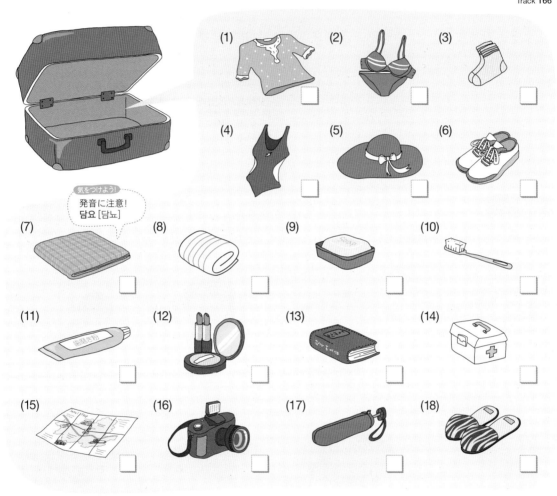

気をつけよう！
発音に注意！
담요 [담뇨]

ⓐ 옷 服	ⓑ 비누 石鹸	ⓒ 양말 靴下	ⓓ 카메라 カメラ
ⓔ 책 本	ⓕ 속옷 下着	ⓖ 우산 傘	ⓗ 화장품 化粧品
ⓘ 약 薬	ⓙ 담요 毛布	ⓚ 지도 地図	ⓛ 슬리퍼 スリッパ
ⓜ 치약 歯磨き粉	ⓝ 수건 タオル	ⓞ 수영복 水着	ⓟ 모자 帽子
ⓠ 칫솔 歯ブラシ	ⓡ 운동화 運動靴		

学習した単語を会話で
使ってみましょう！
例 A 옷을 가져가요?
　　B 네, 가져가요.

Track 167

練習 1

適当なもの同士を線で結びましょう。

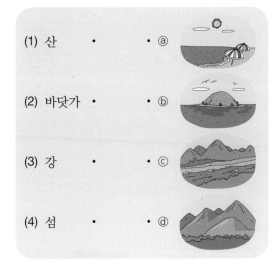

(1) 산　・　・ⓐ

(2) 바닷가　・　・ⓑ

(3) 강　・　・ⓒ

(4) 섬　・　・ⓓ

(5) 궁　・　・ⓔ

(6) 동물원　・　・ⓕ

(7) 관광지　・　・ⓖ

(8) 놀이공원　・　・ⓗ

練習 2

1　音声を聞いて，後について読みましょう。

Track 169

(1)

혼자 1人

気をつけよう！
助詞に注意！
혼자하고（×）
혼자（○）

가요.

おまけ
혼자서 = 혼자 1人で
둘이서 2人で
셋이서 3人で
여럿이서 何人もで

気をつけよう！
発音に注意！
동료 [동뇨]

(2) 　가족 家族

(3) 　친구 友だち

(4) 　동료 同僚

(5) 이웃 隣人

(6) 　아는 사람 知り合い

하고 가요.

Track 170

2　音声を聞いて，正しい答えを選びましょう。

	ⓐ 가족	ⓑ 친구	ⓒ 동료	ⓓ 이웃	ⓔ 아는 사람	ⓕ 혼자
(1) 산	□	□	□	□	□	□
(2) 강	□	□	□	□	□	□
(3) 바다	□	□	□	□	□	□
(4) 관광지	□	□	□	□	□	□
(5) 동물원	□	□	□	□	□	□
(6) 놀이공원	□	□	□	□	□	□

旅行 2

単語

絵を見て，適当な記号を□に書き入れましょう。音声を聞いて答えを確認しましょう。

Track 171

ⓐ 탑 塔　　　　　　ⓑ 한옥 韓国式家屋　　　ⓒ 폭포 滝

ⓓ 절 寺　　　　　　ⓔ 단풍 紅葉　　　　　ⓕ 매표소 チケット売り場

ⓖ 일몰 日没　　　　ⓗ 축제 祭り　　　　　ⓘ 안내소 案内所

ⓙ 일출 日の出　　　ⓚ 동굴 洞窟　　　　　ⓛ 기념품 가게 記念品店

(1)

(2)

(3)

(4)

(5)

(6)

(7)

(8)

(9)

(10)

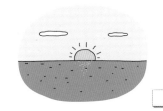

(11)

(12)

絵を見て，適当な記号を□に書き入れましょう。

(1) 경치가 좋아요. 景色がいいです。	□	↔	(2) 경치가 안 좋아요. 景色がよくありません。	□
(3) 음식이 입에 맞아요. 食べ物が口に合います。	□	↔	(4) 음식이 입에 안 맞아요. 食べ物が口に合いません。	□
(5) 물가가 싸요. 物価が安いです。	□	↔	(6) 물가가 비싸요. 物価が高いです。	□
(7) 말이 잘 통해요. 言葉がよく通じます。	□	↔	(8) 말이 잘 안 통해요. 言葉があまり通じません。	□
(9) 사람들이 친절해요. 人々が親切です。	□	↔	(10) 사람들이 불친절해요. 人々が不親切です。	□

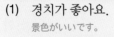

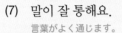

適当なもの同士を線で結びましょう。音声を聞いて答えを確認しましょう。

Track 172

(1) 어디로 여행 가요?　　　　　•

(2) 얼마 동안 여행해요?　　　　•

(3) 누구하고 여행 가요?　　　　•

(4) 여행지에 어떻게 가요?　　　•

(5) 어디에서 묵어요?　　　　　•

(6) 언제 호텔을 예약했어요?　　•

(7) 여행이 어땠어요?　　　　　•

(8) 하루에 돈이 얼마나 들어요?　•

•　ⓐ 가족하고 여행 가요.

•　ⓑ 호텔에서 묵어요.

•　ⓒ 15만 원쯤 들어요.

•　ⓓ 산으로 여행 가요.

•　ⓔ 2박 3일 여행해요.

•　ⓕ 기차로 가요.

•　ⓖ 여행 떠나기 일주일 전에 했어요.

•　ⓗ 힘들었지만 재미있었어요.

> **おまけ**
> • 2(이)박 3(삼)일 2泊3日
>   例 **2박 3일** 갔다 왔어요.
>   2泊3日で行って来ました。
> • 당일 여행 日帰り旅行
>   例 **당일 여행**으로 갔다 왔어요.
>   日帰り旅行に行って来ました。

通信

単語

1 絵を見て，適当な記号を□に書き入れましょう。音声を聞いて答えを確認しましょう。

Track 173

ⓐ 소포 小包   ⓑ 팩스 ファックス   ⓒ 편지 手紙

ⓓ 메모 メモ   ⓔ 문자 메시지 ショートメール   ⓕ 엽서 はがき

ⓖ 핸드폰 携帯電話   ⓗ 음성 메시지 音声メッセージ   ⓘ 전화 電話

ⓙ 이메일 Eメール

핸드폰 = 휴대폰

韓国語では，携帯電話のショートメールを「문자 메시지」という。

(1)　□   (2)　□   (3)　□   (4)　□

(5)　□   (6)　□   (7)　□

(8)　□   (9)　□   (10)　□

Track 174

2 正しい答えを選んで会話を完成させましょう。音声を聞いて答えを確認しましょう。

(1) A 여보세요. _____
　　B 지금 안 계신데요.

(2) B 실례지만 누구세요?
　　A _____

(3) A _____
　　B 잠깐만요. 말씀하세요.

(4) A _____
　　B 안녕히 계세요.

ⓐ 안녕히 계세요.

ⓒ 메시지 좀 전해 주세요.

ⓑ 저는 '박유나'라고 합니다.

ⓓ 김진수 씨 계세요?

練習 1

絵を見て，適当な記号を□に書き入れましょう。

(1) □
(2) 여보세요. □
(3) □
(4) □

ⓐ 통화하다
통話する

ⓑ 전화를 받다
電話を受ける

ⓒ 전화를 끊다
電話を切る

ⓓ 전화를 걸다
電話をかける

> **おまけ**
> 通信状況で生じた問題を表現するとき
> 例 전화가 안 돼요. 電話ができません。
> 수신이 안 돼요. 受信ができません。
> 통화 중이에요. 通話中です。
> 전원이 꺼져 있어요. 電源が切れています。

練習 2

絵を見て，適当な記号を□に書き入れましょう。

(1)

□ □

ⓐ 편지를 주다 手紙をあげる

ⓑ 편지를 받다 手紙を受け取る

(3)

SEND

□ □

ⓐ 이메일을 받다 Eメールを受け取る

ⓑ 이메일을 보내다 Eメールを送る

> **おまけ**
> 話し言葉体では主に縮約して言う。
> 문자 메시지를 보내다 → 문자를 보내다 ショートメールを送る

(2)

□ □

ⓐ 소포를 보내다 小包を送る

ⓑ 소포를 받다 小包を受け取る

(4)

□ □

ⓐ 메모를 받다 メモを受け取る

ⓑ 메모를 전하다 メモを渡す

ⓒ 메모를 남기다 メモを残す

買い物

 単語

ふきだしに入る適当な記号を選んで会話を完成させましょう。音声を聞いて答えを確認しましょう。

Track 175

(1) 80,000원이에요.

(2) 50,000원이에요.

(3) 어제 가방을 하나 샀어요.

(4) 이건 40,000원이에요.

(5) 비빔밥 주세요.

(6) 안 맵게 해 주세요.

(7) 토스트는 5,000원, 파이는 4,000원, 케이크는 4,500원이에요.

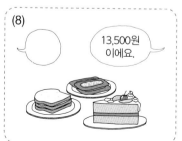

(8) 13,500원이에요.

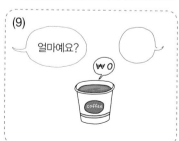

(9) 얼마예요? ₩0

ⓐ 각각 얼마예요? それぞれいくらですか。　　ⓑ 전부 얼마예요? 全部でいくらですか。

ⓒ 저게 얼마예요? あれはいくらですか。　　ⓓ 뭘 드릴까요? 何を差し上げましょうか。(= 何にしますか。)

ⓔ 그게 얼마예요? それはいくらですか。　　ⓕ 어떻게 드릴까요? どうなさいますか。

ⓖ 이게 얼마예요? これはいくらですか。　　ⓗ 이게 무료예요. これは無料です。

ⓘ 이건 얼마예요? これはいくらですか。

おまけ

이게, 그게, 저게 (= 이것이, 그것이, 저것이) これが, それが, あれが
이건, 그건, 저건 (= 이것은, 그것은, 저것은) これは, それは, あれは

おまけ

・무료 無料: 料金が必要ないことを表す。
　例 한국 식당에서 김치는 무료예요.
　　　韓国の食堂ではキムチは無料です。
・공짜 ただ: 力やお金をかけず，無料で得るものを表す。
　例 오늘 길에서 책을 공짜로 받았어요.
　　　今日，道で本をただでもらいました。

適当なもの同士を線で結びましょう。音声を聞いて答えを確認しましょう。

Track 176

(1) 뭐 찾으세요? •   • ⓐ 저한테 좀 작아요.

(2) 사이즈가 어떠세요? •   • ⓑ 바지 좀 보여 주세요.

(3) 옷이 어떠세요? •   • ⓒ 흰색으로 보여 주세요.

(4) 더 큰 건 없어요? •   • ⓓ 그럼요, 탈의실에서 입어 보세요.

(5) 입어 봐도 돼요? •   • ⓔ 지금은 이 사이즈밖에 없어요.

(6) 무슨 색으로 보여 드릴까요? •   • ⓕ 디자인은 마음에 드는데 좀 비싸요.

> 気をつけよう!
> 「좀」の2つの意味
> 1.「少し」の意味: 少し小さいです。
> 2.「依頼」の意味:ズボンちょっと見せてください。

練習 2

次のように果物を買ったとき，果物の個数を書きましょう。

사과〔一個当り〕	배〔一個当り〕	딸기〔一籠当り〕
3	**0**	**1**

(1) 사과 4,000원어치하고
    딸기 5,000원어치 주세요.

(2) 딸기 10,000원어치하고
    사과 20,000원어치 주세요.

(3) 배 10,000원어치하고
    사과 4,000원어치 주세요.

(4) 사과 8,000원어치하고
    배 5,000원어치 주세요.

(5) 딸기 20,000원어치하고
    사과 8,000원어치 주세요.

(6) 사과 12,000원어치하고
    배 10,000원어치 주세요.

4,000원

5,000원

5,000원

> おまけ
> ・어치: 値段の後に付けて「〜分」の意味を表す。
>   例 배 2개에 5,000이면 배 10,000원어치는 배 4개예요.
>   梨2個で5000ウォンなら，10000ウォン分は梨4個です。
> ・짜리: 値段の後に付けて「その値段の」という意味を表す。
>   例 2,500원짜리 배는 배 1개에 2,500원이에요.
>   2500ウォンの梨は，梨1個で2500ウォンです。

感覚

単語

絵を見て，適当な記号を□に書き入れましょう。

(1)

(2)

(3)

(4)

(5)

(6)

(7)

(8)

(9)

ⓐ 춥다 寒い ⓑ 졸리다 眠い ⓒ 피곤하다 疲れている

ⓓ 덥다 暑い ⓔ 목마르다 のどが渇く ⓕ 배부르다 おなかがいっぱいだ

ⓖ 아프다 具合が悪い ⓗ 긴장되다 緊張する ⓘ 배고프다 おなかがすく

おまけ

・긴장되다: 自分の緊張した感じを主観的に表現するとき
例 지금 너무 긴장돼요. 今，すごく緊張します。
・긴장하다: 他の人の感情の状態が表に現れることを客観的に述べるとき，または
自分の感情の状態を他の人が見ているように客観化して述べるとき
例 시험 볼 때 너무 긴장하지 마세요. 試験を受けるとき，緊張しすぎないでください。

学習した単語を会話で
使ってみましょう！
例 A 지금 어때요?
　 B 아파요.

Track 177

Track 178

適当なもの同士を線で結びましょう。音声を聞いて答えを確認しましょう。

(1) 여름에 에어컨이 고장 났어요. •　　　　　　　• ⓐ 아파요.

(2) 너무 많이 먹었어요. •　　　　　　　• ⓑ 긴장돼요.

(3) 5분 후에 시험을 봐요. •　　　　　　　• ⓒ 배불러요.

(4) 감기에 걸렸어요. •　　　　　　　• ⓓ 더워요.

(5) 요즘 일이 너무 많아요. •　　　　　　　• ⓔ 배고파요.

(6) 아무것도 못 먹었어요. •　　　　　　　• ⓕ 피곤해요.

練習 2

Track 179

適当なもの同士を線で結びましょう。音声を聞いて答えを確認しましょう。

(1)　　　　　(2)　　　　　(3)　　　　　(4)　　　　　(5)

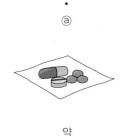    

ⓐ 약　　　　ⓑ 담요　　　　ⓒ 물　　　　ⓓ 빵　　　　ⓔ 부채

感情

単語

絵を見て，適当な記号を□に書き入れましょう。

ⓐ 기쁘다 嬉しい   ⓑ 심심하다 退屈だ

ⓒ 슬프다 悲しい   ⓓ 실망하다 失望する

ⓔ 무섭다 怖い   ⓕ 창피하다 恥ずかしい

ⓖ 외롭다 寂しい   ⓗ 화가 나다 怒る

ⓘ 놀라다 驚く   ⓙ 기분이 좋다 気分がいい

ⓚ 걱정되다 心配になる   ⓛ 기분이 나쁘다 気分が悪い

> 気をつけよう!
> 「화가 나다」は，現在の感情の状態を表す
> とき完了形を用いる。
> 例 사장님이 지금 화가 났어요. (○)
> 　　社長が今怒っています。
> 　　사장님이 지금 화가 나고 있어요. (×)

(1)   (2)   (3)   (4)

 (5)    (6)    (7)    (8)

(9)   (10)   (11)   (12)

> 学習した単語を会話で
> 使ってみましょう!
> 例 A 기분이 어때요?
> 　　B 기분이 좋아요.
>
>
> Track 180

正しい答えを選びましょう。音声を聞いて答えを確認しましょう。

Track 181

(1) 내일 시험이 있는데 공부를 많이 못 해서　ⓐ 외로워요.

　　　　　　　　　　　　　　　　　　　　ⓑ 걱정돼요.

(2) 열심히 공부해서 좋은 성적을 받았을 때　ⓐ 기뻤어요.

　　　　　　　　　　　　　　　　　　　　ⓑ 슬펐어요.

(3) 오늘도 친구가 약속에 늦게 와서　ⓐ 무서웠어요.

　　　　　　　　　　　　　　　　　ⓑ 화가 났어요.

(4) 같은 일을 매일 반복하고 새로운 일이 없으면　ⓐ 놀라요.

　　　　　　　　　　　　　　　　　　　　　　ⓑ 심심해요.

(5) 제가 실수로 한국어를 잘못 말했을 때 사람들이 웃어서　ⓐ 창피했어요.

　　　　　　　　　　　　　　　　　　　　　　　　　　　ⓑ 기분이 좋았어요.

適当なもの同士を線で結びましょう。音声を聞いて答えを確認しましょう。

Track 182

(1)	(2)	(3)	(4)	(5)	(6)
무서워요.	슬퍼요.	심심해요.	화가 났어요.	기뻐요.	창피해요.

ⓐ ・　　ⓑ ・　　ⓒ ・　　ⓓ ・　　ⓔ ・　　ⓕ ・

눈물이 나요.　　웃어요.　　몸이 떨려요.　　얼굴이 빨개졌어요.　　소리를 질러요.　　하품이 나요.

人の描写

単語

絵を見て，正しい答えを選びましょう。音声を聞いて答えを確認しましょう。

Track 183

 ⓐ  ⓑ

(1) 머리가 길어요. 髪が長いです。 □

(2) 머리가 짧아요. 髪が短いです。 □

 ⓐ  ⓑ

(3) 뚱뚱해요. 太っています。 □

(4) 말랐어요. やせています。 □

 ⓐ  ⓑ

(5) 멋있어요. 素敵です。 □

(6) 촌스러워요. やぼったいです。 □

 ⓐ  ⓑ

(7) 약해요. 弱いです。 □

(8) 힘이 세요. 力が強いです。 □

 ⓐ  ⓑ

(9) 돈이 없어요. お金がありません。 □

(10) 돈이 많아요. お金が多いです。 □

 ⓐ  ⓑ

(11) 키가 커요. 背が高いです。 □

(12) 키가 작아요. 背が低いです。 □

> 気をつけよう!
>
> 身長について言うとき
> ・키가 높다 (×) → 키가 크다 (○)
> 背が高い
> ・키가 낮다 (×) → 키가 작다 (○)
> 背が低い

 ⓐ ⓑ ⓒ

(13) 젊어요. 若いです。 □　(14) 어려요. 幼いです。 □　(15) 나이가 많아요. 年を取っています。 □

正しい答えを選んで会話を完成させましょう。音声を聞いて答えを確認しましょう。

Track 184

ⓐ 귀여워요　　ⓑ 아름다워요　　ⓒ 날씬해요　　ⓓ 건강해요　　ⓔ 예뻐요　　ⓕ 체격이 좋아요

> **おまけ**
> 「날씬하다」は主に女性に用いる。
> 「체격이 좋다」は主に男性に用いる。

(1)

A　5살 여자아이가 웃고 있어요.
B　웃는 얼굴이 정말 _____.

(2)

A　우리 할아버지는 90살인데 매일 등산하세요.
B　와! 할아버지가 _____.

(3)

A　요즘 살이 쪘어요.
B　아니에요. _____.

(4)

A　아기가 웃어요.
B　아기가 정말 _____.

(5)

A　결혼식에서 신부 봤어요?
B　네. 신부가 정말 _____.

(6)

A　진호 씨는 _____. 매일 운동해요?
B　네, 운동을 좋아해요.

正しい答えを選んで文を完成させましょう。音声を聞いて答えを確認しましょう。

Track 185

ⓐ 군인　　ⓑ 공주　　ⓒ 젓가락　　ⓓ 돼지

(1) 그 사람은 _____처럼 예뻐요.

(2) 그 사람은 _____처럼 말랐어요.

(3) 그 사람은 _____처럼 뚱뚱해요.

(4) 그 사람은 _____처럼 머리가 짧아요.

> **おまけ**
> 比喩の対象を例示して表現するとき，次のように異なる形で表す。
> 位置によって異なる形になることに注意！
> **例1** 그 사람은 영화배우처럼 잘생겼어요.
> 　　　 その人は映画俳優みたいにかっこいいです。
> **例2** 그 사람은 영화배우 같은 옷을 입었어요.
> 　　　 その人は映画俳優のような服を着ていました。
> **例3** 그 사람은 영화배우 같아요.
> 　　　 その人は映画俳優みたいです。

第54課　体と症状

単語

絵を見て，適当な記号を□に書き入れましょう。音声を聞いて答えを確認しましょう。

Track 186

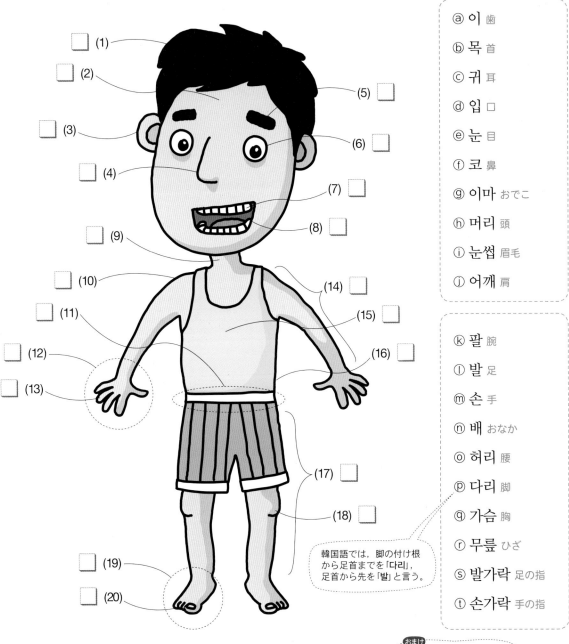

(1) (2) (3) (4) (5) (6) (7) (8) (9) (10) (11) (12) (13) (14) (15) (16) (17) (18) (19) (20)

ⓐ 이 歯
ⓑ 목 首
ⓒ 귀 耳
ⓓ 입 口
ⓔ 눈 目
ⓕ 코 鼻
ⓖ 이마 おでこ
ⓗ 머리 頭
ⓘ 눈썹 眉毛
ⓙ 어깨 肩

ⓚ 팔 腕
ⓛ 발 足
ⓜ 손 手
ⓝ 배 おなか
ⓞ 허리 腰
ⓟ 다리 脚
ⓠ 가슴 胸
ⓡ 무릎 ひざ
ⓢ 발가락 足の指
ⓣ 손가락 手の指

韓国語では，脚の付け根から足首までを「다리」，足首から先を「발」と言う。

おまけ
오른손, 오른발: 右手，右足
왼손, 왼발: 左手，左足
양손, 양발: 両手，両足

練習 1

絵を見て，適当な記号を□に書き入れましょう。音声を聞いて答えを確認しましょう。

어디가 아파요?

ⓐ 이

ⓑ 목

ⓒ 배

ⓓ 머리

ⓔ 허리

ⓕ 어깨

(1) _____이/가 아파요. □

(2) _____이/가 아파요. □

(3) _____이/가 아파요. □

(4) _____이/가 아파요. □

(5) _____이/가 아파요. □

(6) _____이/가 아파요. □

> おまけ
> • 목이 부었어요. = 목이 아파요.
> のどが腫れました。 = のどが痛いです。
> • 배탈이 났어요. = 배가 아파요.
> おなかをこわしました。 = おなかが痛いです。

練習 2

絵を見て，適当な記号を□に書き入れましょう。音声を聞いて答えを確認しましょう。

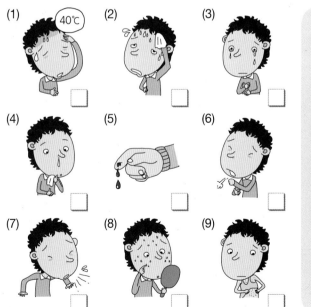

(1) □

(2) □

(3) □

(4) □

(5) □

(6) □

(7) □

(8) □

(9) □

ⓐ 피가 나요. 血が出ます。

ⓑ 땀이 나요. 汗が出ます。

ⓒ 열이 나요. 熱が出ます。

ⓓ 기침이 나요. せきが出ます。

ⓔ 콧물이 나요. 鼻水が出ます。

ⓕ 눈물이 나요. 涙が出ます。

ⓖ 여드름이 나요. にきびができます。

ⓗ 재채기가 나요. くしゃみが出ます。

ⓘ 두드러기가 나요. じんましんが出ます。

> 気をつけよう!
> 体調がよくないときに使う表現
> 몸이 안 좋다 (○) 体調がよくない
> 몸이 나쁘다 (×)

> 気をつけよう!
> 発音に注意!
> 콧물 [콘물]

身体部位

単語

絵を見て，適当な記号を□に書き入れましょう。音声を聞いて答えを確認しましょう。

Track 189

A 얼굴 顔

ⓐ 턱 あご　　　ⓑ 볼 頬

ⓒ 이 歯　　　ⓓ 눈썹 眉毛

ⓔ 혀 舌　　　ⓕ 입술 唇

B 몸 体

ⓐ 배 おなか　　　ⓑ 허리 腰

ⓒ 등 背　　　ⓓ 옆구리 脇

ⓔ 어깨 肩　　　ⓕ 엉덩이 お尻

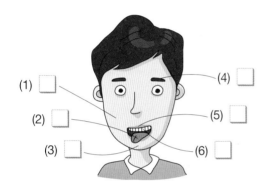

(1) □　(4) □
(2) □　(5) □
(3) □　(6) □

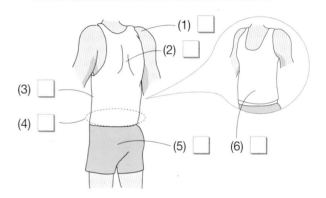

(1) □
(2) □
(3) □　(5) □　(6) □
(4) □

C 팔 腕

ⓐ 손목 手首　　　ⓑ 손가락 手の指

ⓒ 손등 手の甲　　　ⓓ 손바닥 手のひら

ⓔ 손톱 手の爪　　　ⓕ 팔꿈치 ひじ

D 발 足

ⓐ 발목 足首　　　ⓑ 발가락 足の指

ⓒ 발등 足の甲　　　ⓓ 발바닥 足の裏

ⓔ 발톱 足の爪　　　ⓕ 뒤꿈치 かかと

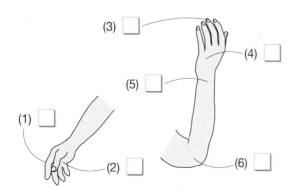

(3) □
(4) □
(5) □
(1) □　(2) □　(6) □

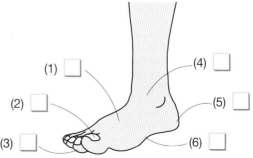

(1) □　(4) □
(2) □　(5) □
(3) □　(6) □

次の単語が属している身体部位の欄に記号を書きましょう。

ⓐ 눈	ⓑ 혀	ⓒ 턱	ⓓ 가슴	ⓔ 눈썹	ⓕ 손가락	ⓖ 발바닥
ⓗ 코	ⓘ 이	ⓙ 배	ⓚ 허리	ⓛ 손톱	ⓜ 손바닥	ⓝ 발꿈치
ⓞ 입	ⓟ 볼	ⓠ 등	ⓡ 입술	ⓢ 발톱	ⓣ 발가락	ⓤ 팔꿈치

(1) **얼굴**

(2) **팔**

(3) **발**

(4) **몸**

練習 2

適当なもの同士を線で結びましょう。音声を聞いて答えを確認しましょう。

Track 190

(1) 맥주를 많이 마셨어요.   •

(2) 오랫동안 박수를 쳤어요.   •

(3) 높은 구두를 신고 많이 걸었어요.   •

(4) 오랫동안 의자에 앉아 있었어요.   •

(5) 모기에게 팔을 물렸어요.   •

(6) 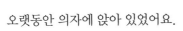 아이스크림을 많이 먹었어요.   •

• ⓐ 배탈이 났어요.

• ⓑ 배가 나왔어요.

• ⓒ 허리가 아파요.

• ⓓ 발목이 아파요.

• ⓔ 팔이 가려워요.

• ⓕ 손바닥이 아파요.

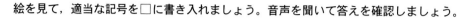

服装

第56課

単語

絵を見て，適当な記号を□に書き入れましょう。音声を聞いて答えを確認しましょう。

Track 191

> 정장: 男女両方のスーツ
> 양복: 男性のスーツ

A 입다 体(足首より上)に着用するものに用いる

ⓐ 치마 スカート ⓑ 재킷 ジャケット ⓒ 양복 スーツ(男性用) ⓓ 스웨터 セーター

ⓔ 바지 ズボン ⓕ 코트 コート ⓖ 정장 スーツ(女性用) ⓗ 티셔츠 Tシャツ

ⓘ 셔츠 シャツ ⓙ 점퍼 ジャンパー ⓚ 반바지 半ズボン ⓛ 원피스 ワンピース

ⓜ 조끼 ベスト ⓝ 한복 韓服 ⓞ 청바지 ジーパン

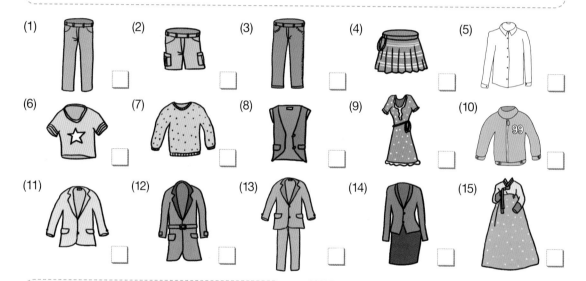

(1)   (2)   (3)   (4)   (5)

(6)   (7)   (8)   (9)   (10)

(11)   (12)   (13)   (14)   (15)

B 신다 足に着用するものに用いる

ⓐ 구두 靴 ⓑ 운동화 運動靴

ⓒ 부츠 ブーツ ⓓ 슬리퍼 スリッパ

ⓔ 샌들 サンダル ⓕ 스타킹 ストッキング

ⓖ 양말 靴下

C 쓰다 頭や顔に着用するものに用いる

ⓐ 모자 帽子 ⓑ 털모자 ニット帽

ⓒ 안경 メガネ ⓓ 선글라스 サングラス

ⓔ 마스크 マスク

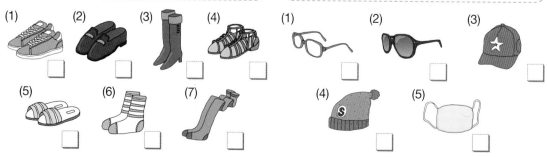

(1)   (2)   (3)   (4)   (1)   (2)   (3)

(5)   (6)   (7)   (4)   (5)

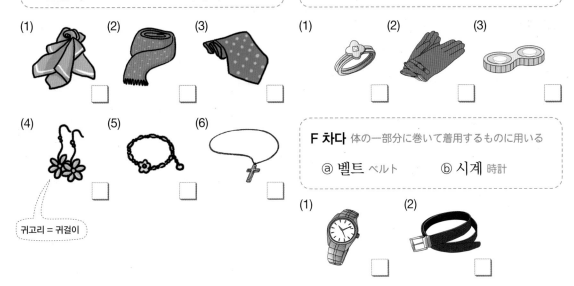

D 하다 アクセサリーに用いる

ⓐ 목걸이 ネックレス ⓑ 목도리 マフラー

ⓒ 귀걸이 ピアス, イヤリング ⓓ 스카프 スカーフ

ⓔ 팔찌 ブレスレット ⓕ 넥타이 ネクタイ

E 끼다 広がった空間に何かを入れて，抜けないようにするものに用いる

ⓐ 장갑 手袋

ⓑ 콘택트렌즈 コンタクトレンズ

ⓒ 반지 指輪

(1) □   (2) □   (3) □

(1) □   (2) □   (3) □

(4) □   (5) □   (6) □

귀고리 = 귀걸이

F 차다 体の一部分に巻いて着用するものに用いる

ⓐ 벨트 ベルト ⓑ 시계 時計

(1) □   (2) □

練習

絵を見て，正しい答えを選びましょう。音声を聞いて答えを確認しましょう。

Track 192

(1) 여자는 우산을 ⓐ 쓰고 있어요.
　　　　　　　　ⓑ 쓰고 있지 않아요.

(2) 남자는 운동화를 ⓐ 신고 있어요.
　　　　　　　　　ⓑ 신고 있지 않아요.

(3) 여자는 시계를 ⓐ 차고 있어요.
　　　　　　　　ⓑ 차고 있지 않아요.

(4) 남자는 청바지를 ⓐ 입고 있어요.
　　　　　　　　　ⓑ 입고 있지 않아요.

(5) 여자는 목도리를 ⓐ 하고 있어요.
　　　　　　　　　ⓑ 하고 있지 않아요.

(6) 남자는 장갑을 ⓐ 끼고 있어요.
　　　　　　　　ⓑ 끼고 있지 않아요.

季節

Track 193

単語

1　適当なもの同士を線で結びましょう。　音声を聞いて答えを確認しましょう。

(1) 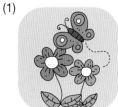　(2)　(3)　(4)

3월 ~ 5월　　6월 ~ 8월　　9월 ~ 11월　　12월 ~ 2월

・　　　　・　　　　・　　　　・

・　　　　・　　　　・　　　　・

ⓐ 겨울　　ⓑ 여름　　ⓒ 봄　　ⓓ 가을

2　音声を聞いて，後について読みましょう。

Track 194

날씨가 어때요?

A 날씨가 추워요.
　寒いですね。
B 네, 오늘 영하 10도예요.
　ええ，今日はマイナス10度です。

A 날씨가 시원해요.
　涼しいですね。
B 네, 오늘 7도예요.
　ええ，今日は7度です。

A 날씨가 더워요.
　暑いですね。
B 네, 오늘 30도예요.
　ええ，今日は30度です。

−5℃	2℃	7℃	13℃	30℃

(1) 춥다　(2) 쌀쌀하다　(3) 시원하다　(4) 따뜻하다　(5) 덥다
寒い　　肌寒い　　涼しい　　暖かい　　暑い

おまけ

気温の場合「−」は
「영하」と読む。
「0」は「영」と読む。

A 날씨가 쌀쌀해요.
　肌寒いですね。
B 네, 오늘 2도예요.
　ええ，今日は2度です。

A 날씨가 따뜻해요.
　暖かいですね。
B 네, 오늘 13도예요.
　ええ，今日は13度です。

練習 1

適当なもの同士を線で結びましょう。 音声を聞いて答えを確認しましょう。

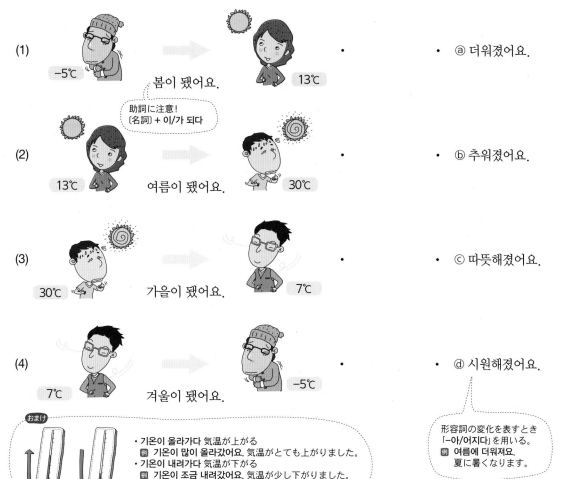

(1) −5℃ ➡ 13℃
봄이 됐어요.

助詞に注意!
〔名詞〕+ 이/가 되다

(2) 13℃ ➡ 30℃
여름이 됐어요.

(3) 30℃ ➡ 7℃
가을이 됐어요.

(4) 7℃ ➡ −5℃
겨울이 됐어요.

• ⓐ 더워졌어요.

• ⓑ 추워졌어요.

• ⓒ 따뜻해졌어요.

• ⓓ 시원해졌어요.

形容詞の変化を表すとき
「-아/어지다」を用いる。
例 여름에 더워져요.
　夏に暑くなります。

おまけ
・기온이 올라가다 気温が上がる
　例 기온이 많이 올라갔어요. 気温がとても上がりました。
・기온이 내려가다 気温が下がる
　例 기온이 조금 내려갔어요. 気温が少し下がりました。

練習 2

正しい答えを選びましょう。音声を聞いて答えを確認しましょう。

(1) 보통 한국에서 (ⓐ 8월 / ⓑ 10월)에 시원해요.

(2) 보통 (ⓐ 여름 / ⓑ 가을)에 쌀쌀해요.

(3) 한국에서 (ⓐ 5월 / ⓑ 11월)에 추워져요.

(4) 한국에서 (ⓐ 6월 / ⓑ 10월)에 기온이 올라가요.

(5) 기온이 영하 3도면 날씨가 (ⓐ 더워요. / ⓑ 추워요.)

天気

単語

1 絵を見て，適当な記号を□に書き入れましょう。音声を聞いて答えを確認しましょう。

Track **197**

ⓐ 눈　ⓑ 해　ⓒ 비　ⓓ 안개　ⓔ 구름　ⓕ 번개　ⓖ 천둥　ⓗ 바람

(1)　(2)　(3)　(4)

(5)　(6)　(7)　(8)

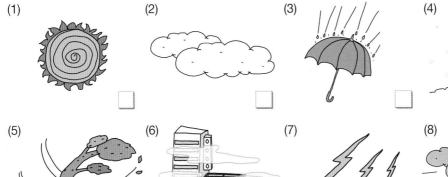

2 絵を見て，適当な記号を□に書き入れましょう。音声を聞いて答えを確認しましょう。

Track **198**

날씨가 어때요?

ⓐ 맑다 晴れている

ⓑ 흐리다 曇っている

ⓒ 비가 오다 雨が降る

ⓓ 눈이 오다 雪が降る

ⓔ 바람이 불다 風が吹く

ⓕ 안개가 끼다 霧がかかる

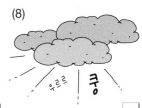
・개다: 晴れる
・흐리다〔形容詞〕
　= 구름이 끼다〔動詞〕
　曇っている

(1)　(2)

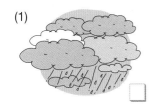

(3)　(4)

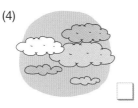

(5)　(6)

おまけ

습기가 많다
湿気が多い

건조하다
乾燥している

습도가 높다
湿度が高い

습도가 낮다
湿度が低い

소나기: にわか雨　　장마: 梅雨

正しい答えを選んで文を完成させましょう。

ⓐ 나다　　　ⓑ 치다　　　ⓒ 오다　　　ⓓ 끼다　　　ⓔ 불다

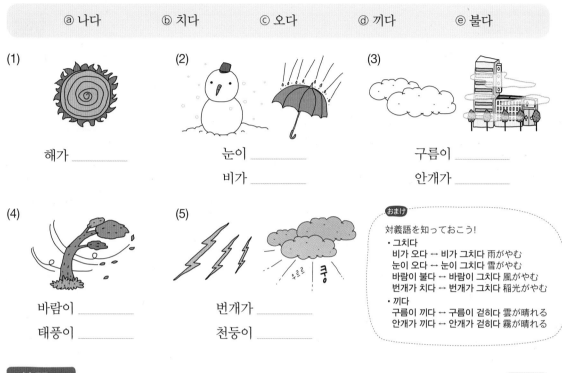

(1) 해가 _____

(2) 눈이 _____
비가 _____

(3) 구름이 _____
안개가 _____

(4) 바람이 _____
태풍이 _____

(5) 번개가 _____
천둥이 _____

おまけ

対義語を知っておこう!
・ 그치다
비가 오다 ↔ 비가 그치다 雨がやむ
눈이 오다 ↔ 눈이 그치다 雪がやむ
바람이 불다 ↔ 바람이 그치다 風がやむ
번개가 치다 ↔ 번개가 그치다 稲光がやむ
・ 끼다
구름이 끼다 ↔ 구름이 걷히다 雲が晴れる
안개가 끼다 ↔ 안개가 걷히다 霧が晴れる

練習 2

次の状況で必要なものを選びましょう。音声を聞いて答えを確認しましょう。

Track 199

뭐가 필요해요?

(1) 날씨가 더워요.

(2) 비가 와요.

(3) 날씨가 추워요.

(4) 햇빛이 강해요.

ⓐ 선풍기　　ⓑ 장갑　　ⓒ 선글라스　　ⓓ 손수건　　ⓔ 코트

ⓕ 비옷　　ⓖ 목도리　　ⓗ 부채　　ⓘ 우산　　ⓙ 모자

動物

単語

1 絵を見て，適当な記号を□に書き入れましょう。音声を聞いて答えを確認しましょう。

Track 200

ⓐ 곰 熊	ⓑ 여우 キツネ	ⓒ 늑대 狼	ⓓ 코끼리 象
ⓔ 사자 ライオン	ⓕ 사슴 鹿	ⓖ 기린 キリン	ⓗ 고양이 猫
ⓘ 오리 アヒル	ⓙ 악어 ワニ	ⓚ 개구리 カエル	ⓛ 거북이 カメ

(1) □ (2) □ (3) □ (4) □

(5) □ (6) □ (7) □ (8) □

(9) □ (10) □ (11) □ (12) □

> **おまけ**
> 「개, 새, 물고기」は個別の動物ではなく，総称として用いる。

2 絵を見て，適当な記号を□に書き入れましょう。
音声を聞いて答えを確認しましょう。

Track 201

A 개

(1) □ (2) □ (3) □ (4) □ (5) □ (6) □

ⓐ 다리	ⓑ 눈	ⓒ 코
ⓓ 꼬리	ⓔ 털	ⓕ 수염

B 새

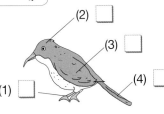

(1) □ (2) □ (3) □ (4) □

ⓐ 꼬리	ⓑ 다리
ⓒ 머리	ⓓ 날개

C 물고기

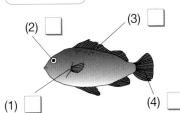

(1) □ (2) □ (3) □ (4) □

ⓐ 아가미	ⓑ 지느러미
ⓒ 눈	ⓓ 꼬리

絵を見て，適当な記号を□に書き入れましょう。

おまけ
日本と同様，韓国でも十二支で生まれ年を表す。ただし，「イノシシ」にあたる「멧돼지」ではなく，「ブタ」にあたる「돼지」を用いる点が異なる。

ⓐ 뱀　　　ⓑ 개　　　ⓒ 말　　　ⓓ 소　　　ⓔ 닭　　　ⓕ 용

쥐 (1972年生まれ，1984年生まれ，1996年生まれ，2008年生まれ)

돼지 (1983年生まれ，1995年生まれ，2007年生まれ，2019年生まれ)

(1) □ (1997年生まれ，1985年生まれ，1997年生まれ，2009年生まれ)

(6) □ (1982年生まれ，1994年生まれ，2006年生まれ，2018年生まれ)

호랑이 (1974年生まれ，1986年生まれ，1998年生まれ，2010年生まれ)

(5) □ (1981年生まれ，1993年生まれ，2005年生まれ，2017年生まれ)

토끼 (1975年生まれ，1987年生まれ，1999年生まれ，2011年生まれ)

원숭이 (1980年生まれ，1992年生まれ，2004年生まれ，2016年生まれ)

(2) □ (1976年生まれ，1988年生まれ，2000年生まれ，2012年生まれ)

양 (1979年生まれ，1991年生まれ，2003年生まれ，2015年生まれ)

(3) □ (1977年生まれ，1989年生まれ，2001年生まれ，2013年生まれ)

(4) □ (1978年生まれ，1990年生まれ，2002年生まれ，2014年生まれ)

学習した単語を会話で使ってみましょう！
例
A 무슨 띠예요?
B 쥐띠예요.
Track 202

どの動物を表しているか，正しい答えを選びましょう。

(1) 귀가 길어요.	ⓐ 개	ⓑ 토끼	ⓒ 곰
(2) 목이 길어요.	ⓐ 악어	ⓑ 사자	ⓒ 기린
(3) 다리가 없어요.	ⓐ 뱀	ⓑ 양	ⓒ 쥐
(4) 코가 길어요.	ⓐ 개구리	ⓑ 코끼리	ⓒ 고양이
(5) 나무에 올라가요.	ⓐ 원숭이	ⓑ 돼지	ⓒ 거북이
(6) 빨리 달려요.	ⓐ 돼지	ⓑ 악어	ⓒ 말
(7) 풀을 먹어요.	ⓐ 뱀	ⓑ 소	ⓒ 쥐
(8) 집에서 길러요.	ⓐ 고양이	ⓑ 코끼리	ⓒ 호랑이
(9) 하늘을 날아요.	ⓐ 뱀	ⓑ 말	ⓒ 새
(10) 다리가 두 개예요.	ⓐ 사자	ⓑ 닭	ⓒ 개
(11) 털이 있어요.	ⓐ 개구리	ⓑ 뱀	ⓒ 고양이
(12) 물에서 살아요.	ⓐ 악어	ⓑ 여우	ⓒ 호랑이

田舎

第60課

単語

絵を見て，適当な記号を□に書き入れましょう。音声を聞いて答えを確認しましょう。

Track 203

(1)		(2)		(3)		(4)		(5)		(6)		(7)		(8)		(9)		(10)	
(11)		(12)		(13)		(14)		(15)		(16)		(17)		(18)		(19)		(20)	

ⓐ 산 山	ⓑ 절 寺	ⓒ 밭 畑	ⓓ 언덕 丘	ⓔ 나무 木
ⓕ 강 川	ⓖ 길 道	ⓗ 숲 森	ⓘ 호수 湖	ⓙ 바위 岩
ⓚ 꽃 花	ⓛ 돌 石	ⓜ 하늘 空	ⓝ 연못 池	ⓞ 마을 村
ⓟ 논 田	ⓠ 풀 草	ⓡ 시내 小川	ⓢ 폭포 滝	ⓣ 절벽 崖

練習 1

絵を見て次の文が正しければ○，間違っていれば×を付けましょう。

(1) 새가 하늘을 날아가요. ☐   (2) 말이 울고 있어요. ☐

(3) 닭이 먹고 있어요. ☐   (4) 개가 자고 있어요. ☐

(5) 소가 물을 마시고 있어요. ☐   (6) 고양이가 집 위에 앉아 있어요. ☐

練習 2

絵を見て，適当な記号を☐に書き入れましょう。

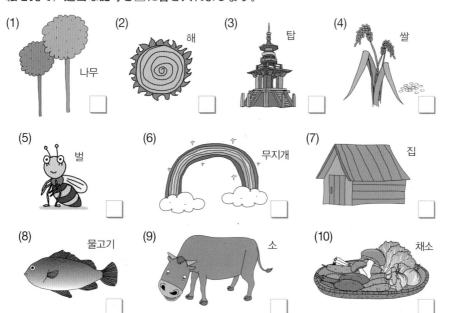

(1) 나무 ☐
(2) 해 ☐
(3) 탑 ☐
(4) 쌀 ☐
(5) 벌 ☐
(6) 무지개 ☐
(7) 집 ☐
(8) 물고기 ☐
(9) 소 ☐
(10) 채소 ☐

ⓐ 논
ⓑ 밭
ⓒ 숲
ⓓ 연못
ⓔ 절
ⓕ 꽃
ⓖ 풀
ⓗ 하늘
ⓘ 마을
ⓙ 폭포

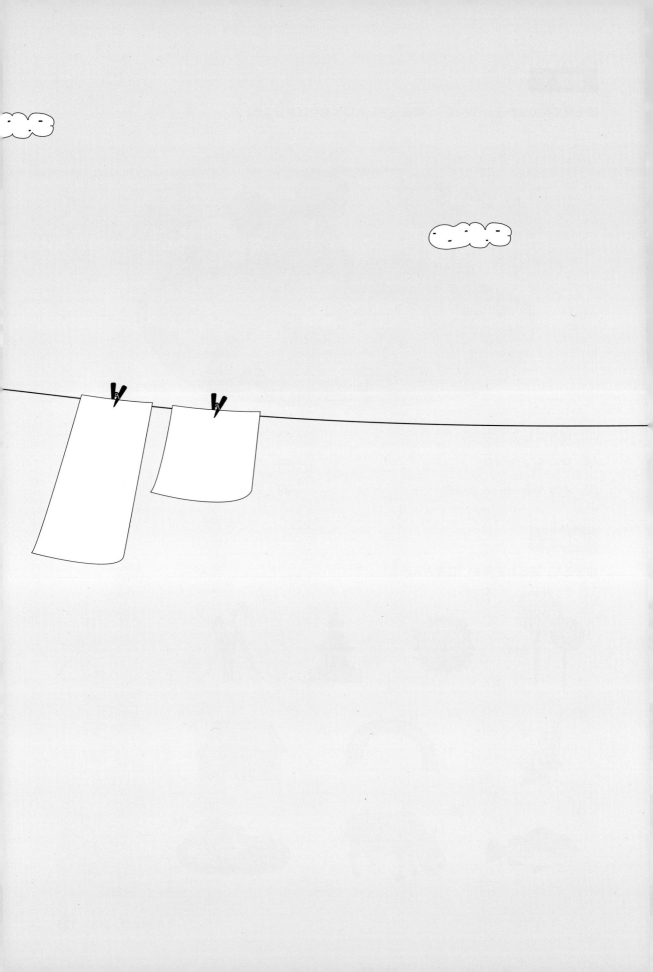

Part ②

人について

問題

反対語

その他

Fun!

第61課　外見

重要表現

A　髪

(1) 髪型

① 생머리
ストレート

② 파마머리
パーマ

③ 곱슬머리
縮れ毛

> おまけ
> 縮れ毛がひどくなく，
> やや縮れている髪を
> 「반(半) 곱슬머리」と言う。

(2) 髪の色

① 검은색 머리
黒髪

② 갈색 머리
茶髪

③ 금발 머리
金髪

(3) 髪の長さ

① 긴 머리
ロングヘアー

② 짧은 머리
短髪

③ 단발머리
ボブ

④ 커트 머리
ショートヘアー

⑤ 어깨까지 오는 머리
肩にかかる髪

> おまけ
> 髪の長さを手で指し示す
> とき「이 정도」を用いる。

(4) 髪の部分の名称

① 앞머리
前髪

② 옆머리
横の髪

③ 뒷머리
後ろ髪

> おまけ
> 髪と関連する動詞:
> 머리를 자르다 髪を切る
> 머리를 다듬다 髪を整える
> 염색하다 染める
> 例 갈색으로 염색한 머리 茶色に染めた髪

(5) その他

① 흰머리
白髪

② 대머리
はげ頭

③ 가발
かつら

> おまけ
> 髪を描写するときの順序:
> [色]＋[長さ]＋[スタイル]
> 例 검은색 긴 생머리 黒いロングストレート
> 　　갈색 짧은 곱슬머리 茶色の短い縮れ毛

B 顔

① 둥글다
丸い

② 각지다
角張っている

③ 갸름하다
やや細長い

④ 턱수염이 있다
あごひげがある

⑤ 콧수염이 있다
鼻ひげがある

⑥ 잘생기다
かっこいい

⑦ 못생기다
不細工だ

> **おまけ**
> 「잘생기다, 못생기다, 각지다」는 完了形で現在の状態を表す。
> **例1** 그 사람은 잘생겼어요. (○)
> その人はかっこいいです。
> 그 사람은 잘생겨요. (×)
> **例2** 얼굴이 각졌어요. (○)
> 顔が角張っています。
> 얼굴이 각져요. (×)

① 남자 얼굴이 **둥글어요.** 男性の顔が丸いです。
③ 남자 얼굴이 **갸름해요.** 男性が面長です。
⑤ 남자가 **콧수염이 있어요.** 男性が鼻ひげがあります。
⑦ 남자가 **못생겼어요.** 男性が不細工です。

② 남자 얼굴이 **각졌어요.** 男性の顔が角張っています。
④ 남자가 **턱수염이 있어요.** 男性があごひげがあります。
⑥ 남자가 **잘생겼어요.** 男性がかっこいいです。

> **おまけ**
> 〔人名〕처럼 잘생겼어요.
> 彼は〔人名〕のようにかっこいいです。
> 〔人名〕같은 얼굴이 인기가 많아요.
> 〔人名〕のような顔が人気があります。

C 体格

① 뚱뚱하다
太っている

② 보통 체격이다
普通の体格だ

③ 마르다
やせている

④ 체격이 좋다
体格がいい

⑤ 날씬하다
スリムだ

① 남자가 **뚱뚱해요.** 男性が太っています。
③ 남자가 **말랐어요.** 男性がやせています。
⑤ 이 여자가 **날씬해요.** この女性がスリムです。

> **気をつけよう!**
> 「마르다」は完了形で現在の状態を表す。
> **例** 그 사람은 말랐어요. (○) その人はやせています。
> 그 사람은 말라요. (×)

② 남자가 **보통 체격이에요.** 男性が普通の体格です。
④ 이 남자가 **체격이 좋아요.** この男性が体格がいいです。

> **おまけ**
> 뚱뚱하다, 마르다: 男女両方に使うことができる。
> 체격이 좋다: 普通, 男性に使う。
> 날씬하다: 普通, 女性に使う。

D 身長

① 형이 **키가 커요**. 兄は背が高いです。
② 저는 **보통 키예요**. 私は普通の背丈です。
③ 동생이 **키가 작아요**. 弟は背が低いです。

키가 크다	보통 키(이)다	키가 작다
背が高い	普通の背丈だ	背が低い

E 年齢

초반
前半

중반
中盤

후반
後半

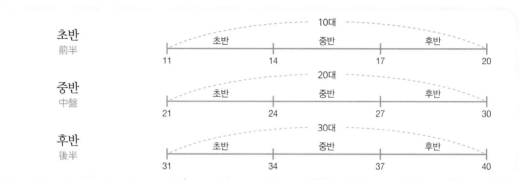

12살 → 아이가 **10대 초반**이에요. 子どもが10代前半です。
25살 → 여자가 **20대 중반**이에요. 女性が20代中盤です。
38살 → 남자가 **30대 후반**이에요. 男性が30代後半です。

> **おまけ**
>
> 年齢に関連する単語:
>
> 1살 → 아기 赤ちゃん
> 7살 → 아이 子ども
> 16살 → 청소년 青少年
> 31살 → 젊은이 (젊은 사람) 若者(若い人)
> 75살 → 노인 (나이가 많은 사람)
> 　　　　　老人 (年を取った人)
>
> '나이가 들다' 年を取る

F その他

(1)

동양인
東洋人

① 피부가 **하얀 편**이에요. 肌が白い方です。
② 피부가 **까만 편**이에요. 肌が黒い方です。

(2)

서양인
西洋人

① 백인 白人
② 흑인 黒人

(3)

혼혈
混血の人

① 그 사람은 아버지가 독일인이고 어머니가 한국인
   이에요. その人は父親がドイツ人で母親が韓国人です。

(4)

교포
僑胞

① 재미 교포 在米韓国人
② 재일 교포 在日韓国人
③ 그 사람은 재미 교포라서 영어하고 한국어를 둘
   다 잘해요. あの人は在米韓国人なので, 英語と韓国語が
   どちらも上手です。

1 絵を見て，説明に合う人の記号を□に書き入れましょう。

ⓐ   ⓑ   ⓒ   ⓓ   ⓔ   ⓕ

(1) 금발 머리이고 코가 높고 날씬해요.　　　□

(2) 단발머리에 키가 작고 좀 말랐어요.　　　□

(3) 머리는 대머리이고 키가 크고 뚱뚱해요.　　□

(4) 10대 후반쯤 됐고 보통 체격의 남자예요.　　□

(5) 갈색 짧은 파마머리에 둥근 얼굴이에요.　　□

(6) 각진 얼굴과 검은색 수염에 눈이 작아요.　　□

2 反対の単語を書いて会話を完成させましょう。

(1) A 수지가 키가 커요?

　　B 아니요, _____. 150cm쯤 돼요.

(2) A 민수가 말랐어요?

　　B 아니요, _____.
　　　몸무게가 100kg가 넘어요.

(3) A 지영이 머리가 길어요?

　　B 아니요, _____. 커트 머리예요.

(4) A 현기가 못생겼어요?

　　B 아니요, _____. 영화배우 같아요.

3 下線部を正しく直しましょう。

(1) 선생님은 <u>큰 눈 있어요</u>.

(2) 제 친구는 많이 <u>말라요</u>.

(3) 아저씨가 <u>키가 높아요</u>.

(4) 저 배우가 정말 <u>잘생겨요</u>.

(5) 저 사람은 <u>초반 20대 있어요</u>.

(6) 이 사람은 <u>검은색 머리 있어요</u>.

4 質問に合う答えを線で結びましょう。

(1) 수염이 있어요?　　　・

(2) 어떻게 생겼어요?　　・

(3) 키가 얼마나 돼요?　　・

(4) 체격이 어때요?　　　・

(5) 머리 모양이 어때요?　・

(6) 나이가 얼마나 됐어요?　・

・ ⓐ 좀 말랐어요.

・ ⓑ 165cm쯤 돼요.

・ ⓒ 얼굴이 갸름하고 눈이 커요.

・ ⓓ 30대 후반쯤 됐어요.

・ ⓔ 아니요, 수염이 없어요.

・ ⓕ 갈색 긴 파마머리예요.

性格

重要表現

부지런하다 ↔ 게으르다
勤勉だ　　　　怠惰だ

욕심이 많다
欲張りだ

활발하다 ↔ 조용하다
活発だ　　　静かだ

마음이 넓다
心が広い

죄송해요.
괜찮아.

겸손하다 ↔ 거만하다
控えめだ　　傲慢だ

이기적이다
自分勝手だ

한국말 정말 잘해요.
아니요. 잘 못해요.

난 뭐든지 잘해.

자기만 생각해요.

気をつけよう！

「못되다」は完了形で現在の状態を表す。

例 그 사람은 못됐어요. (○) その人は意地悪です。
그 사람은 못돼요. (×)

착하다
やさしい

⟷

못되다
意地悪だ

고집이 세다
頑固だ

인내심이 있다
我慢強い

⟷

인내심이 없다
我慢ができない

성실하다
誠実だ

자신감이 있다
自信がある

⟷

자신감이 없다
自信がない

솔직하다
率直だ

1 反対の性格を線で結びましょう。

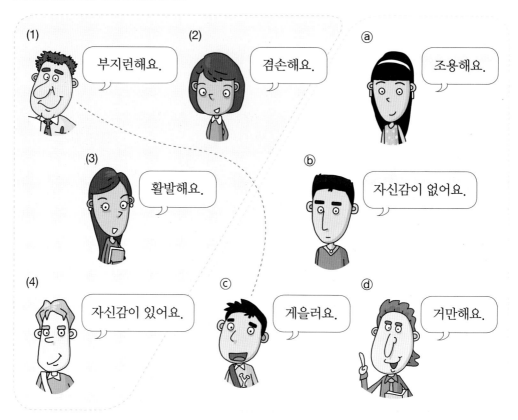

2 正しい答えを選びましょう。

(1) (ⓐ 솔직한 / ⓑ 성실한) 사람은 오늘 일을 내일로 미루지 않아요.

(2) (ⓐ 못된 / ⓑ 게으른) 사람은 힘이 없는 사람에게 나쁘게 행동해요.

(3) (ⓐ 겸손한 / ⓑ 조용한) 사람은 혼자 있는 것을 좋아해요.

(4) (ⓐ 착한 / ⓑ 거만한) 사람은 다른 사람을 자주 무시해요.

(5) (ⓐ 활발한 / ⓑ 이기적인) 사람과 같이 있으면 분위기가 밝아요.

(6) (ⓐ 인내심이 있는 / ⓑ 인내심이 없는) 사람은 화가 나도 잘 참아요.

(7) (ⓐ 자신감이 있는 / ⓑ 자신감이 없는) 사람은 사람들 앞에서 말을 잘 안 해요.

(8) (ⓐ 고집이 센 / ⓑ 욕심이 많은) 아이는 자기 음식을 다른 사람과 함께 먹지 않아요.

3 正しい答えを選んで会話を完成させましょう。

> 게으르다　　인내심이 없다　　활발하다　　이기적이다　　성실하다　　착하다

(1) A 저는 진수처럼 _____ 사람은 처음 봐요.
　　 B 맞아요. 진수는 도움이 필요한 사람을 항상 도와줘요.

(2) A 미나는 정말 _____!
　　 B 맞아요, 미나 씨는 기분 나쁜 일이 있으면 바로 화를 내요.

(3) A 현주 동생은 부지런한데 현주는 성격이 반대예요.
　　 B 맞아요. 현주는 _____ 서 항상 자기 일을 미루고 안 해요.

(4) A 유리는 지각도 안 하고 결석도 안 해요. 숙제도 매일 해요.
　　 B 그래요. 유리는 정말 _____ 것 같아요.

(5) A 민기는 자기 생각만 해요. 다른 사람을 전혀 생각하지 않아요.
　　 B 네, 정말 _____. 그래서 민기하고 같이 일하고 싶지 않아요.

(6) A 문규는 정말 에너지가 많은 것 같아요.
　　 B 그렇죠? 문규는 _____ 니까 조용한 사람을 만나면 지루해 할 거예요.

4 適当なもの同士を線で結びましょう。

(1) 고집이 센 사람은　　·　　　　　· ⓐ 일하기 싫어해요.

(2) 활발한 사람은　　·　　　　　· ⓑ 거짓말을 할 수 없어요.

(3) 솔직한 사람은　　·　　　　　· ⓒ 집에 혼자 있는 것을 안 좋아해요.

(4) 게으른 사람은　　·　　　　　· ⓓ 다른 사람의 얘기를 듣지 않아요.

(5) 착한 사람은　　·　　　　　· ⓔ 자기 생활에 만족할 수 없어요.

(6) 욕심이 많은 사람은 ·　　　　　· ⓕ 다른 사람의 부탁을 잘 거절하지 못해요.

感情描写

重要表現

부럽다
うらやましい

안녕~ 안녕~

신기하다
不思議だ

こんにちは。
اَلسَّلَامُ عَلَيْكُمْ.

대단하다
すごい

불쌍하다
かわいそうだ

일 X, 숙제 X, 약속 X

지루하다
退屈だ

그립다
恋しい

아쉽다
心残りだ

싫다
嫌だ

① 저기 데이트하는 커플이 정말 **부러워요**.
あそこのデートしているカップルが本当にうらやましいです。

② 말하는 앵무새가 진짜 **신기해요**.
しゃべるオウムが本当に不思議です。

③ 제 친구는 여러 나라 말을 할 줄 알아요. 친구가 정말 **대단해요**.
私の友だちは数カ国語が話せます。友だちは本当にすごいです。

④ 어렵게 살고 있는 아이들이 **불쌍해요**.
貧しい暮らしをしている子どもたちがかわいそうです。

⑤ 주말에 일도 숙제도 약속도 없어요. 이런 생활이 **지루해요**.
週末に仕事も宿題も約束もありません。こんな生活は退屈です。

⑥ 가족이 멀리 떨어져 살고 있어요. 가족이 **그리워요**.
家族が遠く離れて暮らしています。家族が恋しいです。

⑦ 여행이 정말 재미있는데 이제 집에 돌아가야 해요. **아쉬워요**.
旅行が本当に楽しいのに，もう家に帰らなければなりません。**残念です**。

⑧ 옆에서 너무 시끄럽게 얘기해요. 진짜 **싫어요**.
横ですごくうるさく話をしています。本当に嫌です。

気をつけよう！

感情を主観的に述べるとき「친구가 부러워요」と言い，感情を客観的に述べるとき「친구를 부러워해요」と言う。

1 正しい答えを選びましょう。

(1) 수업이 재미없어서 계속 잠이 와요.
  너무 (ⓐ 신기해요 / ⓑ 지루해요).

(2) 저 사람은 한국어, 영어, 일본어, 중국어, 프랑스어까지 할 줄 알아요.
  정말 (ⓐ 대단해요 / ⓑ 불쌍해요).

(3) 부산에 가면 꼭 회를 먹어 보려고 했는데, 시간이 없어서 못 먹었어요.
  진짜 (ⓐ 부러워요 / ⓑ 아쉬워요).

(4) 길거리에서 담배를 피우는 사람을 만나고 싶지 않아요.
  그런 사람은 정말 (ⓐ 싫어요 / ⓑ 그리워요).

2 文に合う絵の記号を□に書き入れましょう。正しい単語を選んで下線部に入れて文を完成させましょう。

| 싫다 | 그립다 | 아쉽다 | 대단하다 | 불쌍하다 | 신기하다 |

(1) □ 대학생 때로 다시 돌아가고 싶어요. 그때가 정말 _____.

(2) □ 저 사람은 다른 사람의 도움을 받지 않고 혼자 큰 회사를 만들었어요. 정말 _____.

(3) □ 저 아이는 항상 우울하고 고민이 많아 보여요. 그런데 도와주는 친구도 없어요.
  저 아이가 _____.

(4) □ 2살짜리 아기가 벌써 한글을 읽어요. 정말 _____.

(5) □ 고향에 돌아가서 옛날 친구를 만나서 재미있게 지냈어요.
  이제 고향을 떠나야 해서 _____.

(6) □ 저는 노래를 잘 못하는데 한국 친구들이 저한테 자꾸 노래를 시켜요. 정말 _____.

第64課 人間関係

重要表現

A 家系図

おまけ

韓国では目上の人の名前を呼ぶのは失礼なので，多様な親族名称や呼称を用いる。日本よりも複雑なので注意しよう！目下の人は名前で呼んでもかまわない。

父方

| ① 할아버지 祖父 (86살) | ② 할머니 祖母 (88살) |

母方

| ③ 외할아버지 祖父 (90살) | ④ 외할머니 祖母 (87살) |

⑤ 큰아버지 伯父 (66살)
⑥ 큰어머니 伯母 (63살)
⑦ 작은아버지 叔父 (58살)
⑧ 작은어머니 叔母 (51살)
⑨ 고모 おば (54살)
⑩ 고모부 おじ (59살)
⑪ 아버지 (= 아빠) 父 (64살)
⑫ 어머니 (= 엄마) 母 (62살)
⑬ 이모 おば (64살)
⑭ 이모부 おじ (66살)
⑮ 외삼촌 おじ (57살)
⑯ 외숙모 おば (53살)

⑰ 형 兄 (38살)
⑱ 형수 義姉 (38살)
⑲ 누나 姉 (36살)
⑳ 매형 義兄 (37살)
㉑ 나 私 (34살)
㉒ 아내 妻 (32살)
㉓ 남동생 弟 (30살)
㉔ 제수씨 義妹 (31살)
㉕ 사촌 형 いとこ (男，年上) (39살)
㉖ 사촌 동생 いとこ (年下) (28살)
㉗ 사촌 누나 いとこ (女，年上) (35살)

㉘ 조카 おい (14살)
㉙ 조카 おい (14살)
㉚ 조카 めい (9살)

쌍둥이 双子

おまけ

「조카」は性別に関係なく用いる。

㉛ 아들 息子 (8살)
㉜ 딸 娘 (4살)

おまけ

부모님 → 아버지 + 어머니
형제 → 형 + 남동생
자매 → 언니 + 여동생
부부 → 남편 + 아내
아이들 → 아들 + 딸

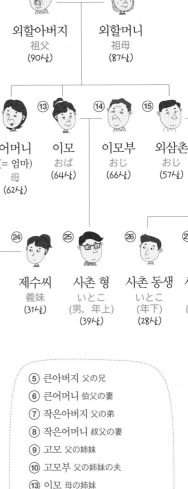

⑤ 큰아버지 父の兄
⑥ 큰어머니 伯父の妻
⑦ 작은아버지 父の弟
⑧ 작은어머니 叔父の妻
⑨ 고모 父の姉妹
⑩ 고모부 父の姉妹の夫
⑬ 이모 母の姉妹
⑭ 이모부 母の姉妹の夫
⑮ 외삼촌 母の兄弟
⑯ 외숙모 母の兄弟の妻
⑱ 형수 (弟から見て)兄の妻
⑳ 매형 (弟から見て)姉の夫
㉔ 제수씨 (兄から見て)弟の妻

B 家族関係

(1)

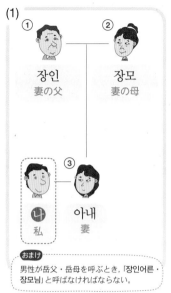

① 장인 妻の父
② 장모 妻の母
③ 아내 妻
나 私

おまけ
男性が岳父・岳母を呼ぶとき、「장인어른・장모님」と呼ばなければならない。

(2)

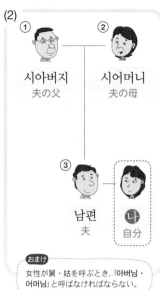

① 시아버지 夫の父
② 시어머니 夫の母
③ 남편 夫
나 自分

おまけ
女性が舅・姑を呼ぶとき、「아버님・어머님」と呼ばなければならない。

(3)

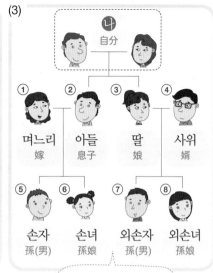

나 自分

① 며느리 嫁
② 아들 息子
③ 딸 娘
④ 사위 婿

⑤ 손자 孫(男)
⑥ 손녀 孫娘
⑦ 외손자 孫(男)
⑧ 외손녀 孫娘

韓国語では、父方/母方、性別によって、名称が異なる。

C 同僚関係

동료 同僚
① 상사 上司
② 동기 同期
③ 부하 직원 部下社員

D 友だち関係

제일 친구 (×)
제일 친한 친구 (○)
親友、いちばん
親しい友だち

① 친한 친구 親しい友だち
② 여자 친구 彼女
③ 남자 친구 彼氏

おまけ
반 친구 クラスメイト
방 친구 ルームメイト
전 여자 친구 元カノ
전 남자 친구 元カレ

E 道で会う人々

① 할아버지 おじいさん
② 할머니 おばあさん
③ 아저씨 おじさん
④ 아줌마 おばさん

おまけ
・오빠: 妹から見て兄を指す。女性が自分より年上の男性を指すときや、男性のスターを女性のファンが指すときにも用いる。
・언니: 妹から見て姉を指す。女性が自分より年上の女性を指すとき、女性の店員を指すときにも用いる。

1 同じグループに属する単語を選んで書きましょう。

할아버지	아저씨	딸	아내	엄마	이모	조카
장모	사위	며느리	삼촌	손녀	고모	할머니
아들	동생	형	손자	아빠	남편	누나

(1)

① 男性	② 女性	③ 性別が関係ないもの

(2)

① 目上の人	② 目下の人

2 男女のペアとして，適切なもの同士を線で結びましょう。

(1) 남편　　・　　　　　　　　・ ⓐ 사위

(2) 이모　　・　　　　　　　　・ ⓑ 아내

(3) 아들　　・　　　　　　　　・ ⓒ 장모

(4) 딸　　　・　　　　　　　　・ ⓓ 할머니

(5) 장인　　・　　　　　　　　・ ⓔ 이모부

(6) 할아버지 ・　　　　　　　　・ ⓕ 며느리

3 正しい単語を選んで下線部を正しく直しましょう。

| 부부 | 부모님 | 동료 | 형제 |

(1) 아버지와 어머니는 <u>동료</u>예요.   _____ 예요/이에요.

(2) 남편하고 아내는 <u>형제</u>예요.   _____ 예요/이에요.

(3) 형하고 남동생은 <u>부부</u>예요.   _____ 예요/이에요.

(4) 상사하고 부하 직원은 <u>부모님</u>이에요.   _____ 예요/이에요.

4 次の中から，他の単語と異なるものを1つ選びましょう。

(1) ⓐ 아빠   ⓑ 이모부   ⓒ 어머니   ⓓ 시아버지

(2) ⓐ 이모   ⓑ 고모   ⓒ 남편   ⓓ 외숙모

(3) ⓐ 조카   ⓑ 딸   ⓒ 손자   ⓓ 장인

(4) ⓐ 부모님   ⓑ 아이들   ⓒ 형   ⓓ 부부

(5) ⓐ 삼촌   ⓑ 엄마   ⓒ 고모   ⓓ 이모

(6) ⓐ 상사   ⓑ 가족   ⓒ 동료   ⓓ 부하 직원

5 空欄に入る適当な単語を書き入れましょう。

(1) 어머니의 여자 자매를 _____(이)라고 불러요.

(2) 아버지와 어머니를 합쳐서 _____(이)라고 해요.

(3) 딸의 남편을 _____(이)라고 해요.

(4) 형제나 자매의 아이들을 _____(이)라고 해요.

(5) 남편의 어머니를 _____(이)라고 해요.

(6) 어렸을 때 어머니를 _____(이)라고 불러요.

(7) 아들이나 딸의 아들을 _____(이)라고 해요.

(8) 아버지의 형을 _____(이)라고 불러요.

(9) 아들의 아내를 _____(이)라고 해요.

(10) 이모나 고모, 삼촌의 자식을 _____(이)라고 불러요.

第65課 人生

 重要表現

人の人生

①

태어나다
生まれる

②

자라다
育つ

③

학교에 다니다
学校に通う

> おまけ
> 입학하다 入学する
> 졸업하다 卒業する

⑥

결혼하다
結婚する

> おまけ
> 결혼식을 하다 結婚式をする
> 신혼여행을 가다 新婚旅行に行く
> 이혼하다 離婚する

⑤

데이트하다
デートする

> おまけ
> ・「사귀다」の場合，助詞「을/를」を用いる。
> 例 남자/여자 친구를 사귀어요.
> 　　彼氏/彼女と付き合っています。
> ・연애하다 恋愛する
> ・하고 헤어지다 〜と別れる

④

취직하다
就職する

> おまけ
> 회사에 다니다 会社に勤める
> 출근하다 ↔ 퇴근하다
> 出勤する　退勤する
> 승진하다 昇進する
> 회사를 옮기다 会社を変える
> 회사를 그만두다 会社をやめる
> 퇴직하다 退職する

⑦

아이를 낳다
子どもを産む

⑧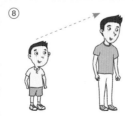

아이를 기르다
子どもを育てる

> おまけ
> 아이를 기르다
> (=아이를 키우다)

⑨

죽다
死ぬ

> おまけ
> 사고가 나다 事故が起こる
> 병에 걸리다 病気にかかる
> 장례식을 하다 葬式をする

1 反対の単語を書きましょう。

(1) 출근 ↔ _____

(2) 취직 ↔ _____

(3) 입학 ↔ _____

(4) 결혼 ↔ _____

2 次の中から適当でないものを1つ選びましょう。

(1)   ⓐ 학교 ☐   에 다녀요.
      ⓑ 일 ☐
      ⓒ 회사 ☐
      ⓓ 학원 ☐

(2)   ⓐ 이민 ☐   을/를 가요.
      ⓑ 출장 ☐
      ⓒ 출근 ☐
      ⓓ 유학 ☐

(3) 아이를   ⓐ 자라요. ☐
         ⓑ 낳아요. ☐
         ⓒ 길러요. ☐
         ⓓ 돌봐요. ☐

(4) 회사를   ⓐ 옮겨요. ☐
         ⓑ 그만둬요. ☐
         ⓒ 퇴직해요. ☐
         ⓓ 취직해요. ☐

3 絵を見て，正しい答えを選んで文を完成させましょう。

28살

10년 전에 대학교를 (1) (ⓐ 입학 / ⓑ 졸업)했어요. 그때 제 나이가

(2) (ⓐ 스물 여섯 / ⓑ 스물 여덟) 살이었어요. 2년 동안 준비해서 서른 살 때

(3) (ⓐ 취직 / ⓑ 퇴직)했어요. 그리고 작년에 결혼했어요. (4) (ⓐ 신랑 / ⓑ 신부)가

너무 예뻤어요. 올해 아이를 낳아서 잘 (5) (ⓐ 자라고 / ⓑ 키우고) 싶어요.

회사에서 열심히 일하면 내년에는 (6) (ⓐ 승진 / ⓑ 출근)할 수 있을 거예요.

38살

第66課　負傷

重要表現

다쳤어요!

① 다리가 부러졌어요. 脚が折れました。
③ 발이 부었어요. 足が腫れました
⑤ 손이 데었어요. 手をやけどしました。
⑦ 무릎이 까졌어요. ひざをすりむきました。

② 발목이 삐었어요. 足首をくじきました。
④ 손가락이 베였어요. 手の指が切れました。
⑥ 손가락이 찔렸어요. 手の指に刺さりました。
⑧ 눈이 멍들었어요. 目にあざができました。

確認テスト

1 絵を見て，正しい答えを選びましょう。

(1)
ⓐ 부러졌어요. ☐
ⓑ 멍들었어요. ☐

(2)
ⓐ 부었어요. ☐
ⓑ 찔렸어요. ☐

(3)
ⓐ 삐었어요. ☐
ⓑ 베였어요. ☐

(4)
ⓐ 까졌어요. ☐
ⓑ 데었어요. ☐

2 絵を見て，適当なもの同士を線で結んで文を完成させましょう。

(1)　손이　・　　　・① 공에　・　　　・ⓐ 데었어요.

(2)　손가락이　・　　　・② 불에　・　　　・ⓑ 찔렸어요.

(3)　발바닥이　・　　　・③ 칼에　・　　　・ⓒ 베였어요.

(4)　팔이　・　　　・④ 유리에　・　　　・ⓓ 멍들었어요.

3 正しい答えを選びましょう。

(1) 친구하고 싸울 때 많이 맞아서 눈이 파랗게 (ⓐ 부었어요. / ⓑ 멍들었어요.)

(2) 넘어졌는데 다리가 (ⓐ 베였어요. / ⓑ 부러졌어요.) 병원에서 깁스해야 해요.

(3) 뜨거운 물을 실수로 쏟았어요. 그래서 팔이 (ⓐ 데었어요. / ⓑ 까졌어요.)

(4) 테니스를 하다가 발목이 조금 (ⓐ 삐었어요. / ⓑ 찔렸어요.) 오늘 쉬면 괜찮을 거예요.

第67課　治療

おまけ
韓国語では，薬を服用するという意味で
「먹다」を用いる。
「약을 마시다」と言わず「약을 먹다」と言う。
韓国語では，目薬の場合，「넣다」を用いる。

重要表現

A　治療方法

 ① 약을 먹다
薬を飲む

 ② 약을 넣다
薬をさす

 ③ 약을 바르다
薬を塗る

 ④ 약을 뿌리다
薬をスプレーする

 ⑤ 반창고를 붙이다
絆創膏を貼る

 ⑥ 파스를 붙이다
湿布を貼る

 ⑦ 주사를 맞다
注射を打ってもらう

 ⑧ 침을 맞다
鍼を打ってもらう

 ⑨ 소독하다
消毒する

 ⑩ 찜질하다
ホットパックをあてる

 ⑪ 얼음찜질하다
アイスパックをあてる

B　病院

 ①

 ②

 ③

 ④

 ⑤

 ⑥

 ⑦

 ⑧

 ⑨

 ⑩

 ⑪

 ⑫

① 치과 歯科
② 소아과 小児科
③ 내과 内科
④ 외과 外科
⑤ 산부인과 産婦人科
⑥ 피부과 皮膚科
⑦ 안과 眼科
⑧ 이비인후과 耳鼻咽喉科
⑨ 정형외과 整形外科
⑩ 성형외과 成形外科
⑪ 응급실 救急救命室
⑫ 한의원 韓医院

1 正しい答えを選びましょう。

(1) 반창고를 ⓐ 바르다 ☐　　　(2) 침을 ⓐ 맞다 ☐
　　　　　　ⓑ 붙이다 ☐　　　　　　　　 ⓑ 하다 ☐

(3) 모기약을 ⓐ 먹다 ☐　　　　(4) 얼음찜질을 ⓐ 넣다 ☐
　　　　　　ⓑ 뿌리다 ☐　　　　　　　　　ⓑ 하다 ☐

2 絵を見て，症状に合う治療法を線で結びましょう。

(1) 어깨가　(2) 팔이　　(3) 모기에게　(4) 감기에　(5) 무릎이　(6) 발목을
　아파요.　　부러졌어요.　물렸어요.　　걸렸어요.　까졌어요.　삐었어요.

ⓐ 깁스　　ⓑ 얼음찜질　ⓒ 주사를　　ⓓ 파스를　　ⓔ 반창고를　ⓕ 모기약을
　하세요.　　하세요.　　맞으세요.　　붙이세요.　　붙이세요.　바르세요.

3 空欄に入る正しい答えを選んで書き入れましょう。

| 치과　　　내과　　　안과　　　피부과　　　소아과　　　정형외과 |

(1) 가려워요. 그러면 　　　　　　　　에 가 보세요.

(2) 눈이 아파요. 그러면 　　　　　　　에 가 보세요.

(3) 이가 아파요. 그러면 　　　　　　　에 가 보세요.

(4) 아이가 아파요. 그러면 　　　　　　에 가 보세요.

(5) 감기에 걸렸어요. 그러면 　　　　　　에 가 보세요.

(6) 다리가 부러졌어요. 그러면 　　　　　에 가 보세요.

家でのトラブル

重要表現

문제가 생겼어요!

① 물이 안 나와요. 水が出ません。

② 파이프에서 물이 새요. パイプから水が漏れます。

③ 변기가 막혔어요. 便器が詰まりました。

④ 의자 다리가 부러졌어요. 椅子の脚が折れました。

⑤ 창문이 깨졌어요. 窓が割れました。

⑥ 액자가 떨어졌어요. 額が落ちました。

⑦ 불이 안 켜져요. 明かりがつきません。

⑧ 불이 안 꺼져요. 明かりが消えません。

⑨ 보일러가 얼었어요. ボイラーが凍りました。

⑩ 창문이 안 열려요. 窓が開きません。

⑪ 문이 안 잠겨요. ドアの鍵がかかりません。

⑫ 벌레가 나와요. 虫が出ます。

おまけ
수리하다: 機械や装備, 施設を修理する。
고치다: 1. 機械や装備, 施設を直す
　　　　 2. 病気を治す

おまけ
費用を尋ねるときには
A 수리비가 얼마나 들었어요?
　 修理費がどれくらいかかりましたか。
B 10만 원 들었어요.
　 10万ウォンかかりました。

確認テスト

1 正しい答えを選びましょう。

(1) 의자 다리(ⓐ 가 / ⓑ 를) 부러졌어요.

(2) 뜨거운 물(ⓐ 이 / ⓑ 을) 안 나와요.

(3) 창문(ⓐ 을 / ⓑ 이) 고장 나서 안 열려요.

(4) 액자(ⓐ 가 / ⓑ 를) 떨어졌어요.

2 正しい答えを選びましょう。

(1) 물이 안 　ⓐ 켜져요. ☐　　　(2) 변기가 　ⓐ 막혔어요. ☐
　　　　　　ⓑ 나와요. ☐　　　　　　　　　ⓑ 떨어졌어요. ☐

(3) 불이 안 　ⓐ 잠겨요. ☐　　　(4) 창문이 안 　ⓐ 열려요. ☐
　　　　　　ⓑ 꺼져요. ☐　　　　　　　　　ⓑ 얼었어요. ☐

(5) 벌레가 　ⓐ 새요. ☐　　　　(6) 창문이 　ⓐ 깨졌어요. ☐
　　　　　　ⓑ 나와요. ☐　　　　　　　　　ⓑ 부러졌어요. ☐

3 絵を見て，質問に合う答えを線で結びましょう。

진수

서비스 센터

수리 기사

(1) 수리비가 얼마나 들어요?　•　　　•　ⓐ 아니요, 이번이 처음이에요.

(2) 무슨 문제예요?　•　　　•　ⓑ 3일 됐어요.

(3) 어디세요?　•　　　•　ⓒ 변기가 고장 났어요.

(4) 전에도 그랬어요?　•　　　•　ⓓ 여기는 한국아파트 3동 201호예요.

(5) 언제부터 그랬어요?　•　　　•　ⓔ 5만 원쯤 들어요.

第69課 生活でのトラブル

重要表現

무슨 일이 있어요?

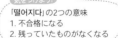

① 길이 막혀요. 道が混んでいます。

② 교통사고가 났어요. 交通事故が起こりました。

③ 시험에서 떨어졌어요. 試験に落ちました。

④ 돈이 다 떨어졌어요. お金が全部なくなりました。

⑤ 약속에 늦었어요. 約束に遅れました。

⑥ 친구와 싸웠어요. 友だちとけんかしました。

⑦ 여자 친구와 헤어졌어요. 彼女と別れました。

⑧ 노트북이 고장 났어요. ノートパソコンが故障しました。

⑨ 지갑을 잃어버렸어요. 財布をなくしました。

⑩ 비밀번호를 잊어버렸어요. 暗証番号を忘れました。

⑪ 회사에서 해고됐어요. 会社から解雇されました。

⑫ 할머니께서 돌아가셨어요. 祖母が亡くなりました。

> 気をつけよう!
> 「떨어지다」の2つの意味
> 1. 不合格になる
> 2. 残っていたものがなくなる

> 気をつけよう!
> 発音とつづりに注意!
> 잃어버리다 なくす
> 잊어버리다 忘れる

> 気をつけよう!
> 意味の違いに注意!
> 잃어버리다 なくす
> 도둑을 맞다 盗まれる

1 次の中から適当でないものを1つ選びましょう。

(1)
ⓐ 가족 ☐
ⓑ 모임 ☐　하고 싸웠어요.
ⓒ 친구 ☐
ⓓ 동료 ☐

(2)
ⓐ 약속 ☐
ⓑ 수업 ☐　에 늦었어요.
ⓒ 친구 ☐
ⓓ 회의 ☐

(3)
ⓐ 눈 ☐
ⓑ 물 ☐　이/가 떨어졌어요.
ⓒ 돈 ☐
ⓓ 배터리 ☐

(4)
ⓐ 냉장고 ☐
ⓑ 어머니 ☐　이/가 고장 났어요.
ⓒ 다리미 ☐
ⓓ 세탁기 ☐

(5)
ⓐ 할아버지 ☐
ⓑ 할머니 ☐　께서 돌아가셨어요.
ⓒ 아버지 ☐
ⓓ 며느리 ☐

(6)
ⓐ 이름 ☐
ⓑ 가방 ☐　을/를 잃어버렸어요.
ⓒ 여권 ☐
ⓓ 지갑 ☐

2 正しい答えを選びましょう。

(1)　ⓐ 길이 너무 막혀요.　　☐　빨리 병원에 가야 해요.
　　　ⓑ 교통사고가 났어요.　☐

(2)　ⓐ 노트북이 고장 났어요.　☐　노트북을 수리해야 해요.
　　　ⓑ 노트북을 잃어버렸어요.　☐

(3)　ⓐ 친구가 약속에 늦었어요.　☐　그 친구를 위로해야 해요.
　　　ⓑ 친구가 시험에 떨어졌어요.　☐

(4)　ⓐ 여자 친구하고 헤어졌어요.　☐　친구에게 다시 물어봐야 해요.
　　　ⓑ 친구 전화번호를 잊어버렸어요.　☐

(5)　ⓐ 친구와 크게 싸웠어요.　☐　친구에게 사과해야 해요.
　　　ⓑ 친구가 회사에서 해고됐어요.　☐

第70課　問題の状況

重要表現

A　体の問題

 ①  ②  ③  ④

① 머리가 자꾸 빠져요. 髪が頻繁に抜けます。　② 흰머리가 많이 생겼어요. 白髪がたくさん生えました。

③ 주름살이 생겼어요. しわができました。　④ 살이 쪘어요. 太りました。

> **おまけ**
> 反対語が異なるものに注意！
> ・흰머리가 생겼어요. ↔ 흰머리가 없어졌어요.
> 　白髪が生えました。　白髪がなくなりました。
> ・살이 쪘어요. ↔ 살이 빠졌어요.
> 　太りました。　　やせました。

B　都市の生活問題

 ①  ②  ③  ④

① 길이 많이 막혀요. 道がとても混んでいます。　② 사람이 너무 많아요. 人が多すぎます。

③ 공기가 나빠요. 空気が悪いです。　④ 주차장이 너무 부족해요. 駐車場がすごく不足しています。

> **おまけ**
> 似た表現
> 길이 막히다 = 차가 밀리다 = 교통이 복잡하다

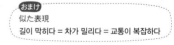

C　職場での問題

 ①  ②  ③  ④

① 동료하고 사이가 안 좋아요. 同僚と仲がよくありません。　② 월급이 안 올라요. 月給が上がりません。

③ 승진이 안 돼요. 昇進ができません。　④ 일이 너무 많아요. 仕事が多すぎます。

D　健康問題

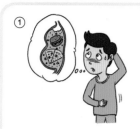

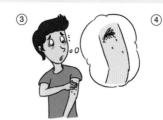

① 체했어요. 食もたれしました。

② 어지러워요. めまいがします。

③ 가려워요. かゆいです。

④ 답답해요. 息苦しいです。

E　生活の中での失敗

① 물을 쏟았어요. 水をこぼしました。

② 옷에 커피를 흘렸어요. 服にコーヒーをこぼしました。

③ 발을 밟았어요. 足を踏みました。

④ 길을 잃어버렸어요. 道に迷いました。

> **おまけ**
> 失敗したことを強調するとき，副詞「실수로」を動詞の前に付ける。
> 例 실수로 다른 사람의 발을 밟았어요.
> 　　間違って他の人の足を踏みました。

F　副詞 잘못

副詞「잘못」を動詞の前に用い，間違った行動であることを表す。

| 잘못 말하다 | ① "마크"를 "마이클"이라고 잘못 말했어요. 「マーク」を「マイケル」と言い間違えました。 |

| 잘못 듣다 | ② "7"시를 "8"시로 잘못 들었어요. 「7」時を「8」時と聞き間違えました。 |

| 잘못 보다 | ③ "1"시를 "2"시로 잘못 봤어요. 「1」時を「2」時と見間違えました |

| 잘못 알다 | ④ 이 집이 진수 집인데 민수 집이라고 잘못 알고 있었어요. この家はチンスの家なのに，ミンスの家だと誤解していました。 |

| 잘못 걸다 | ⑤ 전화 잘못 거셨어요. 電話のおかけ間違いですよ。 |

> **おまけ**
> 실수하다 失敗する
> 잘못하다 間違える

1 次の中から適当でないものを1つ選びましょう。

(1)
ⓐ 나이 ☐　　이/가 생겼어요.
ⓑ 고민 ☐
ⓒ 흰머리 ☐
ⓓ 주름살 ☐

(2)
ⓐ 교통 ☐　　이/가 나빠요.
ⓑ 얼굴 ☐
ⓒ 기분 ☐
ⓓ 공기 ☐

(3)
ⓐ 살 ☐　　이/가 빠졌어요.
ⓑ 이 ☐
ⓒ 머리 ☐
ⓓ 건강 ☐

(4)
ⓐ 이름 ☐　　을/를 잘못 봤어요.
ⓑ 소리 ☐
ⓒ 번호 ☐
ⓓ 사진 ☐

2 正しい答えを選びましょう。

(1) 누가 주름살이 생겨요?
　ⓐ 아기　　　　　ⓑ 아이　　　　　ⓒ 노인

(2) 어디가 공기가 나빠요?
　ⓐ 시골　　　　　ⓑ 도시　　　　　ⓒ 바다

(3) 왜 승진이 안 돼요?
　ⓐ 열심히 일해요.　　ⓑ 일을 잘 못해요.　　ⓒ 월급이 안 올라요.

(4) 어지러우면 어때요?
　ⓐ 밥을 먹고 싶어요.　　ⓑ 책을 읽을 수 있어요.　　ⓒ 걸을 수 없어요.

(5) 언제 체해요?
　ⓐ 음식을 빨리 먹어요.　　ⓑ 사람이 많아요.　　ⓒ 물을 쏟았어요.

(6) 길을 잃어버렸을 때 뭐가 필요해요?
　ⓐ 우산　　　　　ⓑ 지도　　　　　ⓒ 부채

3 文に合う会話を線で結びましょう。

(1) 단어를 잘못 썼어요.

ⓐ 진수 　지민 씨, 안녕하세요?
　 민지 　제 이름은 민지인데요.

(2) 이름을 잘못 불렀어요.

ⓑ 민지 　진호한테 이번 모임을 전했죠?
　 진수 　네? 민호한테 이번 모임을 말했는데요?

(3) 약속 시간을 잘못
　　알았어요.

ⓒ 민지 　회의 장소는 12층 회의실이에요.
　 진수 　네? 11층 회의실이라고요?

(4) 회의 장소를 잘못
　　들었어요.

ⓓ 민지 　3시 약속인데 왜 아직 안 와요?
　 진수 　3시요? 4시 아니에요?

(5) 다른 사람한테 잘못
　　말했어요.

ⓔ 민지 　진수 씨, "학고"가 아니라 "학교"라고 쓰세요.
　 진수 　그래요? 실수했네요.

(6) 다른 사람한테 편지를
　　잘못 보냈어요.

ⓕ 민지 　민기한테 편지를 보냈어요?
　 진수 　네? 저는 수지한테 편지를 보냈는데요?

4 適当なもの同士を線で結んで文を完成させましょう。

(1) 옷에 커피를 흘리면 　　　　　　　　　　ⓐ 약을 발라요.

(2) 밤에 음식을 많이 먹으면 　　　　　　　　ⓑ 지하철을 타면 좋아요.

(3) 친구의 이름을 잘못 부르면 　　　　　　　ⓒ 살이 많이 찔 거예요.

(4) 동료하고 사이가 안 좋으면 　　　　　　　ⓓ 옷을 빨아야 해요.

(5) 길이 너무 막히면 　　　　　　　　　　　ⓔ 회사 분위기가 안 좋아요.

(6) 너무 많이 가려우면 　　　　　　　　　　ⓕ 친구가 기분 나빠해요.

反対の副詞 1

重要表現

> 気をつけよう！
> 名詞の後に「잘하다/못하다」を用いて、「得手/不得手」を表す。
> 例 노래 → 노래를 잘해요.
> 　　　 노래를 못해요.

(1)

잘	↔	못
よく		できない

ⓐ 　ⓑ

ⓐ 어제 **잘** 잤어요. 昨日よく寝ました。
ⓑ 어제 잘 **못** 잤어요. 昨日よく寝られませんでした。

(2)

많이	↔	조금
たくさん		少し

ⓐ 　ⓑ

ⓐ 친구가 **많이** 있어요. 友だちがたくさんいます。
ⓑ 친구가 **조금** 있어요. 友だちが少しいます。

> 気をつけよう！
> 発音に注意！
> 많이 [마니]

(3)

빨리	↔	천천히
速く		ゆっくり

ⓐ 　ⓑ

ⓐ 보통 **빨리** 운전해요. 普通、速く運転します。
ⓑ 보통 **천천히** 운전해요. 普通、ゆっくり運転します。

(4)

일찍	↔	늦게
早く		遅く

ⓐ 　ⓑ

ⓐ 보통 **일찍** 일어나요. 普通、早く起きます。
ⓑ 보통 **늦게** 일어나요. 普通、遅く起きます。

(5)

잠깐	↔	오래
少しの間		長く

ⓐ 　ⓑ

ⓐ **잠깐** 전화했어요. 少しの間電話しました。
ⓑ **오래** 전화했어요. 長く電話しました。

(6)

함께	↔	혼자
一緒に		1人で

ⓐ 　ⓑ

ⓐ 보통 가족하고 **함께** 식사해요.
　普通、家族と一緒に食事します。
ⓑ 보통 **혼자** 식사해요. 普通、1人で食事します。

確認テスト

1 反対の単語を線で結びましょう。

(1) 빨리   (2) 혼자   (3) 잘   (4) 잠깐   (5) 많이   (6) 늦게
•   •   •   •   •   •

•   •   •   •   •   •
ⓐ 못   ⓑ 함께   ⓒ 천천히   ⓓ 조금   ⓔ 일찍   ⓕ 오래

2 絵を見て，下線部に正しい選択肢を入れましょう。

> 빨리　　잘　　일찍　　오래　　혼자　　많이

(1)
보통 _____ 여행 가요.

(2)
요리를 _____ 못해요.

(3)
_____ 컴퓨터를 해서 어깨가 아파요.

(4)
아까 _____ 집을 청소했어요.

(5)
_____ 먹어서 배가 불러요.

(6)
보통 약속 시간에 _____ 나가요.

3 下線部と反対の単語を書いて文を完成させましょう。

(1) 매일 약속에 늦게 갔지만, 오늘은 _____ 갔어요.

(2) 짐이 무거우니까 많이 들지 마세요. _____ 들고 가세요.

(3) 친구하고 함께 일하는 것보다 _____ 일하는 것이 편해요.

(4) 너무 빨리 말해서 이해 못 했어요. 좀 _____ 말해 주세요.

反対の副詞 2

重要表現

(1)

처음에 初めに	↔	마지막에 最後に

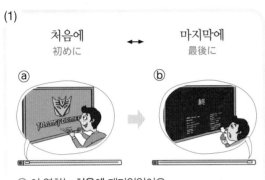

ⓐ 이 영화는 **처음에** 재미있었어요.
この映画は**初め**が面白かったです。

ⓑ 이 영화는 **마지막에** 지루했어요.
この映画は**最後**が退屈でした。

> 気をつけよう!
> 意味の違いに注意!
> 마지막에
> 마지막으로

(2)

같이 一緒に	↔	따로 別々に

ⓐ 식사비를 **같이** 계산해요.
食事代を**一緒に**計算します。

ⓑ 식사비를 **따로** 계산해요.
食事代を**別々に**計算します。

> 気をつけよう!
> 発音に注意!
> 같이 [가치]

(3)

다 全部	↔	전혀 全く

ⓐ 일을 **다** 했어요. 仕事を**全部**しました。

ⓑ 일을 **전혀** 안 했어요. 仕事を**全く**しませんでした。

(4)

대충 おおまかに	↔	자세히 詳しく

ⓐ 신문을 **대충** 읽어요. 新聞を**おおまかに**読みます。

ⓑ 신문을 **자세히** 읽어요. 新聞を**詳しく**読みます。

(5)

더 多く	↔	덜 少なく

ⓐ 돈을 1,000원 **더** 냈어요. お金を1000ウォン**多く**出しました。

ⓑ 돈을 1,000원 **덜** 냈어요.
お金を1000ウォン**少なく**出しました。

(6)

먼저 先に	↔	나중에 後で

ⓐ 여자가 **먼저** 나가요. 女性が**先に**出ます。

ⓑ 여자가 **나중에** 먹을 거예요. 女性が**後で**食べます。

確認テスト

1 反対の単語を線で結びましょう。

(1) 먼저   (2) 같이   (3) 대충   (4) 다   (5) 더
  •   •   •   •   •

  •   •   •   •   •
ⓐ 따로   ⓑ 전혀   ⓒ 덜   ⓓ 자세히   ⓔ 나중에

2 文に合う絵の記号を□に書き入れましょう。正しい単語を選んで下線部に入れて文を完成させましょう。

대충	더	다	자세히	먼저	같이

(1) □ 이제 목적지에 거의 _____ 왔어요. 5분 후면 도착할 거예요.

(2) □ 목이 많이 말라요. 물 한 잔 _____ 갖다주세요.

(3) □ 서울에서 부산까지 따로 가고 부산에서 만나서 _____ 여행했어요.

(4) □ 아까 선생님이 짧게 설명해서 잘 모르겠어요. _____ 설명해 주세요.

(5) □ 할아버지께서 _____ 식사하시면 저는 나중에 먹을게요.

(6) □ 이 책을 자세히 못 읽었지만, 오늘 아침에 이 책을 _____ 읽어서 내용은 조금 알아요.

3 下線部を正しく直しましょう。

(1) 비빔밥 <u>더 하나</u> 주세요.

(2) 내일이 시험인데 공부를 <u>전혀</u> 해요.

(3) 집에 여자가 <u>처음</u> 들어오고 남자가 나중에 들어왔어요.

第73課　反対の形容詞 1

 重要表現

> **気をつけよう!**
> 形容詞が名詞を修飾する場合，
> 連体形語尾「-(으)ㄴ」が必要。
> [形容詞の語幹] + -(으)ㄴ + [名詞]
> 例 크다 + -ㄴ → 큰 옷 大きい服
> 　　작다 + -은 → 작은 옷 小さい服

(1)

크다　大きい　↔　작다　小さい

ⓐ 　ⓑ

(2)

싸다　安い　↔　비싸다　高い

ⓐ 2,000원　ⓑ  2,000,000원

(3)

길다　長い　↔　짧다　短い

ⓐ 　ⓑ

> **気をつけよう!**
> 「길다」が名詞を修飾する場合，語幹「길」に「-(으)ㄴ」が付くと「긴」という形になる。
> 例 긴 치마 長いスカート

(4)

깨끗하다　きれいだ　↔　더럽다　汚い

ⓐ 　ⓑ

(5)

새롭다　新しい　↔　오래되다　古い

ⓐ 　ⓑ

> **気をつけよう!**
> 形容詞「새롭다」は連体形語尾「-(으)ㄴ」が結びついて「새로운」になる。「새로운」と似た意味の連体詞「새」は名詞の前でのみ使われる。
> 例 새로운 구두 = 새 구두 新しい靴

> **おまけ**
> 〔事物〕오래되다
> 〔人〕나이가 많다

(6)

편하다　楽だ　↔　불편하다　不便だ

ⓐ 　ⓑ

(7)

두껍다　厚い　↔　얇다　薄い

ⓐ 　ⓑ

(8)

무겁다　重い　↔　가볍다　軽い

ⓐ 　ⓑ

> **気をつけよう!**
> 「두껍다」や「가볍다」が名詞を修飾する場合，語幹の「ㅂ」は「-(으)ㄴ」の前で「우」になる。
> 例 두꺼운 옷 厚い服
> 　　가벼운 가방 軽いカバン

確認テスト

1 絵を見て，正しい答えを選びましょう。

(1)
ⓐ 얇은 책 ☐
ⓑ 두꺼운 책 ☐
800쪽

(2)
ⓐ 새로운 가방 ☐
ⓑ 오래된 가방 ☐

(3)
ⓐ 긴 머리 ☐
ⓑ 짧은 머리 ☐

(4)
커피 200원
ⓐ 싼 커피 ☐
ⓑ 비싼 커피 ☐

2 絵を見て，適当なもの同士を線で結んで文を完成させましょう。

(1) 더러운 옷을 · · ⓐ 운전해 본 적이 없어요.

(2) 주머니가 없는 옷에 · · ⓑ 갖고 있지 않아요.

(3) 굽이 높은 구두가 · · ⓒ 세탁기에 넣으세요.

(4) 단추가 많은 옷은 · · ⓓ 지갑을 넣을 수 없어요.

(5) 오래된 모자를 · · ⓔ 발 건강에 안 좋아요.

(6) 비싼 차를 · · ⓕ 입기 불편해요.

> **おまけ**
> ・옷이 정말 커요. 〔肯定的〕
> 　服が本当に大きいです。
> ・옷이 너무 커요. 〔否定的〕
> 　服が大きすぎます。

3 正しい答えを選びましょう。

(1) 이 옷이 너무 (ⓐ 커요. / ⓑ 작아요.) 좀 큰 옷 없어요?

(2) 어제 빨래를 다 했어요. 그래서 오늘은 (ⓐ 깨끗한 / ⓑ 더러운) 바지를 입었어요.

(3) 이 자동차는 (ⓐ 새로운 / ⓑ 오래된) 자동차예요. 20년 전에 샀어요.

(4) 저는 (ⓐ 편한 / ⓑ 불편한) 것을 안 좋아하니까 굽이 높은 구두를 신지 않아요.

反対の形容詞 2

重要表現

(1)
부드럽다	↔	거칠다
柔らかい		粗い

ⓐ　　　　　　　　ⓑ

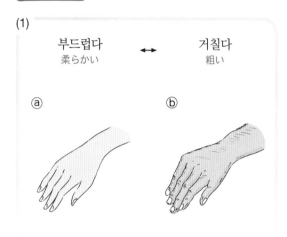

(2)
부드럽다	↔	딱딱하다
柔らかい		硬い

ⓐ　　　　　　　　ⓑ

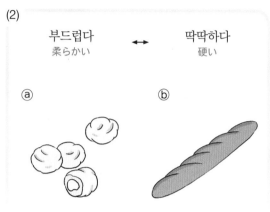

(3)
편리하다	↔	불편하다
便利だ		不便だ

ⓐ　　　　　　　　ⓑ

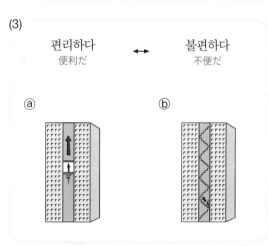

(4)
높다	↔	낮다
高い		低い

ⓐ　　　　　　　　ⓑ

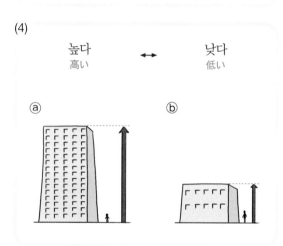

(5)
넓다	↔	좁다
広い		狭い

ⓐ　　　　　　　　ⓑ

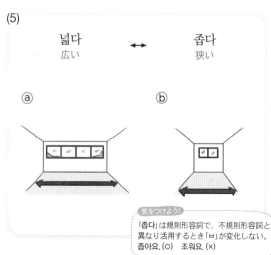

気をつけよう!
「좁다」は規則形容詞で, 不規則形容詞と
異なり活用するとき「ㅂ」が変化しない。
좁아요. (○)　조워요. (×)

(6)
깊다	↔	얕다
深い		浅い

ⓐ　　　　　　　　ⓑ

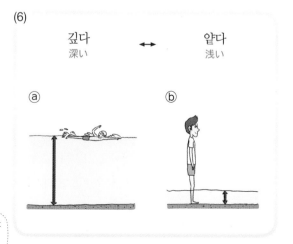

(7)

같다 ↔ 다르다
同じだ　　違う

ⓐ　　　　ⓑ

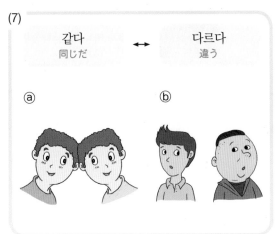

(8)

빠르다 ↔ 느리다
速い　　遅い

ⓐ　　　　ⓑ

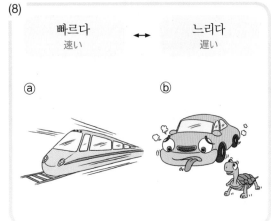

(9)

밝다 ↔ 어둡다
明るい　　暗い

ⓐ　　　　ⓑ

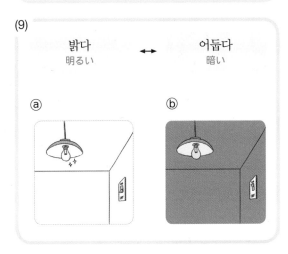

(10)

가깝다 ↔ 멀다
近い　　遠い

ⓐ　　　　ⓑ

100m　30km

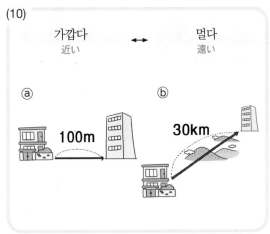

(11)

많다 ↔ 적다
多い　　少ない

ⓐ　　　　ⓑ

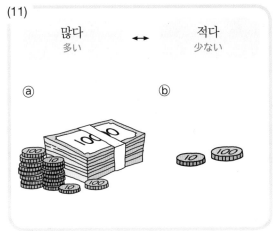

(12)

좋다 ↔ 나쁘다
よい　　悪い

ⓐ　　　　ⓑ

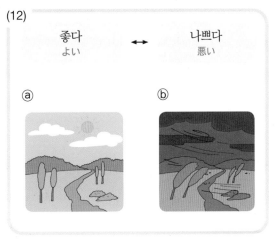

1 反対の単語を書いて会話を完成させましょう。

(1)
A 그 산이 높아요?
B 아니요, 별로 안 높아요.
_____.

(2)
A 버스에 사람들이 적어요?
B 아니요, 사람들이 너무 _____.

(3)
A 교통이 편리해요?
B 아니요, 교통이 정말 _____.

(4)
A 자전거가 느리죠?
B 아니요, 출근 시간 이라서 자전거가 _____.

2 次の中から適当でないものを1つ選びましょう。

(1)
@  ⓑ ⓒ ⓓ
밀가루 □   피부 □   물 □   목소리 □   이/가 부드러워요.

(2)
@ ⓑ ⓒ ⓓ
냄새 □   방 □   얼굴 □   불 □   이/가 밝아요.

(3)
@ ⓑ ⓒ ⓓ
어깨 □   입 □   교실 □   마음 □   이/가 넓어요.

(4)
@ 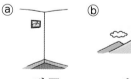 ⓑ ⓒ ⓓ
벽 □   산 □   건물 □   키 □   이/가 높아요.

3 正しい答えを選びましょう。

(1) (ⓐ 깊은 / ⓑ 얕은) 물에서 수영하면 위험해요.

(2) 이 길은 (ⓐ 넓어서 / ⓑ 좁아서) 아침마다 길이 막혀요.

(3) 지하철역이 집에서 가까워서 (ⓐ 편리해요 / ⓑ 불편해요).

(4) 불을 켜야 해요. 지금 방이 너무 (ⓐ 밝아요 / ⓑ 어두워요).

(5) 쌍둥이는 얼굴이 (ⓐ 같아 / ⓑ 달라) 보이지만 성격은 달라요.

(6) 저 사람은 목소리가 (ⓐ 거칠어서 / ⓑ 부드러워서) 듣기 편해요.

(7) 회사가 집에서 (ⓐ 가까우니까 / ⓑ 머니까) 조금 늦게 출발해도 돼요.

(8) 나이 많은 사람은 이가 안 좋으니까 (ⓐ 딱딱한 / ⓑ 부드러운) 음식을 안 좋아해요.

4 適当なもの同士を線で結んで文を完成させましょう。

(1) 청소기가 자주 고장 나서 •   • ⓐ 무서워요.

(2) 진수 성격이 밝아서 •   • ⓑ 빨리 승진할 거예요.

(3) 친구하고 성격이 달라서 •   • ⓒ 자주 싸워요.

(4) 회사에서 일을 잘하면 •   • ⓓ 이사하려고 해요.

(5) 수영장이 너무 깊어서 •   • ⓔ 아이들이 놀기 위험해요.

(6) 밤에 혼자 있으면 •   • ⓕ 사용하기 불편해요.

(7) 날씨가 나쁘면 •   • ⓗ 사람들한테 인기가 많아요.

(8) 집에서 회사까지 너무 멀어서 •   • ⓖ 여행을 취소할 거예요.

5 下線部を正しく直しましょう。

(1) 이름은 비슷하지만 전화번호가 <u>다라요</u>.

(2) 버스가 너무 <u>느러서</u> 회사에 지각했어요.

(3) 길이 너무 <u>조워서</u> 지나갈 때 불편해요.

(4) 집 근처에 버스 정류장이 있어서 <u>불편 안 해요</u>.

(5) 백화점에 쇼핑하는 사람들이 <u>작아서</u> 오래 기다리지 않았어요.

第75課 反対の動詞 1

重要表現

(1)

주다 ↔ 받다
あげる / もらう

ⓐ 축하합니다.

ⓑ 감사합니다.

ⓐ 민수가 유나에게 선물을 **줘요**.
ミンスがユナにプレゼントをあげます。

ⓑ 유나가 민수에게서 선물을 **받아요**.
ユナがミンスからプレゼントをもらいます。

(2)

전화를 하다 ↔ 전화를 받다
電話をする / 電話を受ける

ⓐ 유나가 민수한테 **전화를 해요**.
ユナがミンスに電話をします。

ⓑ 민수가 유나한테서 **전화를 받아요**.
ミンスがユナから電話を受けます。

(3)

가르치다 ↔ 배우다
教える / 習う

가나다라

ⓐ 선생님이 학생에게 한국어를 **가르쳐요**.
先生が学生に韓国語を教えます。

ⓑ 학생이 선생님한테서 한국어를 **배워요**.
学生が先生から韓国語を習います。

(4)

도와주다 ↔ 도움을 받다
助ける / 助けてもらう

고마워요.

ⓐ 민수가 할머니를 **도와줘요**.
ミンスがおばあさんを助けます。

> 도움을 주다 助ける
> 도움을 받다 助けてもらう
> 도움이 되다 助けになる，役に立つ

ⓑ 할머니가 민수에게 도움을 **받아요**.
おばあさんがミンスに助けてもらいます。

(5)

때리다 ↔ 맞다
殴る / 殴られる

ⓐ 민수가 영기를 **때려요**.
ミンスがヨンギを殴ります。

ⓑ 영기가 민수에게 **맞아요**.
ヨンギがミンスに殴られます。

(6)

혼내다 ↔ 혼나다
叱る / 叱られる

ⓐ 엄마가 아이를 **혼내요**.
お母さんが子どもを叱ります。

ⓑ 아이가 엄마한테 **혼나요**.
子どもがおかあさんに叱られます。

> **おまけ**
> 出発点や出所の意味を持つ日本語の
> 助詞「〜から」は，有情物か無情物か，
> 有情物であれば書き言葉か話し言葉か
> によって，次のように用いられる。
> • 〔有情物〕에게서 〔書き言葉〕= 에게
> 　例 동료에게서 同僚から
> • 〔有情物〕한테서 〔話し言葉〕= 한테
> 　例 친구한테서 友だちから
> • 〔無情物〕에서
> 　例 인터넷에서 インターネットから

1 正しい単語を3つずつ選んで書きましょう。

> 피아노　등　스트레스　얼굴　월급　외국어　선물　태권도　다리

(1)

_____ 을/를 맞아요.

_____

_____

(2)

_____ 을/를 배워요.

_____

_____

(3)

_____ 을/를 받아요.

_____

_____

2 正しい答えを選びましょう。

(1) 제가 (ⓐ 동생을 / ⓑ 동생에게) 때려서 엄마한테 혼났어요.

(2) 친구한테서 이메일을 받고 (ⓐ 친구한테 / ⓑ 친구한테서) 전화했어요.

(3) 제가 수업을 준비할 때 인터넷에서 (ⓐ 도움이 / ⓑ 도움을) 받아요.

3 文に合う絵の記号を□に書き入れましょう。正しい答えを選んで文を完成させましょう。

(1) □ 오랜만에 친구한테서 문자를 (ⓐ 해서 / ⓑ 받아서) 기분이 좋아요.

(2) □ 지각해서 상사에게 (ⓐ 혼났으니까 / ⓑ 혼냈으니까) 기분이 안 좋아요.

(3) □ 머리에 공을 (ⓐ 때려서 / ⓑ 맞아서) 머리가 아파요.

(4) □ 한국어를 (ⓐ 가르칠 / ⓑ 배울) 때 매일 숙제를 해야 했어요.

(5) □ 가족이니까 동생이 어려울 때 동생을 (ⓐ 도와줘요. / ⓑ 도움을 받아요.)

(6) □ 친구가 고민이 있을 때 친구의 얘기를 (ⓐ 말해야 / ⓑ 들어야) 해요.

反対の動詞 2

(1)

입다　→　벗다
着る　　　脱ぐ

ⓐ 옷을 **입어요**. 服を着ます。
ⓑ 옷을 **벗어요**. 服を脱ぎます。

(2)

서다　→　앉다
立つ　　　座る

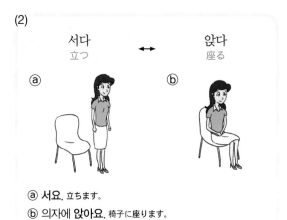

ⓐ **서요**. 立ちます。
ⓑ 의자에 **앉아요**. 椅子に座ります。

(3)

열다　→　닫다
開ける　　閉める

ⓐ 문을 **열어요**. ドアを開けます。
ⓑ 문을 **닫아요**. ドアを閉めます。

(4)

펴다　→　덮다
開く　　　閉じる

ⓐ 책을 **펴요**. 本を開きます。
ⓑ 책을 **덮어요**. 本を閉じます。

> **気をつけよう!**
> 日本語と異なるので気をつけ
> ましょう!
> ・책을 열다 (×)
> 　책을 펴다 (○) 本を開く
> ・책을 닫다 (×)
> 　책을 덮다 (○) 本を閉じる

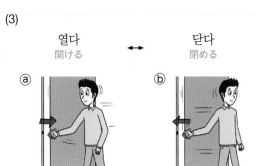

(5)

밀다　→　당기다
押す　　　引く

ⓐ 자동차를 **밀어요**. 自動車を押します。
ⓑ 줄을 **당겨요**. ひもを引きます。

(6)

켜다　→　끄다
つける　　消す

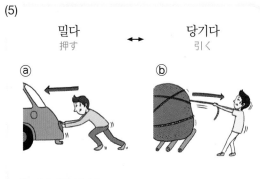
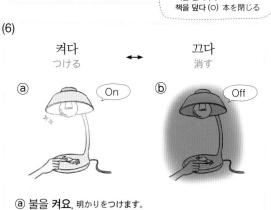

ⓐ 불을 **켜요**. 明かりをつけます。
ⓑ 불을 **꺼요**. 明かりを消します。

気をつけよう!

「넣다」の反意語は次のように異なる。
・꺼내다 (↔ 넣다): ある空間内にあるものを手や道具を利用し外に出すとき。
　例 가방에서 책을 꺼내요. カバンから本を取り出します。
・빼다 (↔ 넣다): 全体から一部を除外したり，減らしたりするとき。
　例 이번 모임에서 그 사람을 뺐어요. 今回の集まりからその人を抜きました。

(7)

넣다
入れる　　↔　　꺼내다
　　　　　　　　取り出

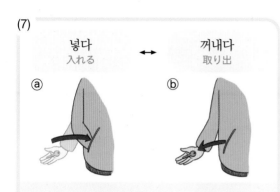

ⓐ 주머니에 열쇠를 **넣어요**. ポケットに鍵を入れます。
ⓑ 주머니에서 열쇠를 **꺼내요**. ポケットから鍵を取り出します。

(8)

넣다
入れる　　↔　　빼다
　　　　　　　　抜く

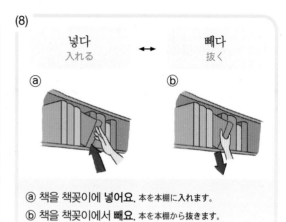

ⓐ 책을 책꽂이에 **넣어요**. 本を本棚に入れます。
ⓑ 책을 책꽂이에서 **빼요**. 本を本棚から抜きます。

(9)

들다
持ち上げる　↔　　놓다
　　　　　　　　　置く

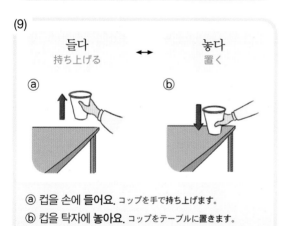

ⓐ 컵을 손에 **들어요**. コップを手で持ち上げます。
ⓑ 컵을 탁자에 **놓아요**. コップをテーブルに置きます。

(10)

줍다
拾う　　↔　　버리다
　　　　　　　捨てる

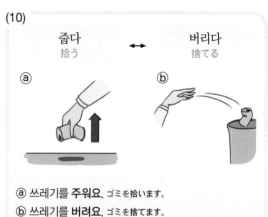

ⓐ 쓰레기를 **주워요**. ゴミを拾います。
ⓑ 쓰레기를 **버려요**. ゴミを捨てます。

(11)

타다
乗る　　↔　　내리다
　　　　　　　降りる

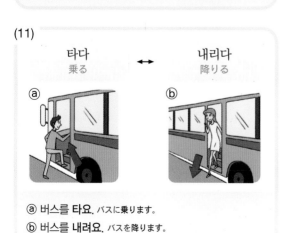

ⓐ 버스를 **타요**. バスに乗ります。
ⓑ 버스를 **내려요**. バスを降ります。

(12)

싸다
包む　　↔　　풀다
　　　　　　　解く

ⓐ 짐을 **싸요**. 荷物を包みます。
ⓑ 짐을 **풀어요**. 荷物を解きます。

1 絵を見て，正しい答えを選びましょう。

(1)
ⓐ 문을 밀어요.

ⓑ 문을 당겨요.

(2)
ⓐ 쓰레기를 주워요.

ⓑ 쓰레기를 버려요.

(3)
ⓐ 엘리베이터를 타요.

ⓑ 엘리베이터를 내려요.

(4)
ⓐ 옷을 입어요.

ⓑ 옷을 벗어요.

(5)
ⓐ 텔레비전을 켜요.

ⓑ 텔레비전을 꺼요.

(6)
ⓐ 냉장고에 물을 넣어요.

ⓑ 냉장고에서 물을 꺼내요.

2 次の中から適当でないものを1つ選びましょう。

(1)
ⓐ 지하철　☐　을/를 타요.
ⓑ 비행기　☐
ⓒ 세탁기　☐
ⓓ 자전거　☐

(2)
ⓐ 상자　☐　에서 꺼내요.
ⓑ 뚜껑　☐
ⓒ 서랍　☐
ⓓ 주머니　☐

(3)
ⓐ 사전　☐　을/를 열어요.
ⓑ 창문　☐
ⓒ 상자　☐
ⓓ 가방　☐

(4)
ⓐ 짐　☐　을/를 들어요.
ⓑ 컵　☐
ⓒ 공　☐
ⓓ 방　☐

3 正しい答えを選びましょう。

(1) 공연을 보러 갔는데 자리가 없어서 (ⓐ 서서 / ⓑ 앉아서) 봤어요.

(2) 방이 너무 더우니까 창문을 (ⓐ 열면 / ⓑ 닫으면) 좋겠어요.

(3) 내일 아침 일찍 여행을 떠날 거예요. 빨리 짐을 (ⓐ 싸세요. / ⓑ 푸세요.)

(4) 손에 가방을 (ⓐ 놓고 / ⓑ 들고) 있어요. 미안하지만, 문 좀 열어 주세요.

(5) 이번 주말에 시간이 없어요. 이번 주말 모임에서 저를 (ⓐ 넣어 / ⓑ 빼) 주세요.

(6) 이제 수업을 시작하겠습니다. 책 33쪽을 (ⓐ 펴세요. / ⓑ 덮으세요.)

(7) 친구가 지갑에서 가족 사진을 (ⓐ 넣어서 / ⓑ 꺼내서) 보여 줬어요.

(8) 아까 불을 (ⓐ 켰는데 / ⓑ 껐는데) 왜 불이 켜져 있는지 모르겠어요.

4 空欄に入る適当な単語を選んで書き入れましょう。

이/가	을/를	에	에서

(1) 일할 때 의자(　　) 앉아서 해요.

(2) 인사할 때 주머니(　　) 손을 빼요.

(3) 회사에 출근할 때 지하철(　　) 타고 가요.

(4) 수업을 들을 때 노트북을 책상 위(　　) 놓아요.

(5) 영화를 볼 때에는 핸드폰(　　) 꺼 주세요.

(6) 쓰레기는 쓰레기통(　　) 버립시다.

(7) 겨울 옷이 필요하니까 창고(　　) 옷을 꺼냈어요.

(8) 친구(　　) 오래 줄을 서 있어서 다리가 아플 거예요.

5 下線部を正しく直しましょう。

(1) 열쇠를 책상 위에 넣으세요.

(2) 어제 길에서 돈을 추웠어요.

(3) 시험을 시작하기 전에 책을 닫으세요.

第77課　反対の動詞 3

重要表現

(1)

알다
知る，分かる

↔

모르다
知らない，分からない

ⓐ 그 사람을 **알아요**.
その人を知っています。

ⓑ 그 사람을 **몰라요**.
その人を知りません。

> 気をつけよう!
> 「알다」の反対は「모르다」で
> あることに注意!
> 例 그 사람을 안 알아요. (×)
> 그 사람을 몰라요. (○)
> その人を知りません。

(2)

이기다
勝つ

↔

지다
負ける

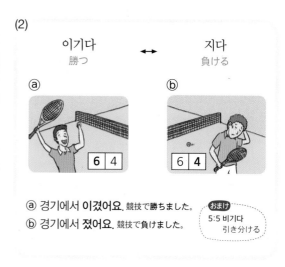

ⓐ 경기에서 **이겼어요**. 競技で**勝ち**ました。

ⓑ 경기에서 **졌어요**. 競技で**負け**ました。

> おまけ
> 5:5 비기다
> 引き分ける

(3)

얼다
凍る

↔

녹다
溶ける

ⓐ 물이 **얼었어요**. 水が凍りました。

ⓑ 얼음이 **녹았어요**. 氷が溶けました。

(4)

오르다
上がる

↔

내리다
下がる

ⓐ 월급이 **올랐어요**. 月給が上がりました。

ⓑ 월급이 **내렸어요**. 月給が下がりました。

(5)

늘다
増える

↔

줄다
減る

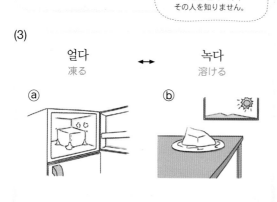

사람 수

사람 수

ⓐ 사람이 **늘어요**. 人が増えます。

ⓑ 사람이 **줄어요**. 人が減ります。

(6)

소리를 키우다
音量を上げる

↔

소리를 줄이다
音量を下げる

ⓐ 소리를 **키워요**. 音量を上げます。

ⓑ 소리를 **줄여요**. 音量を下げます。

> 소리를 키우다 = 소리를 높이다
> 소리를 줄이다 = 소리를 낮추다

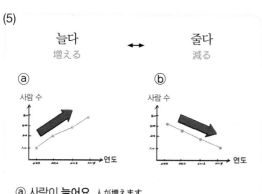

1 絵を見て，正しい答えを選びましょう。

(1)
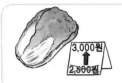
ⓐ 값이 올랐어요. ☐
ⓑ 값이 내렸어요. ☐

(2)

ⓐ 수도가 녹았어요. ☐
ⓑ 수도가 얼었어요. ☐

(3)

ⓐ 한국어 실력이 늘었어요. ☐
ⓑ 한국어 실력이 줄었어요. ☐

(4)

ⓐ 경기에서 이겼어요. ☐
ⓑ 경기에서 졌어요. ☐

2 質問に合う答えを線で結びましょう。

(1) 이 단어를 알아요?　　　　•

(2) 이번 경기에서 이겼어요? •

(3) 얼음이 다 얼었어요?　　•

(4) 지난달보다 이번 달에　•
　　학생이 줄었어요?

• ⓐ 아니요, 졌어요.

• ⓑ 아니요, 몰라요.

• ⓒ 아니요, 20명 더 늘었어요.

• ⓓ 아니요, 다 녹았어요.

3 下線部を正しく直しましょう。

(1) 시험을 잘 봐서 점수가 늘었어요.

(2) 저는 선생님의 연락처를 안 알아요.

(3) 너무 시끄러우니까 소리를 내려요.

動作動詞

重要表現

(1)

걷다	뛰다
歩く	跳ぶ，走る

ⓐ   ⓑ

(2)

달리다	멈추다
走る	止まる

ⓐ   ⓑ

(3)

넘다	건너다
越える	渡る

ⓐ   ⓑ

(4)

들다	옮기다
持つ	移す

ⓐ   ⓑ

(5)

지나다	구르다
過ぎる	転がる

ⓐ   ⓑ

(6)

떨다	돌다
震える	回る

ⓐ   ⓑ

(7)

부딪치다	넘어지다
ぶつかる	転ぶ

ⓐ   ⓑ

(8)

빠지다	떨어지다
(何かの中に)落ちる	(高い所から)落ちる

ⓐ   ⓑ

1 絵を見て，正しい答えを選びましょう。

(1)
다리를 (ⓐ 건넌 / ⓑ 옮긴)
다음에 오른쪽으로 가세요.

(2)
남자가 우산을
(ⓐ 돌고 / ⓑ 들고) 있어요.

(3)
단추가
(ⓐ 넘어져서 / ⓑ 떨어져서)
입을 수 없어요.

(4)
봄이 (ⓐ 지나고 / ⓑ 달리고)
여름이 되었어요.

(5)
수업 시간에 늦어서
(ⓐ 걸어서 / ⓑ 뛰어서)
갔어요.

(6)
그 남자는 그 여자를
보고 사랑에
(ⓐ 빠졌어요. / ⓑ 부딪쳤어요.)

2 次の中から，適当でないものを1つ選びましょう。

(1)
ⓐ 개 ☐　ⓑ 새 ☐　ⓒ 뱀 ☐　이/가 걸어요.

(2)
ⓐ 사람 ☐　ⓑ 가방 ☐　ⓒ 자동차 ☐　이/가 멈춰요.

(3)
ⓐ 강 ☐　ⓑ 문 ☐　ⓒ 길 ☐　을/를 건너요.

(4)
ⓐ 언덕 ☐　ⓑ 사랑 ☐　ⓒ 물 ☐　에 빠졌어요.

(5)
ⓐ 나무 ☐　ⓑ 바다 ☐　ⓒ 하늘 ☐　에서 떨어졌어요.

(6)
ⓐ 옷 ☐　ⓑ 자전거 ☐　ⓒ 벽 ☐　에 부딪쳤어요.

身体に関連する動詞

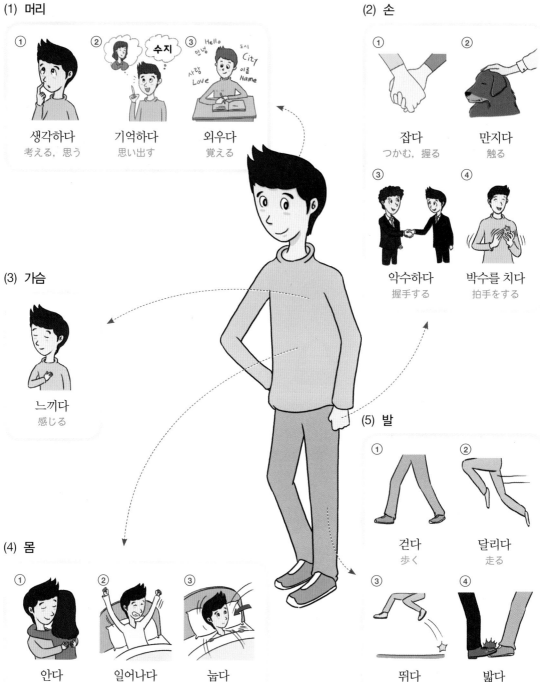

重要表現

(1) 머리

① 생각하다
考える，思う

② 기억하다
思い出す

③ 외우다
覚える

(2) 손

① 잡다
つかむ，握る

② 만지다
触る

③ 악수하다
握手する

④ 박수를 치다
拍手をする

(3) 가슴

느끼다
感じる

(4) 몸

① 안다
抱く

② 일어나다
起きる

③ 눕다
横になる

(5) 발

① 걷다
歩く

② 달리다
走る

③ 뛰다
跳ぶ

④ 밟다
踏む

(6) 눈

① 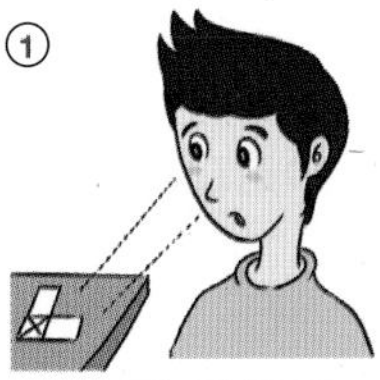 보다
見る

②  눈을 감다
目を閉じる

③  눈을 뜨다
目を開ける

(7) 코

냄새를 맡다
においをかぐ

(8) 귀

듣다
聞く

(9) 입

①  맛을 보다
味見する

②  먹다
食べる

③  마시다
飲む

④  말하다
話す

⑤  야
소리를 지르다
大声を出す

⑥  대한민국
외치다
叫ぶ

⑦  하품하다
あくびする

⑧  뽀뽀하다
キスする

1 次の中から，連想される身体部位が他と異なるものを1つ選びましょう。

(1)
- ⓐ 먹다 ☐
- ⓑ 잡다 ☐
- ⓒ 하품하다 ☐
- ⓓ 맛을 보다 ☐

(2)
- ⓐ 밟다 ☐
- ⓑ 만지다 ☐
- ⓒ 악수하다 ☐
- ⓓ 박수를 치다 ☐

(3)
- ⓐ 보다 ☐
- ⓑ 뜨다 ☐
- ⓒ 감다 ☐
- ⓓ 맡다 ☐

(4)
- ⓐ 안다 ☐
- ⓑ 눕다 ☐
- ⓒ 느끼다 ☐
- ⓓ 일어나다 ☐

(5)
- ⓐ 말하다 ☐
- ⓑ 외치다 ☐
- ⓒ 소리를 듣다 ☐
- ⓓ 소리를 지르다 ☐

(6)
- ⓐ 외우다 ☐
- ⓑ 뽀뽀하다 ☐
- ⓒ 생각하다 ☐
- ⓓ 기억하다 ☐

2 正しい答えを選びましょう。

(1) 자려고 침대에 (ⓐ 일어나요. / ⓑ 누워요.)

(2) 동생이 내 옷을 (ⓐ 잡아서 / ⓑ 만져서) 옷이 찢어졌어요.

(3) 사업하는 사람들은 인사할 때 보통 (ⓐ 하품해요. / ⓑ 악수해요.)

(4) 비밀번호를 잊어버리지 않게 머리 속으로 (ⓐ 외워요. / ⓑ 외쳐요.)

(5) 우리가 3년 전에 학교에서 처음 만났어요. 그때를 (ⓐ 뽀뽀해요? / ⓑ 기억해요?)

(6) 공연이 끝나고 모든 사람들이 일어나서 (ⓐ 냄새를 맡아요. / ⓑ 박수를 쳐요.)

(7) 눈을 (ⓐ 떴지만 / ⓑ 감았지만) 아직 잠이 들지 않았어요.

(8) 어머니가 만들어 준 음식에서 어머니의 사랑을 (ⓐ 느껴요. / ⓑ 안아요.)

3 絵を見て，正しい答えを選びましょう。

(1) (ⓐ 민수 / ⓑ 현우)가 박수를 치고 있어요.

(2) (ⓐ 수민 / ⓑ 지선)은 아이를 안고 있어요.

(3) (ⓐ 준석 / ⓑ 정훈)이 소리를 지르고 있어요.

(4) 준기는 (ⓐ 일어나 / ⓑ 누워) 있어요.

(5) 준석과 소연은 (ⓐ 악수하고 / ⓑ 손을 잡고) 걷고 있어요.

(6) 수하는 헤드폰을 끼고 눈을 (ⓐ 뜨고 / ⓑ 감고) 있어요.

4 上の絵を見て，正しい答えを選びましょう。

(1) A 수하가 뭐 하고 있어요?
    B 음악을 (ⓐ 듣고 / ⓑ 하고) 있어요.

(2) A 정훈이 누구에게 소리를 지르고 있어요?
    B (ⓐ 현우 / ⓑ 수하)에게 소리를 지르고 있어요.

(3) A 준기가 어디에 누워 있어요?
    B 나무 (ⓐ 위 / ⓑ 밑)에 누워 있어요.

(4) A 민수가 어디에서 공연하고 있어요?
    B 사람들 (ⓐ 앞 / ⓑ 뒤)에서 공연하고 있어요.

第80課 対を成す動詞1

重要表現

A 「하다－받다」動詞

「받다」は受身の意味を持つ。

⑦ 추천하다
勧める，推薦する

⑧ 추천(을) 받다
勧められる，推薦される

⑨ 방해하다
邪魔する

⑩ 방해(를) 받다
邪魔される

⑪ 칭찬하다
ほめる

⑫ 칭찬(을) 받다
ほめられる

제주도에 한번 가 보세요.

책 27쪽 펴세요.

한국어를 정말 잘해요!

이름이 뭐예요?

이것 좀 빌려주세요.

질문하다 = 물어보다

① 질문하다
質問する

② 질문(을) 받다
質問される

③ 지시하다
指示する

④ 지시(를) 받다
指示される

⑤ 부탁하다
頼む

⑥ 부탁(을) 받다
頼まれる

① 남자가 여자에게 이름을 **질문했어요.** 男性が女性に名前を質問しました。

② 여자가 남자에게서 이름을 **질문 받았어요.** 女性が男性から名前を質問されました。

③ 선생님이 학생에게 책을 펴라고 **지시했어요.** 先生が学生に本を開くように指示しました。

④ 학생이 선생님한테서 책을 펴라고 **지시 받았어요.** 学生が先生から本を開くように指示されました。

⑤ 여자가 남자에게 사전을 빌려 달라고 **부탁했어요.** 女性が男性に辞書を貸してくれと頼みました。

⑥ 남자가 여자에게 사전을 빌려 달라고 **부탁 받았어요.** 男性が女性に辞書を貸してくれと頼まれました。

⑦ 여자가 남자에게 제주도에 가 보라고 **추천했어요.** 女性が男性に済州島に行ってみるように勧めました。

⑧ 남자가 여자에게서 제주도에 가 보라고 **추천 받았어요.** 男性が女性に済州島に行ってみるように勧められました。

⑨ 남자가 여자가 공부하는 것을 **방해했어요.** 男性が女性が勉強するのを邪魔しました。

⑩ 여자가 남자 때문에 공부를 **방해 받았어요.** 女性が男性のせいで勉強を邪魔されました。

⑪ 여자가 남자가 한국어를 잘한다고 **칭찬했어요.** 女性が男性が韓国語が上手だとほめました。

⑫ 남자가 여자한테서 한국어를 잘한다고 **칭찬 받았어요.** 男性が女性から韓国語が上手だとほめられました。

B　一緒に用いる動詞

(1)

걱정하다 心配する	격려하다 励ます	걱정하다 心配する	위로하다 慰める

ⓐ **걱정하다** 心配する　ⓑ **격려하다** 励ます　ⓒ　ⓓ

ⓐ 남자가 시험 보기 전에 시험 때문에 **걱정했어요.**
　　男性が試験を受ける前に，試験のせいで心配していました。

ⓑ 여자가 잘할 거라고 남자를 **격려했어요.**
　　女性が男性をうまくいくと，励ましました。

ⓒ 남자가 시험이 끝난 다음에 시험 결과를 **걱정했어요.**
　　男性が試験が終わった後，試験結果を心配していました。

ⓓ 여자가 괜찮다고 남자를 **위로했어요.**
　　女性が男性を大丈夫だと慰めました。

(2)

설명하다 説明する	이해하다 理解する	이해 못 하다 理解できない

ⓐ 선생님이 학생들에게 문법을 **설명했어요.**
　　先生が学生たちに文法を説明しました。

ⓑ 여학생이 문법 설명을 **이해했어요.**
　　女子学生が文法の説明を理解しました。

ⓒ 남학생이 문법 설명을 **이해 못 했어요.**
　　男子学生が文法の説明を理解できませんでした。

(3)

불평하다 文句を言う	사과하다 謝る	불평하다 文句を言う	변명하다 言い訳をする

ⓐ 음식이 늦게 나와서 손님이 직원에게 **불평했어요.**
　　料理が出てくるのが遅くて，お客が職員に文句を言いました。

ⓑ 직원이 손님에게 미안하다고 **사과했어요.**
　　職員がお客に申し訳ないと謝りました。

ⓒ 남자가 늦게 와서 여자가 **불평했어요.**
　　男性が来るのが遅くて，女性が文句を言いました。

ⓓ 남자가 길이 많이 막힌다고 **변명했어요.**
　　男性が道がすごく混んでいると言い訳しました。

(4)

제안하다 提案する	받아들이다 受け入れる	제안하다 提案する	거절하다 断る

ⓐ 남자가 여자에게 식사를 **제안했어요.**
　　男性が女性に食事を提案しました。

ⓑ 여자가 남자의 제안을 **받아들였어요.**
　　女性が男性の提案を受け入れました。

ⓒ 남자가 여자에게 식사를 **제안했어요.**
　　男性が女性に食事を提案しました。

ⓓ 여자가 남자의 제안을 **거절했어요.**
　　女性が男性の提案を断りました。

1 正しい答えを選びましょう。

(1) 변명하다
    ⓐ 왜 매일 약속에 늦게 와요? ☐
    ⓑ 미안해요. 시계가 고장 나서 늦었어요. ☐

(2) 거절하다
    ⓐ 같이 영화 보러 갈까요? ☐
    ⓑ 미안해요. 시간이 없어요. ☐

(3) 부탁하다
    ⓐ 천천히 말해 주세요. ☐
    ⓑ 네, 알겠어요. ☐

(4) 칭찬하다
    ⓐ 옷이 선생님한테 잘 어울려요. ☐
    ⓑ 고마워요. ☐

(5) 추천하다
    ⓐ 여기에서 어떤 음식이 맛있어요? ☐
    ⓑ 불고기가 유명하니까 그거 드세요. ☐

(6) 불평하다
    ⓐ 또 고장 났어요. ☐
    ⓑ 고쳐 드릴게요. ☐

2 文に合う単語を線で結びましょう。

(1)
한국어 발음이 정말 좋네요.   •   • ⓐ 추천하다

(2)
화장실을 같이 쓰니까 너무 불편해요.   •   • ⓑ 지시하다

(3)
오늘 수업 후에 뭐 할 거예요?   •   • ⓒ 불평하다

(4)
오늘 저 좀 도와 주세요.   •   • ⓓ 질문하다

(5)
회의가 끝나고 제 사무실로 오세요.   •   • ⓔ 칭찬하다

(6)
가족하고 여행하려면 제주도가 좋을 거예요.   •   • ⓕ 부탁하다

3 正しい答えを選びましょう。

(1)
> 민수　잘 모르겠어요. 숙제를 좀 도와주시겠어요?
> 수지　네, 도와드릴게요.

▶ 민수가 수지한테 숙제를 도와 달라고 (ⓐ 지시했어요. / ⓑ 부탁했어요.)

(2)
> 소영　오늘 같이 점심 먹을까요?
> 민규　네, 그래요.

▶ 소영이 민규에게 점심을 제안하니까 민규가 소영의 제안을 (ⓐ 받아들였어요. / ⓑ 거절했어요.)

(3)
> 수지　비빔밥이 유명하니까 꼭 먹어 보세요.
> 민수　그래요? 꼭 먹어 볼게요.

▶ 민수가 수지한테서 (ⓐ 추천한 / ⓑ 추천 받은) 음식은 비빔밥이에요.

(4)
> 유빈　어디에 살아요?
> 진호　강남에 살아요.

▶ 진호는 유빈에게서 어디에 사는지 (ⓐ 질문했어요. / ⓑ 질문 받았어요.)

(5)
> 미희　도서관이니까 좀 조용히 해 주시겠어요?
> 현기　네, 죄송합니다.

▶ 현기가 시끄럽게 해서 미희한테 (ⓐ 사과했어요. / ⓑ 추천했어요.)

(6)
> 문수　저 때문에 지나 씨가 너무 화가 났어요. 어떡하죠?
> 미진　시간이 지나면 괜찮아질 거예요.

▶ 문수가 많이 (ⓐ 거절하니까 / ⓑ 걱정하니까) 미진이 문수를 위로했어요.

4 適当なもの同士を線で結んで文を完成させましょう。

(1) 새로 산 물건이 고장 나면　　　•　　　• ⓐ 미안하다고 사과할 거예요.

(2) 친구의 말을 이해 못 하면　　　•　　　• ⓑ 잘할 거라고 격려할 거예요.

(3) 친구가 시험 때문에 걱정하면　•　　　• ⓒ 왜 할 수 없는지 이유를 말할 거예요.

(4) 약속에 늦어서 친구가 화가 나면 •　　　• ⓓ 친구에게 다시 질문할 거예요.

(5) 친구가 미용실에 갔다 오면　　•　　　• ⓔ 가게에 가서 불평할 거예요.

(6) 친구의 제안을 거절하려면　　•　　　• ⓕ 머리 모양이 예쁘다고 칭찬할 거예요.

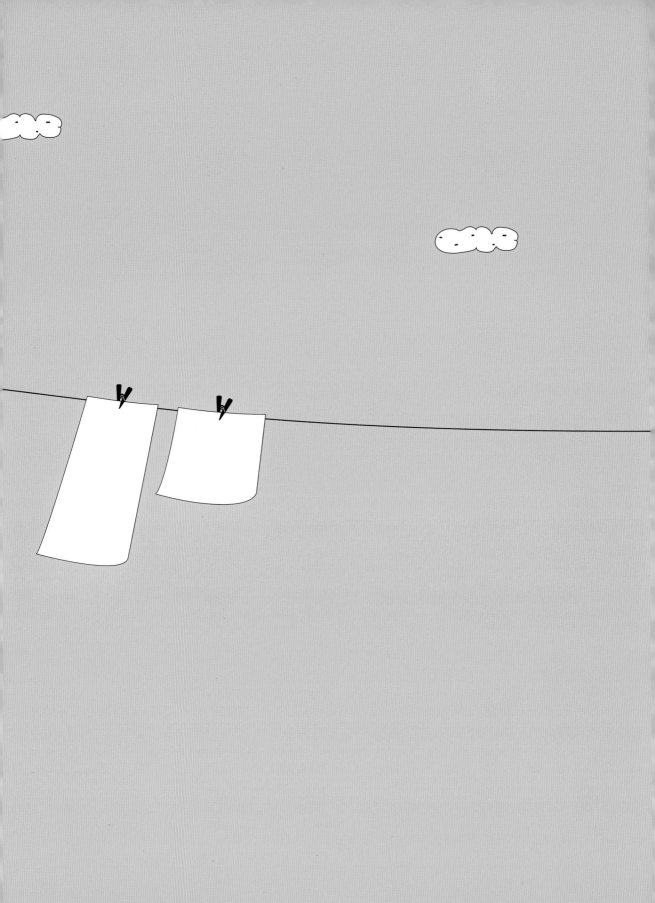

Part ③

動詞

表現

言語

「가다/오다」動詞

重要表現

A

(1)

들어가다	나오다
入って行く	出て来る

ⓐ 오늘 피곤해서 일찍 집에 **들어갔어요.**
今日は疲れて早く家に帰りました。

ⓑ 집에서 빨리 **나오세요.**
家から早く出てきてください。

(2)

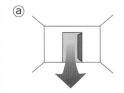

나가다	들어오다
出て行く	入って来る

ⓐ 오늘 비가 와서 집 밖에 안 **나갔어요.**
今日雨が降ったので，家の外に出ませんでした。

ⓑ 민수 씨가 제일 먼저 회사에 **들어왔어요.**
ミンスさんがいちばん最初に会社に入って来ました。

(3)

올라가다	내려오다
上がって行く	降りて来る

ⓐ 회의실에 가려면 10층으로 **올라가세요.**
会議室に行くなら，10階へ上がってください。

ⓑ 민수 씨가 **내려올** 때까지 여기서 기다려요.
ミンスさんが降りて来るまで，ここで待ってください。

(4)

내려가다	올라오다
降りて行く	上がって来る

ⓐ 화장실은 2층으로 **내려가면** 오른쪽에 있어요.
トイレは2階へ降りて行けば右側にあります。

ⓑ 3층에 있으면 한 층 더 **올라오세요.**
3階にいるなら，もう一階上がって来てください。

確認クイズ 絵を見て，正しい答えを書きましょう。

준기 소연　선아 동현 지수 영호

(1) (　　　)이/가 계단을 올라오고 있어요.

(2) (　　　)이/가 계단을 내려오고 있어요.

(3) (　　　)이/가 계단을 내려가고 있어요.

(4) (　　　)이/가 계단을 올라가고 있어요.

(5) (　　　)이/가 건물에 들어가고 있어요.

(6) (　　　)이/가 건물에서 나오고 있어요.

B

(1)

돌아가다	돌아오다
帰って行く	帰って来る

ⓐ　　　　　　　ⓑ

ⓐ 한국에서 1년 동안 일한 다음에 고향에 **돌아갔어요**.
韓国で1年間働いた後，故郷に帰って行きました。

ⓑ 친구가 외국에 여행 갔다가 아직 안 **돌아왔어요**.
友だちが外国に旅行に行って，まだ帰って来ていません。

(2)

왜다 갔다 하다
行ったり来たりする

왜 문 앞에서 **왔다 갔다 해요**?
どうしてドアの前で行ったり来たり
しているんですか。

> 気をつけよう!
> 反復的な動きを表現するとき
> 왔다 갔다 하다 (○)
> 갔다 왔다 하다 (×)

(3)

갔다 오다
行って来る

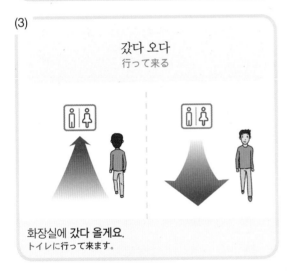

화장실에 **갔다 올게요**.
トイレに行って来ます。

(4)

왔다 가다
来て帰る

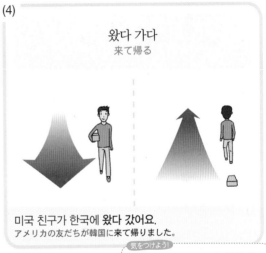

미국 친구가 한국에 **왔다 갔어요**.
アメリカの友だちが韓国に来て帰りました。

> 気をつけよう!
> ・돌아가다 : もともといた所に帰ること
> ・왔다 가다 : ある人が訪問してから帰ること

確認クイズ 正しい答えを選びましょう。

(1) A 민기가 집에 있어요?
　 B 아니요, 여행에서 아직 안 ⓐ 돌아갔어요.
　　　　　　　　　　　　　　 ⓑ 돌아왔어요.

(3) A 지갑을 집에 놓고 왔어요.
　 B 여기에서 기다릴게요.
　　 집에 빨리 ⓐ 왔다 가세요. ⓑ 갔다 오세요.

(5) A 외국에서 온 친구가 아직 한국에 있어요?
　 B 아니요, 어제 자기 나라로 ⓐ 돌아갔어요.
　　　　　　　　　　　　　　 ⓑ 돌아왔어요.

(2) A 손님이 지금도 있어요?
　 B 조금 전에 ⓐ 왔다 갔어요.
　　　　　　　 ⓑ 갔다 왔어요.

(4) A 아침에 아파 보였는데 약을 먹었어요?
　 B 너무 아파서 아까 병원에 ⓐ 왔다 갔어요.
　　　　　　　　　　　　　　 ⓑ 갔다 왔어요.

(6) A 왜 경찰이 저 건물 앞에서 ⓐ 갔다 왔다 해요?
　　　　　　　　　　　　　　 ⓑ 왔다 갔다 해요?
　 B 저기가 대사관이라서 경찰이 있어요.

C

(1)

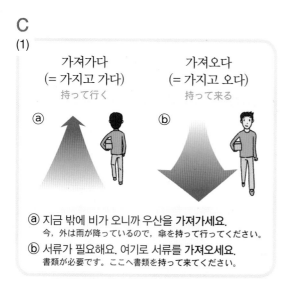

가져가다
(= 가지고 가다)
持って行く

가져오다
(= 가지고 오다)
持って来る

ⓐ 지금 밖에 비가 오니까 우산을 **가져가세요**.
今、外は雨が降っているので、傘を持って行ってください。
ⓑ 서류가 필요해요. 여기로 서류를 **가져오세요**.
書類が必要です。ここへ書類を持って来てください。

(2)

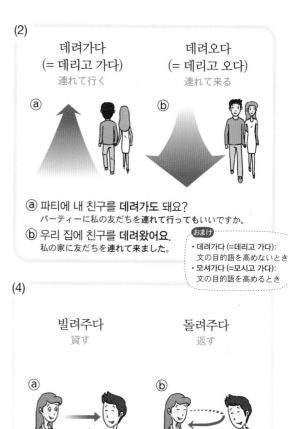

데려가다
(= 데리고 가다)
連れて行く

데려오다
(= 데리고 오다)
連れて来る

ⓐ 파티에 내 친구를 **데려가도** 돼요?
パーティーに私の友だちを連れて行ってもいいですか。
ⓑ 우리 집에 친구를 **데려왔어요**.
私の家に友だちを連れて来ました。

> **おまけ**
> ・데려가다 (=데리고 가다):
> 　文の目的語を高めないとき
> ・모셔가다 (=모시고 가다):
> 　文の目的語を高めるとき

(3)

갖다주다
(= 가져다주다)
持って行って/来てくれる
持って行って/来てあげる

데려다주다
送ってあげる/来てくれる
送ってあげる/来てあげる

ⓐ 그 식당은 집으로 음식을 **갖다줘요**.
その食堂は家に食べ物を持って来てくれます。
ⓑ 남자 친구가 여자 친구를 집까지 **데려다줘요**.
彼氏が彼女を家まで送ってあげます。

(4)

빌려주다
貸す

돌려주다
返す

ⓐ 친구한테 제 책을 **빌려줬어요**.
友だちに本を貸しました。
ⓑ 친구한테서 빌린 책을 **돌려줬어요**.
友だちから借りた本を返しました。

> **気をつけよう!**
> 「갖다주다」は事物を、「데려다주다」は人を、ある場所から他の場所へ移動させる
> ことを表す。何かを配達したり人を連れて行ったりする場合に用いる。
> 尊敬の対象に対しては、「데려다주다」ではなく「모셔다드리다」を使う。
> 例 제가 아버지를 역에 모셔다드려요. 私が父を駅に連れて行きます(お連れします)。

確認クイズ 次の中から適当でないものを1つ選びましょう。

(1) 학교에 갈 때 가방에 (ⓐ 공책 / ⓑ 연필 / ⓒ 선생님 / ⓓ 사전)을/를 가져가요.

(2) 집들이 때 (ⓐ 휴지 / ⓑ 친구 / ⓒ 비누 / ⓓ 선물)을/를 집에 가져가요.

(3) 내일 요리할 테니까 (ⓐ 그릇 / ⓑ 앞치마 / ⓒ 수건 / ⓓ 요리사)을/를 집에 가져오세요.

(4) 생일 파티에 (ⓐ 동료 / ⓑ동생 / ⓒ 후배 / ⓓ 아버지)을/를 집에 데려가요.

(5) 식당에서 "(ⓐ 물 / ⓑ 물수건 / ⓒ 주인 / ⓓ 계산서)을/를 갖다주세요."라고 말해요.

(6) 자동차로 (ⓐ 여자 친구 / ⓑ 아이 / ⓒ 아들 / ⓓ 할머니)을/를 집에 데려다줬어요.

(7) 친구에게 (ⓐ 동생 / ⓑ 돈 / ⓒ 집 / ⓓ 자동차)을/를 빌려줬어요.

(8) (ⓐ 책 / ⓑ 약속 / ⓒ 옷 / ⓓ 서류)을/를 내일 돌려줄 테니까 오늘 빌려주세요.

D

(1)

지나가다	지나오다
通り過ぎて行く	通り過ぎて来る

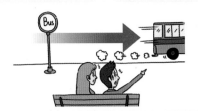

ⓐ 친구하고 얘기하고 있을 때 버스가 우리 앞을 **지나갔어요.**
友だちと話しているとき，バスが私たちの前を通り過ぎて行きました。

ⓑ 우리가 내려야 할 정류장을 **지나온** 것 같아요.
私たちが降りなければいけない停留所を通り過ぎたようです。

(2)

건너가다	건너오다
渡って行く	渡って来る

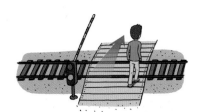

ⓐ 기찻길을 **건너갈** 때 위험하니까 조심하세요.
線路を渡るとき，危ないから気をつけてください。

ⓑ 저기 다리를 **건너오는** 사람이 제 친구예요.
あそこの橋を渡って来る人が私の友だちです。

(3)

따라가다	따라오다
ついて行く	ついて来る

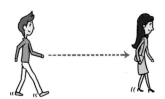

ⓐ 제가 길을 몰라서 친구 뒤를 **따라갔어요.**
私が道が分からなくて，友だちの後をついて行きました。

ⓑ 어젯밤에 누가 저를 계속 **따라와서** 무서웠어요.
昨晩，誰かが私にずっとついて来たので怖かったです。

(4)

쫓아가다	쫓아오다
追って行く	追って来る

ⓐ 경찰이 도둑을 **쫓아가서** 결국 잡았어요.
警察が泥棒を追って行って，結局捕まえました。

ⓑ 식당 주인이 **쫓아와서** 저한테 우산을 줬어요.
食堂の主人が追って来て，私に傘を持ってきてくれました。

 正しい答えを選びましょう。

(1)

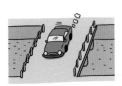

다리를 (ⓐ 건너가는 / ⓑ 건너오는) 자동차가
우리 차예요.

(2)

(ⓐ 지나간 / ⓑ 지나온) 일은 다 잊어버리세요.

(3)

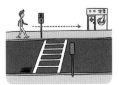

횡단보도를 (ⓐ 지나가면 / ⓑ 건너가면)
약국이 보여요.

(4)

지금 강아지가 저를 (ⓐ 따라오고 / ⓑ 쫓아오고)
있어요.

E

(1)

다니다	돌아다니다
通う	歩き回る

ⓐ 지금은 한국 회사에 **다니고** 있어요.
今は韓国の会社に勤めています。

ⓑ 마음에 드는 선물을 찾기 위해서 시내 여기저기를 **돌아다녔어요.**
気に入ったプレゼントを探すために，市内のあちこちを歩き回りました。

(2)

가지고 다니다	데리고 다니다
持ち歩く	連れて歩く

ⓐ 매일 회사에 가방을 **가지고 다녀요.**
毎日会社にカバンを持って行きます。

ⓑ 아이를 **데리고 다녀요.**
子どもを連れて行きます。

(3)

찾아다니다	따라다니다
探し回る	ついて回る

ⓐ 경찰이 어떤 남자를 **찾아다녀요.**
警察がある男を探し回っています。

ⓑ 개가 하루 종일 내 뒤를 **따라다녀요.**
犬が1日中，私の後をついて回ります。

(4)

들르다
寄る

집에 가는 길에 은행에 **들러서** 돈을 찾았어요.
家に行く途中で，銀行に寄ってお金を下ろしました。

> **おまけ**
> 「다니다」の前に動詞が付いて「걸어 다니다」，「뛰어다니다」，「날아다니다」のような合成語を作ることができる。

確認クイズ 正しい答えを選んで会話を完成させましょう。

다니다	돌아다니다	가지고 다니다	데리고 다니다

(1) A 외국어를 공부할 때 어떻게 했어요?
　　B 저는 매일 가방에 책을 ＿＿＿＿＿＿＿＿＿ 면서 읽었어요.

(2) A 무슨 일 하세요?
　　B 무역 회사에 ＿＿＿＿＿＿＿ 고 있어요.

(3) A 피곤해 보여요. 무슨 일 있어요?
　　B 부모님 선물을 사려고 하루 종일 가게를 ＿＿＿＿＿＿＿.

(4) A 동생에게 옷을 사 줬어요?
　　B 아침부터 저녁까지 동생을 ＿＿＿＿＿＿＿ 지만 동생이 아무것도 사지 않았어요.

F

(1)

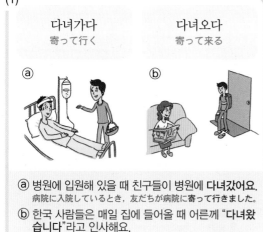

다녀가다 寄って行く	다녀오다 寄って来る
ⓐ	ⓑ

ⓐ 병원에 입원해 있을 때 친구들이 병원에 **다녀갔어요**.
病院に入院しているとき，友だちが病院に寄って行きました。

ⓑ 한국 사람들은 매일 집에 들어올 때 어른께 "**다녀왔습니다**"라고 인사해요.
韓国人たちは毎日家に帰るとき，大人に「ただいま」と挨拶します。

(2)

마중 나가다 出迎える	배웅하다 見送る
ⓐ	ⓑ

ⓐ 외국에 살고 있는 친구가 한국에 놀러 와서 제가 공항에 **마중 나갔어요**.
外国に住んでいる友だちが韓国に遊びに来たので，私が空港に出迎えに行きました。

ⓑ 친구가 한국을 떠나서 공항에 가서 **배웅했어요**.
友だちが韓国を発つので，空港に行って見送りました。

確認クイズ 下線部を正しく直しましょう。

(1) 요즘 학원에 돌아다니고 있어요.

　　　→

(2) 요즘 장마라서 매일 우산을 데리고 다녀요.

　　　→

(3) 좋은 가방을 사려고 하루 종일 명동에 있는 가게를 가지고 다녔어요.

　　　→

(4) 소중한 지갑을 잃어버려서 주말 내내 지갑을 돌아다녔어요.

　　　→

(5) 친구가 오전에 우리 집에 다녀왔어요. 지금은 친구가 우리 집에 없어요.

　　　→

(6) 콘서트마다 좋아하는 가수를 데리고 다녔지만 가수를 멀리서 보기만 했어요.

　　　→

(7) 친구 부모님이 한국에 오셔서 친구가 기차역으로 부모님을 배웅했지만, 기차역에서 만나지 못했어요.

　　　→

(8) 한국에서는 퇴근하고 집에 들어올 때 "다녀갔습니다."라고 인사해요.

　　　→

「나다」動詞

重要表現

「나다」動詞はあるものが表面に「わき出る」ことを意味する。

A 光，音，においが外へ現れる場合

빛이 나다
光る

소리가 나다
音がする

냄새가 나다
においがする

맛이 나다
味がする

① 반지가 반짝반짝 **빛이** 나요.
指輪がきらきら光っています。

③ 음식에서 이상한 **냄새가** 나요.
食べ物から変なにおいがします。

② 옆방에서 시끄러운 **소리가** 나요.
隣の部屋からうるさい音がします。

④ 이 주스는 사과 **맛이** 나요.
このジュースはリンゴの味がします。

> **おまけ**
>
> 「나다」の前には助詞「이/가」が用いられるが，話し言葉で助詞「이/가」はよく省略される。
>
> 例 빛이 나다 = 빛나다
> 냄새가 나다 = 냄새나다

B 体の表面にわき出る場合

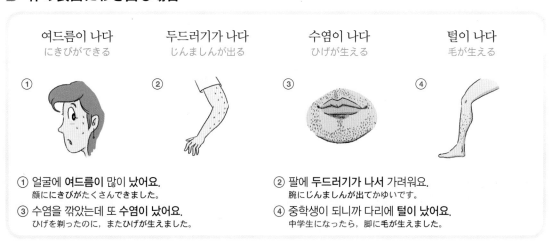

여드름이 나다
にきびができる

두드러기가 나다
じんましんが出る

수염이 나다
ひげが生える

털이 나다
毛が生える

① 얼굴에 **여드름이** 많이 났어요.
顔ににきびがたくさんできました。

③ 수염을 깎았는데 또 **수염이** 났어요.
ひげを剃ったのに，またひげが生えました。

② 팔에 **두드러기가** 나서 가려워요.
腕にじんましんが出てかゆいです。

④ 중학생이 되니까 다리에 **털이** 났어요.
中学生になったら，脚に毛が生えました。

確認クイズ 正しい答えを選びましょう。

(1) 빵에서 이상한 (ⓐ 냄새 / ⓑ 소리)가 나서 먹을 수 없어요.

(2) 이 알람 시계는 정말 큰 (ⓐ 냄새 / ⓑ 소리)가 나요.

(3) 아버지 다리에 (ⓐ 털 / ⓑ 수염)이 났어요.

(4) 음식을 잘못 먹으면 등에 (ⓐ 냄새 / ⓑ 두드러기)가 나요.

C 感情が起こる場合

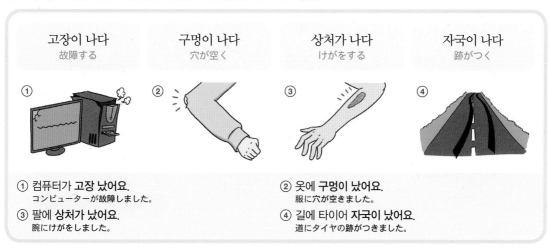

Tip
「나다」と「내다」の比較
「화가 나다」は感情の状態を表現する。
「화를 내다」は怒ってし得る行動を表す。
例えば，大声を出す行動が「화를 내다」で表される。

화가 나다	짜증이 나다	싫증이 나다	겁이 나다
怒る	いらいらする	嫌気がさす	怖がる

① 오늘도 지각해서 부장님이 **화가 났어요**.
今日も遅刻したので，部長が怒りました。

③ 매일 샌드위치를 먹으니까 **싫증이 났어요**.
毎日，サンドイッチを食べるので嫌気がさしました。

② 늦게 나오는 친구 때문에 **짜증이 났어요**.
遅れて来る友だちのせいで，いらいらしました。

④ 뱀이 바로 눈 앞에 있어서 **겁이 났어요**.
ヘビがすぐ目の前にいるので怖かったです。

D ある事物に形の変化や異常・問題が生じる場合

고장이 나다	구멍이 나다	상처가 나다	자국이 나다
故障する	穴が空く	けがをする	跡がつく

① 컴퓨터가 **고장 났어요**.
コンピューターが故障しました。

③ 팔에 **상처가 났어요**.
腕にけがをしました。

② 옷에 **구멍이 났어요**.
服に穴が空きました。

④ 길에 타이어 **자국이 났어요**.
道にタイヤの跡がつきました。

確認クイズ 適当なもの同士を線で結んで文を完成させましょう。

(1) 옷에 구멍이 나면　　(2) 모든 일에 싫증이 나면　　(3) 손에 상처가 나면　　(4) 물건이 고장 나면
　　　　・　　　　　　　　　　　　　・　　　　　　　　　　　　・　　　　　　　　　　　　・

　　　　・　　　　　　　　　　　　　・　　　　　　　　　　　　・　　　　　　　　　　　　・

ⓐ 반창고로
　치료하세요.

ⓑ 여행을
　떠나세요.

ⓒ 서비스 센터에
　맡기세요.

ⓓ 실과 바늘로
　바느질하세요.

E 事件が起こる場合

사고가 나다
事故が起きる

불이 나다
火事が起きる

전쟁이 나다
戦争が起こる

① 사거리에서 교통사고가 났어요.
交差点で交通事故が起きました。

② 1시간 전에 건물에 불이 났어요.
1時間前に建物で火事が起きました。

③ 중동에서 전쟁이 났어요.
中東で戦争が起こりました。

> おまけ
> 緊急なことが起こったとき，
> 「큰일 났어요!」と言う。

F 自然災害が発生する場合

지진이 나다
地震が起こる

홍수가 나다
洪水になる

가뭄이 나다
日照りが続く

① 어제 섬에서 지진이 났어요.
昨日，島で地震が起きました。

② 비가 너무 많이 와서 홍수가 났어요.
雨がすごくたくさん降ったので，洪水になりました。

③ 오랫동안 비가 안 와서 가뭄이 났어요.
長い間，雨が降らず，日照りが続いています。

확인 퀴즈 正しい答えを選びましょう。

(1) 담배를 끄지 않고 버려서 (ⓐ 불 / ⓑ 전쟁)이 났어요.

(2) 운전할 때 전화를 하면 (ⓐ 전쟁이 / ⓑ 사고가) 날 수 있어요.

(3) 지진이 나면 건물이 (ⓐ 세워질/ ⓑ 무너질) 수 있어요.

(4) (ⓐ 가뭄이 / ⓑ 홍수가) 나서 물이 많이 부족해요.

(5) (ⓐ 가뭄이 / ⓑ 홍수가) 나면 물이 허리까지 올라올 수 있어요.

(6) 1950년에 한국에서 (ⓐ 지진 / ⓑ 전쟁)이 나서 많은 사람들이 죽었어요.

G 病気などが発生する場合

병이 나다
病気になる

멀미가 나다
乗り物に酔う

배탈이 나다
腹痛を起こす

현기증이 나다
めまいがする

① 쉬지 않고 일하다가 **병이 났어요.**
休まず働いて病気になりました。

③ **배탈이 났으니까** 약을 먹어야겠어요.
腹痛がするので薬を飲まなくてはなりません。

② 자동차를 탔을 때 **멀미가 났어요.**
車に乗ったとき，乗り物酔いしました。

④ 더운 날씨에 오래 서 있어서 **현기증이 났어요.**
暑い中ずっと立っていたので，めまいがしました。

H 思い出したり思いついたりする場合

기억이 나다
思い出す

생각이 나다
思い出す

민수

① 갑자기 그 사람 이름이 **기억났어요.**
急にその人の名前を思い出しました。

② 저 사람을 어디에서 만났는지 **생각났어요.**
あの人にどこで会ったのか，思い出しました。

> **おまけ**
> 意味が異なる。
> 이/가 생각나다 ～を思い出す
> 을/를 생각하다 ～を考える/思う

確認クイズ 適当なもの同士を線で結んで文を完成させましょう。

(1) 어릴 때 친구를 만나면 •

(2) 배를 타고 바다에 가면 •

(3) 갑자기 당황하면 •

(4) 아이스크림을 많이 먹으면 •

(5) 더울 때 오랫동안 밖에 서 있으면 •

(6) 쉬지 않고 무리해서 계속 일하면 •

• ⓐ 자기 이름도 기억 나지 않을 수 있어요.

• ⓑ 현기증이 날 수도 있어요.

• ⓒ 친구 이름이 생각날 거예요.

• ⓓ 배탈이 날 수도 있어요.

• ⓔ 병이 날 거예요.

• ⓕ 멀미가 날 수도 있어요.

「하다」動詞

重要表現

「하다」は「する」の意味。

A 「課題」＋ 하다

공부하다	운동하다	연습하다	청소하다
勉強する	運動する	練習する	掃除する

① 공부 勉強　② 운동 運動　③ 연습 練習　④ 청소 掃除

確認クイズ 正しい答えを選んで書きましょう。

연습하다	공부하다	청소하다	운동하다

(1) 내일 시험이 있어서 ＿＿＿＿＿.

(2) 살이 많이 쪄서 ＿＿＿＿＿.

(3) 야구 선수가 되고 싶어서 야구를 ＿＿＿＿＿.

(4) 방이 너무 더러워서 ＿＿＿＿＿.

B 代動詞として用いられる「하다」

(1) 「하다」動詞は前に使われた動詞や形容詞を指すが，「는」や「만」のような助詞とともに次のように用いられる。

① 동생이 제 말을 안 듣지만 귀엽기는 **해요**.
　弟/妹が私の言うことをきかないけど，かわいげがあります。

② 친구가 아무 말도 하지 않고 울기만 **했어요**.
　友だちが何も言わず，泣いてばかりいました。

③ 너무 긴장돼서 문 앞에서 왔다 갔다 **해요**.
　非常に緊張したため，ドアの前で行ったり来たりしています。

④ 주말에 집에서 책을 읽거나 텔레비전을 보거나 **해요**.
　週末は家で本を読んだり，テレビを見たりします。

(2) 「하다」動詞は与えられた文脈で，特定の動詞や形容詞の代わりに用いられる。

① 이제부터 매일 운동하기로 **했어요**. (= 결심했어요)
　これから毎日運動することにしました。

② 한국어를 잘했으면 **해요**. (= 좋겠어요)
　韓国語が上手だったらと思います。

C ある職業や分野に従事したり，事業を営むとき

(1) 特定の職業ですることを指し示すとき

① 정치 政治	➡	정치하다 政治をする
② 문학 文学	➡	문학(을) 하다 文学をする
③ 영화 映画	➡	영화(를) 하다 映画を作る

(2) 店の運営を指し示すとき

① 가게 店	➡	가게(를) 하다 店を営む
② 세탁소 クリーニング屋	➡	세탁소(를) 하다 クリーニング屋を営む
③ 식당 食堂	➡	식당(을) 하다 食堂を営む

確認クイズ 適当なもの同士を線びましょう。

(1) 사업가　　　　(2) 영화감독　　　　(3) 정치가　　　　(4) 식당 주인

・　　　　　　　・　　　　　　　・　　　　　　　・

・　　　　　　　・　　　　　　　・

ⓐ 식당(을) 하다　　ⓑ 사업하다　　ⓒ 정치하다　　ⓓ 영화(를) 하다

D アクセサリーの着用を表現するとき

> **おまけ**
> 「하다」を用いて，アクセサリーの着用を描写するときは完了形で表現する。
> 例 귀걸이를 했어요. (○)
> = 귀걸이를 하고 있어요. (○)
> ピアスをしています。
> 귀걸이를 해요. (×)

귀걸이를 하다 ピアスをする	목걸이를 하다 ネックレスをする	넥타이를 하다 ネクタイをする	목도리를 하다 マフラーをする
①	② 	③ 	④
귀걸이 ピアス	목걸이 ネックレス	넥타이 ネクタイ	목도리 マフラー

+ 을/를 했다
をしている

確認クイズ 下線部を正しく直しましょう。

(1) 벨트를 <u>입었어요</u>.

(2) 안경을 <u>했어요</u>.

(3) 우산을 <u>했어요</u>.

(4) 목도리를 <u>꼈어요</u>.

(5) 팔찌를 <u>썼어요</u>.

(6) 넥타이를 <u>신었어요</u>.

E 値段を表すとき

〔値段〕+ 하다

(1) 値段を尋ねるとき

A 이 가방이 얼마나 해요? (= 이 가방이 얼마예요?)
このカバンはどれくらいしますか。(＝このカバンはいくらですか。)

B 30만 원쯤 해요. (≒ 30만 원이에요.) 30万ウォンくらいします。(≒30万ウォンです。)

(2) 費用を尋ねるとき

A 이번 여행에 돈이 얼마나 들었어요? 今回の旅行にお金がどれくらいかかりましたか。

B 30만 원쯤 들었어요. 30万ウォンくらいかかりました。

確認クイズ 正しい答えを選びましょう。

(1) 생일 파티에 돈이 얼마나 (ⓐ 했어요? / ⓑ 들었어요?)　(2) 이 자동차가 얼마나 (ⓐ 해요? / ⓑ 들어요?)

(3) 비자를 만들 때 돈이 얼마나 (ⓐ 해요? / ⓑ 들어요?)　(4) 커피 한 잔이 얼마나 (ⓐ 해요? / ⓑ 들어요?)

F 잘하다 vs. 못하다

(1)

잘하다
上手だ

내 친구는 외국어를 잘해요.
私の友だちは外国語が上手です。

(2)

못하다
できない

저는 술을 못해요.
私はお酒が飲めません。

> おまけ
> 「잘하다」と「못하다」は助詞「을/를」と用いる。
> 例 외국어를 잘하다 (O)
> 　外国語が上手だ
> 　외국어가 잘하다 (×)

確認クイズ 次の文が正しければ○，間違っていれば×を付けましょう。

새라

어렸을 때부터 요리했어요. 요리가 재미있고 저한테 별로 어렵지 않아요. 그런데 집에 물건이 고장 나면 어떻게 해야 할지 잘 모르겠어요. 노래도 잘 못 부르니까 노래방에 가기 싫어요.

진수

저는 요리에 관심이 있지만 제가 만든 음식은 별로 맛이 없어요. 하지만 저는 컴퓨터나 가구 어떤 것도 쉽게 고쳐요. 가끔 노래방에 가지만 노래는 잘 못 불러요.

(1) 진수와 새라는 둘 다 요리를 잘해요.　□　(2) 진수는 요리를 잘하지만 수리를 잘 못해요.　□

(3) 새라는 요리를 잘하지만 수리를 잘 못해요.　□　(4) 진수와 새라는 둘 다 노래를 잘 못해요.　□

G 間接話法

-고 하다

다시 전화 할게요.

선생님이 다시 전화한다고 했어요.

A 선생님이 뭐라고 했어요?
先生が何と言いましたか。

B 다시 전화한다고 했어요.
(= 말했어요.)
また電話すると言いました。

> おまけ
> 間接話法「-고 하다」は引用される文によって形が変わる。
> 平叙文 -다고 하다
> 命令文 -(으)라고 하다
> 勧誘文 -자고 하다
> 疑問文 -냐고 하다

確認クイズ 絵を見て，間接話法の形に変えて文を完成させましょう。

리에

오늘 시간이 없어요?

제인

지난주에 친구를 만났어요.

(1) 리에는 오늘 시간이 ＿＿＿＿＿＿＿＿.

(2) 제인은 지난주에 친구를 ＿＿＿＿＿＿＿＿.

새라

오늘 같이 점심 먹읍시다.

진수

보통 저녁에 운동해요.

(3) 새라는 오늘 같이 ＿＿＿＿＿＿＿＿.

(4) 진수는 보통 저녁에 ＿＿＿＿＿＿＿＿.

H –게 하다: 使役の意味を表すとき

(1)

〔ある人〕을/를 〔動詞〕게 하다
〔ある人〕を〔動詞〕させる

아이가 엄마를 화나게 했어요.
子どもが母親を怒らせました。

(2)

〔ある人〕에게 〔動詞〕게 하다
〔ある人〕に〔動詞〕させる

책을 읽으세요.

선생님이 학생들에게 책을 읽게 했어요.
先生が学生に本を読ませました。

確認クイズ 適当なもの同士を線で結んで文を完成させましょう。

(1) 친구가 계속 수업에 늦게 와서 ・ ・ⓐ 엄마가 딸에게 게임을 못 하게 했어요.

(2) 직원이 오늘 너무 피곤해 보여서 ・ ・ⓑ 엄마가 아들에게 방을 정리하게 했어요.

(3) 아들 방이 너무 더러워서 ・ ・ⓒ 사장님이 직원을 하루 쉬게 했어요.

(4) 딸이 매일 게임만 해서 ・ ・ⓓ 선생님을 화나게 했어요.

I –아/어하다: 感情を行動として表現するとき

形容詞の語幹に「–아/어하다」を付けると動詞になる。

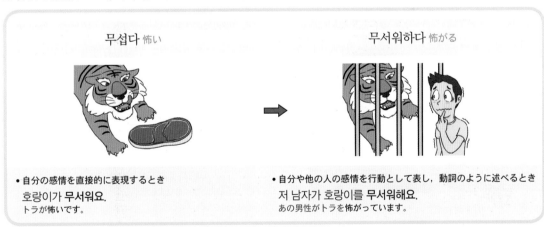

무섭다 怖い   무서워하다 怖がる

• 自分の感情を直接的に表現するとき
호랑이가 무서워요.
トラが怖いです。

• 自分や他の人の感情を行動として表し，動詞のように述べるとき
저 남자가 호랑이를 무서워해요.
あの男性がトラを怖がっています。

おまけ
「–아/어하다」は行動として類推できる感情
を客観的に表現するときに用いる。
• 슬프다 悲しい
  例 영화가 슬퍼요. 映画が悲しいです。
• 슬퍼하다 悲しむ
  例 사람들이 그분의 죽음을 슬퍼했어요.
  人々がその方の死を悲しみました。

確認クイズ 正しい答えを選びましょう。

(1) 회사 생활이 너무 (ⓐ 괴로워요. / ⓑ 괴로워해요.)

(2) 그 사람은 자기 실수를 너무 (ⓐ 부끄러워요. / ⓑ 부끄러워해요.)

(3) 가족을 (ⓐ 그리워도 / ⓑ 그리워해도) 만날 수 없어요.

(4) 저를 도와준 사람들에게 항상 (ⓐ 고맙고 / ⓑ 고마워하고) 있어요.

「되다」動詞

重要表現

「되다」動詞は「なる」の意味。

A 〔名詞〕+ 이/가 되다: ある職業や状態になるとき

A 나중에 어떤 사람이 되고 싶어요?
今後，どんな人になりたいですか。

B 가수가 되고 싶어요.
歌手になりたいです。

> **気をつけよう!**
> 「되다」の前では，助詞「이/가」を用いる。
> 例 선생님이 됐어요. (○)
> 先生になりました。
> 선생님에 됐어요. (×)

確認クイズ 正しい答えを選んで書きましょう。

배우	작가	의사	경찰

(1) 저는 나중에 자기 책을 쓰고 싶어요. _____ 이/가 되고 싶어요.

(2) 저는 도둑 같은 나쁜 사람을 잡고 싶어요. _____ 이/가 되고 싶어요.

(3) 저는 아픈 사람을 고쳐 주고 싶어요. _____ 이/가 되고 싶어요.

(4) 저는 영화나 드라마에서 연기하고 싶어요. _____ 이/가 되고 싶어요.

B 変化を表現するとき

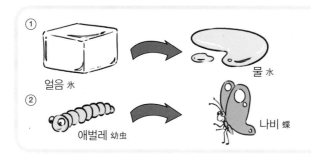

① 얼음이 물이 되었어요.
氷が水になりました。
= 얼음이 물로 되었어요.

② 애벌레가 나비가 되었어요.
幼虫が蝶になりました。

> **気をつけよう!**
> 「되다」で何かが異なる状態に変わることを表す場合，異なる状態を表す名詞の後ろに助詞「(으)로」を付ける。

確認クイズ 適当なもの同士を線で結んで文を完成させましょう。

(1) 병아리가 ・ ・ⓐ 개가 돼요.

(2) 강아지가 ・ ・ⓑ 닭이 돼요.

(3) 남자 아이가 ・ ・ⓒ 소녀가 돼요.

(4) 여자 아이가 ・ ・ⓓ 소년이 돼요.

C ある時期や状態になることを表現するとき

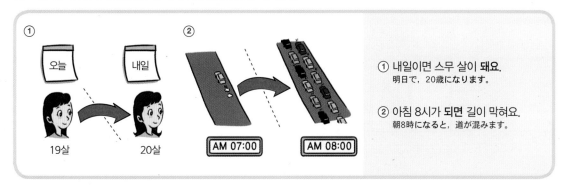

① 오늘 → 내일
19살 → 20살

② AM 07:00 → AM 08:00

① 내일이면 스무 살이 **돼요**.
明日で，20歳になります。

② 아침 8시가 **되면** 길이 막혀요.
朝8時になると，道が混みます。

確認クイズ 下線部を正しく直しましょう。

(1) 매년 12월이 되면 <u>환영회</u>를 해요.

(2) 한국에서 60살이 되면 <u>환송회</u>를 해요.

(3) 이사하게 되면 <u>송년회</u>를 해요.

(4) 친구가 떠나게 되면 <u>집들이</u>를 해요.

(5) 한국에서 1살이 되면 <u>환갑잔치</u>를 해요.

(6) 새로운 사람이 오게 되면 <u>돌잔치</u>를 해요.

D ある事物や現象が作られたことを表現するとき

① 빵이 다 **됐습니다**. パンができあがりました。

② 밥이 **준비됐어요**. ご飯が準備できました。

副詞「다」を付けて，完成
したということを伝える。

確認クイズ 正しい答えを選んで会話を完成させましょう。

다	하나도	거의	반

(1) A 숙제 끝났어요?

　　B 네, ＿＿＿＿ 다 됐어요. 5분만 더 하면 돼요.

(2) A 파티 준비가 끝났어요?

　　B 그럼요, 벌써 ＿＿＿＿ 됐어요.

(3) A 음식이 다 됐어요?

　　B 아니요, 지금 ＿＿＿＿ 쯤 됐어요. 50% 더 돼야 돼요.

(4) A 지금 밥을 먹을 수 있어요?

　　B 아니요, 밥이 ＿＿＿＿ 안 됐어요. 지금 시작해야 해요.

E　ある材料や成分で作られたものを表現するとき

(1)

나무로 **된** 집은 겨울에 추워요.
木でできた家は, 冬寒いです。

(2)

유리로 **된** 물건은 깨지기 쉬워요.
ガラスでできたものは割れやすいです。

確認クイズ 正しい答えを選びましょう。

(1) 면으로 된 양말은 (ⓐ 입기 / ⓑ 신기) 좋아요.

(2) 실크로 된 블라우스는 (ⓐ 화장하기 / ⓑ 세탁하기) 불편해요.

(3) 종이로 된 신분증은 (ⓐ 찢어지기 / ⓑ 깨지기) 쉬워요.

(4) 유리로 된 장난감은 (ⓐ 찢어지기 / ⓑ 깨지기) 쉬워요.

> **おまけ**
> 材料を表すときは,
> 助詞「(으)로」を用いる。

F　機械が作動することを表現するとき

(1)

어제 세탁기를 수리해서 이제 잘 **돼요**.
昨日, 洗濯機を修理したので, もうよく**動きます**。

(2)

컴퓨터가 안 **돼요**. 또 고장 났어요.
コンピューターが**動きません**。また, 故障しました。

確認クイズ 正しい答えを選んで書きましょう。

자판기	전화기	면도기	세탁기

(1) ＿＿＿＿＿ 이/가 안 돼요. 빨래를 세탁소에 맡겨야 돼요.

(2) ＿＿＿＿＿ 이/가 안 돼요. 상대방 소리가 안 들려요.

(3) ＿＿＿＿＿ 이/가 안 돼요. 오늘은 수염을 깎을 수 없어요.

(4) ＿＿＿＿＿ 이/가 안 돼요. 돈을 넣어도 음료수가 안 나와요.

G 잘되다 vs. 안되다

(1)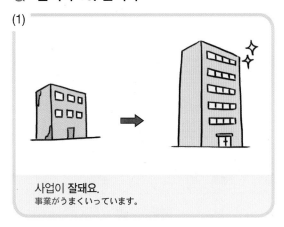

사업이 **잘돼요**.
事業がうまくいっています。

(2)

공부가 잘 **안돼요**.
勉強がうまくいきません。

正しい答えを選びましょう。

(1) 공사가 잘되면 ⓐ 문제가 생길 거예요.
　　　　　　　　 ⓑ 문제가 없을 거예요.

(2) 수술이 잘되면 ⓐ 빨리 나을 거예요.
　　　　　　　　 ⓑ 다시 아플 거예요.

(3) 공부가 잘 안되면 ⓐ 잠깐 쉬는 게 좋아요.
　　　　　　　　　　 ⓑ 계속 공부하는 게 좋아요.

(4) 일이 잘 안되면 ⓐ 큰돈을 벌 수 있어요.
　　　　　　　　　 ⓑ 큰돈을 잃을 수 있어요.

H 感情を表現するとき：〔걱정, 긴장, 후회, 안심〕+ 되다

自分の感情を客観的に表現する
とき，「되다」を用いる。

① 시험 준비를 못 해서 **걱정돼요**.
　試験の準備ができなくて心配です。

② 시험이 쉬워서 **안심돼요**.
　試験がやさしくて安心です。

③ 면접할 때 너무 **긴장돼요**.
　面接を受けるとき，すごく緊張します。

④ 친구하고 싸운 것이 **후회돼요**.
　友だちとけんかしたことが悔やまれます。

適当なもの同士を線で結んで文を完成させましょう。

(1) 아이가 늦게까지 집에 안 들어올 때　·

(2) 사람들 앞에서 외국어로 말할 때　·

(3) 해야 할 일을 안 해서 문제가 될 때　·

(4) 어두운 곳이라도 친구와 함께 있을 때　·

· ⓐ 긴장돼요.

· ⓑ 안심돼요.

· ⓒ 걱정돼요.

· ⓓ 후회돼요.

「생기다, 풀다, 걸리다」動詞

第85課

重要表現

「생기다」動詞

> **おまけ**
> 「생기다」はすでに起きた出来事について
> 言うので完了形を使う。
> **例** 남자 친구가 생겼어요. (○)
> 　　　彼氏ができました。
> 　　　남자 친구가 생겨요. (×)

A なかったものが新しく生じるとき

① 집 앞에 편의점이 **생겼어요.**
　家の前にコンビニができました。

③ 동생에게 여자 친구가 **생겼어요.**
　弟に彼女ができました。

② 돈이 **생기면** 밥 사 줄게요.
　お金ができたらご飯をおごりますよ。

④ 박수 소리를 듣고 자신감이 **생겼어요.**
　拍手の音を聞いて，自信が湧きました。

B 何かが急に起こるとき

① 문제가 **생겨서** 걱정돼요.
　問題が起きて心配です。

② 형에게 좋은 일이 **생겼어요.**
　兄にいいことが起こりました。

確認クイズ 適当なもの同士を線で結びましょう。

(1) 선물로 돈이 생겼어요. ・

(2) 다른 친구하고 약속이 생겼어요. ・

(3) 집에 문제가 생겼어요. ・

(4) 집 근처에 식당이 생겼어요. ・

・ ⓐ 그래서 내일 만날 수 없어요.

・ ⓑ 그래서 사고 싶은 운동화를 샀어요.

・ ⓒ 그래서 거기에 밥 먹으러 자주 가요.

・ ⓓ 그래서 가족하고 해결 방법을 찾고 있어요.

C 人や物事の外見を表現するとき

(1)

① 여학생이 **예쁘게 생겼어요.** 女子学生がきれいです。
② 여자가 **귀엽게 생겼어요.** 女性がかわいいです。

(2)

① 영화배우가 **멋있게 생겼어요.**
映画俳優がかっこいいです。
② 남자가 **착하게 생겼어요.** 男性が優しそうです。

(3)

① 진호는 미국 사람처럼 **생겼어요.**
チノはアメリカ人みたいに見えます。
② 여자가 배우처럼 **생겼어요.**
女性が女優みたいに見えます。

(4)

① 저 사람은 운동선수처럼 **생겼어요.**
あの人は運動選手みたいに見えます。
② 여자가 모델처럼 **생겼어요.**
女性がモデルみたいに見えます。

確認クイズ1 適当なもの同士を線で結んで文を完成させましょう。

(1) 공주처럼 •   •ⓐ 귀엽게 생겼어요.

(2) 왕자처럼 •   •ⓑ 예쁘게 생겼어요.

(3) 아이처럼 •   •ⓒ 무섭게 생겼어요.

(4) 호랑이처럼 •   •ⓓ 멋있게 생겼어요.

確認クイズ2 絵を見て，正しい答えを選びましょう。

(1)

내 친구는 (ⓐ 사업가 / ⓑ 예술가)처럼 생겼어요.

(2)

우리 개는 (ⓐ 고양이 / ⓑ 거북이)처럼 생겼어요.

(3)

저 아이들은 형제처럼 (ⓐ 똑같이 / ⓑ 다르게)
생겼어요.

(4)

같은 회사 제품이지만 (ⓐ 똑같이 / ⓑ 다르게)
생겼어요.

「풀다」動詞

A 縛られたり，巻かれたりしたものをそうでない状態にするとき

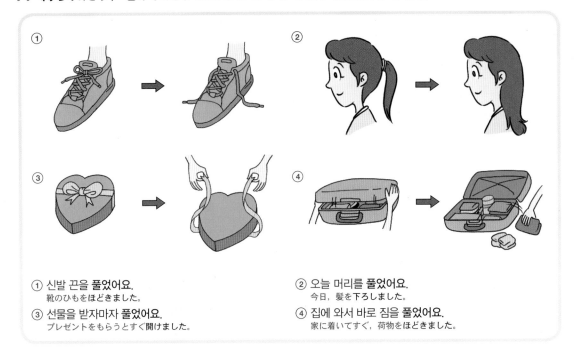

① 신발 끈을 **풀었어요**.
　靴のひもをほどきました。
③ 선물을 받자마자 **풀었어요**.
　プレゼントをもらうとすぐ開けました。
② 오늘 머리를 **풀었어요**.
　今日，髪を下ろしました。
④ 집에 와서 바로 짐을 **풀었어요**.
　家に着いてすぐ，荷物をほどきました。

確認クイズ1 反対の動詞を線で結びましょう。

(1) 짐을 풀다　•

(2) 머리를 풀다　•

(3) 선물을 풀다　•

(4) 벨트를 풀다　•

(5) 끈을 풀다　•

(6) 시계를 풀다　•

　　　　　•　ⓐ 싸다

　　　　　•　ⓑ 묶다

　　　　　•　ⓒ 차다

> **おまけ**
> 싸다: 包む
> 묶다: 縛る
> 차다: (身に)つける

確認クイズ2 正しい答えを選びましょう。

(1) 어제 가방을 (ⓐ 쌀 / ⓑ 묶을) 때 모자를 넣었는데, 가방을 풀 때 모자가 없어요.

(2) 끈으로 머리를 (ⓐ 싸면 / ⓑ 묶으면) 아이 같은데, 머리를 풀면 어른 같아요.

(3) 발이 아파요. 신발 끈을 풀고 다시 (ⓐ 싸야 / ⓑ 묶어야) 할 것 같아요.

(4) 선물을 (ⓐ 쌀 / ⓑ 묶을) 때 30분 걸렸는데, 선물을 풀 때에는 1분도 안 걸렸어요.

(5) 소포를 (ⓐ 싼 / ⓑ 묶은) 다음에 소포를 받는 이름과 주소, 연락처를 써야 해요.

(6) 배가 너무 불러서 벨트를 풀었어요. 이따가 회의 시작 전에 다시 벨트를 (ⓐ 싸야 / ⓑ 차야) 해요.

B 難しいこと，悪いこと，感情をなくすという意味で用いられるとき

(1) 難しいことを解決するという意味

① 시험 문제를 풀고 있어요.
試験問題を解いています。

② 인터넷을 통해 궁금증을 풀었어요.
インターネットを通して，疑問を解消しました。

(2) 疲労のような悪いものをなくすという意味

① 음식으로 스트레스를 풀어요.
食べ物でストレスを解消します。

② 운동으로 피로를 풀었어요.
運動で疲労をほぐします。

(3) 起こった感情などを和らげるという意味

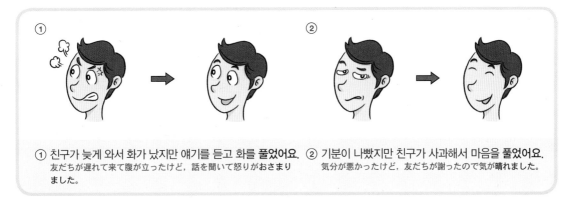

① 친구가 늦게 와서 화가 났지만 얘기를 듣고 화를 풀었어요.
友だちが遅れて来て腹が立ったけど，話を聞いて怒りがおさまりました。

② 기분이 나빴지만 친구가 사과해서 마음을 풀었어요.
気分が悪かったけど，友だちが謝ったので気が晴れました。

確認クイズ1 適当なもの同士を線で結んで文を完成させましょう。

(1) 기분을 풀기 위해　·

(2) 오해를 풀기 위해　·

(3) 피로를 풀기 위해　·

(4) 문제를 풀기 위해　·

· ⓐ 문제에 대해 많이 생각했어요.

· ⓑ 신나게 춤을 췄어요.

· ⓒ 그 사람과 오랫동안 대화했어요.

· ⓓ 하루 종일 푹 쉬었어요.

「걸리다」動詞

A 時間を要することを表すとき

おまけ

注意！
・〔時間〕이/가 걸리다
　〔時間〕がかかる
・〔お金〕이/가 들다
　〔お金〕がかかる

① 청소하는 데 3시간 정도 **걸렸어요**.
　掃除するのに3時間くらいかかりました。

② 집에서 회사까지 1시간 정도 **걸려요**.
　家から会社まで1時間くらいかかります。

確認クイズ 表を見て，次の文が正しければ○，間違っていれば×を付けましょう。

(1) 자동차가 시간이 제일 조금 걸려요. ☐

(2) 자전거가 시간이 제일 많이 걸려요. ☐

(3) 버스가 지하철보다 10분 빨라요. ☐

(4) 자전거가 지하철보다 20분 느려요. ☐

(5) 자동차와 오토바이는 10분 차이가 나요. ☐

자동차	15분
오토바이	20분
자전거	45분
지하철	25분
버스	35분
도보	1시간 20분

B ある病気にかかったことを表すとき

① 지난주에 감기에 **걸려서** 회사에 못 갔어요.
　先週，風邪をひいて会社に行けませんでした。

② 담배를 많이 피우면 암에 **걸릴** 수 있어요.
　タバコをたくさん吸うと，癌になることがあります。

確認クイズ 適当なもの同士を線で結んで文を完成させましょう。

(1) 겨울에 옷을 얇게 입으면 ・　　　　　・ ⓐ 변비에 걸려요.

(2) 스트레스를 많이 받으면 ・　　　　　・ ⓑ 감기에 걸려요.

(3) 담배를 많이 피우면 ・　　　　　・ ⓒ 폐암에 걸려요.

(4) 소화에 문제가 생기면 ・　　　　　・ ⓓ 우울증에 걸려요.

C フックのようなものにかかっているとき

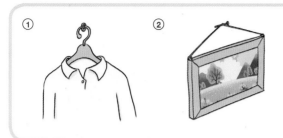

① 옷이 옷걸이에 **걸려** 있어요.
　服がハンガーにかかっています。
② 벽에 그림이 **걸려** 있어요.
　壁に絵がかかっています。

D 悪いことが途中でばれたとき

① 시험을 볼 때 책을 보다가 선생님한테 **걸렸어요**.
　試験を受けるとき，本を見ていて先生に見つかりました。
② 너무 빨리 운전하다가 경찰에게 **걸렸어요**.
　スピードを出し過ぎて，警察に捕まりました。

E フックのようなものに妨害されるとき

① 못에 **걸려서** 옷이 찢어졌어요.
　釘にひっかかって，服が破れました。
② 돌에 **걸려서** 길에서 넘어졌어요.
　石につまづいて，道で転びました。

確認クイズ 絵を見て，適当なもの同士を線で 結んで文を完成させましょう。

(1)	(2)	(3)	(4)

벽에 시계가 걸려 있어서	거짓말이 친구에게 걸려서	간판에 걸려서	경찰에게 걸려서
•	•	•	•

• • • •

ⓐ 친구가 화를 냈어요.　ⓑ 경찰서에 갔어요.　ⓒ 길에서 넘어졌어요.　ⓓ 쉽게 시간을 확인할 수 있어요.

他動詞と自動詞

重要表現

A 主語のある行動を表現するとき―行動の結果を表現するとき

(1)

속이다
だます

속다
だまされる

ⓐ 사람들이 거짓말로 사람을 **속여요**.
人々が嘘で人をだまします。

ⓑ 아이 같은 사람은 거짓말에 **속아요**.
子どものような人は嘘にだまされます。

(2)

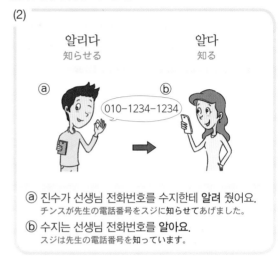

알리다
知らせる

알다
知る

010-1234-1234

ⓐ 진수가 선생님 전화번호를 수지한테 **알려** 줬어요.
チンスが先生の電話番号をスジに知らせてあげました。

ⓑ 수지는 선생님 전화번호를 **알아요**.
スジは先生の電話番号を知っています。

(3)

남기다
残す

남다
残る

ⓐ 너무 배가 불러서 음식을 **남겼어요**.
すごくおなかがいっぱいなので、食べ物を残しました。

ⓑ 음식이 반 정도 **남았어요**.
食べ物が半分くらい残りました。

(4)

맡기다
預ける

맡다
預かる

ⓐ 가방이 무거워서 호텔에 가방을 **맡겼어요**.
カバンが重いので、ホテルにカバンを預けました。

ⓑ 직원이 진수의 가방을 **맡고 있어요**.
職員がチンスのカバンを預かっています。

確認クイズ1 適当なもの同士を線で結んで文を完成させましょう。

(1) 사람을 잘 믿어서 ・   ・ ⓐ 택시를 세웠어요.

(2) 배불러서 ・   ・ ⓑ 약속을 바꿨어요.

(3) 빨리 가려고 ・   ・ ⓒ 음식을 남겼어요.

(4) 잃어버리지 않으려고 ・   ・ ⓓ 친구가 잘 속아요.

(5) 나중에 여행 가려고 ・   ・ ⓔ 돈을 모으고 있어요.

(6) 갑자기 일이 생겨서 ・   ・ ⓕ 열쇠를 책상 서랍 안에 넣었어요.

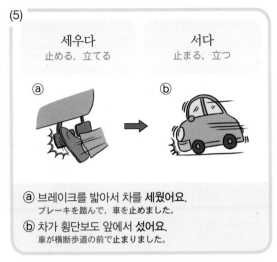

(5)

세우다 止める，立てる	서다 止まる，立つ

ⓐ 브레이크를 밟아서 차를 **세웠어요**.
ブレーキを踏んで，車を止めました。

ⓑ 차가 횡단보도 앞에서 **섰어요**.
車が横断歩道の前で止まりました。

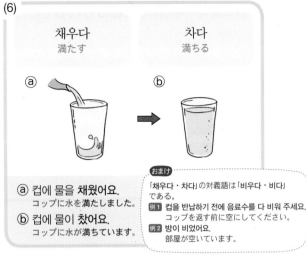

(6)

채우다 満たす	차다 満ちる

ⓐ 컵에 물을 **채웠어요**.
コップに水を満たしました。

ⓑ 컵에 물이 **찼어요**.
コップに水が満ちています。

> **おまけ**
> 「채우다・차다」の対義語は「비우다・비다」である。
> **例1** 컵을 반납하기 전에 음료수를 다 비워 주세요.
> コップを返す前に空にしてください。
> **例2** 방이 비었어요.
> 部屋が空いています。

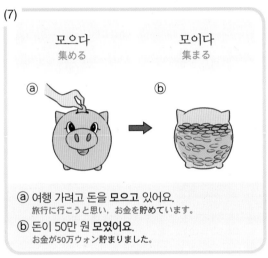

(7)

모으다 集める	모이다 集まる

ⓐ 여행 가려고 돈을 **모으고** 있어요.
旅行に行こうと思い，お金を貯めています。

ⓑ 돈이 50만 원 **모였어요**.
お金が50万ウォン貯まりました。

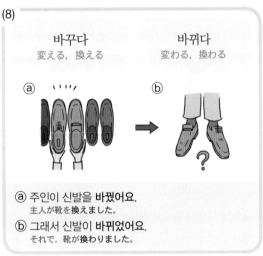

(8)

바꾸다 変える，換える	바뀌다 変わる，換わる

ⓐ 주인이 신발을 **바꿨어요**.
主人が靴を換えました。

ⓑ 그래서 신발이 **바뀌었어요**.
それで，靴が換わりました。

確認クイズ2 正しい答えを選びましょう。

(1) 배가 불러서 음식을 (ⓐ 남을 / ⓑ 남길) 줄 알았는데 음식이 하나도 안 (ⓐ 남았어요. / ⓑ 남겼어요.)

(2) 친구한테 일을 (ⓐ 맡았으니까 / ⓑ 맡겼으니까) 앞으로 친구가 제 일을 (ⓐ 맡을 / ⓑ 맡길) 거예요.

(3) 사람들이 거짓말로 나를 (ⓐ 속아도 / ⓑ 속여도) 나는 절대로 (ⓐ 속지 / ⓑ 속이지) 않을 거예요.

(4) 부모님이 내 결정을 (ⓐ 바뀌려고 / ⓑ 바꾸려고) 해도 내 결정은 (ⓐ 바뀌지 / ⓑ 바꾸지) 않았어요.

(5) 길에서 차를 (ⓐ 서려고 / ⓑ 세우려고) 했지만 차가 (ⓐ 서지 / ⓑ 세우지) 않았어요.

(6) 200ml 이상 물이 (ⓐ 차지 / ⓑ 채우지) 않게 그릇에 천천히 물을 (ⓐ 차세요. / ⓑ 채우세요.)

(7) 같이 여행 가려고 사람을 (ⓐ 모았지만 / ⓑ 모였지만) 사람이 2명만 (ⓐ 모았어요. / ⓑ 모였어요.)

(8) 저 사람한테 제 이름을 (ⓐ 알아 / ⓑ 알려) 줬으니까 이제 저 사람도 제 이름을 (ⓐ 알 / ⓑ 알릴) 거예요.

B 「뜨리다 – 지다」でまとめられるもの

(1)

깨뜨리다
割る〔他動詞〕

깨지다
割れる〔自動詞〕

ⓐ 아이가 창문에 공을 던져서 창문을 **깨뜨렸어요**.
子どもが窓にボールを投げて，窓を割りました。

ⓑ 창문이 **깨져서** 창문을 수리해야 해요.
窓が割れたので，窓を修理しなくてはなりません。

(2)

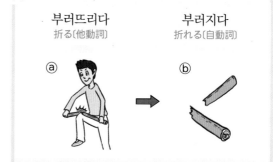

부러뜨리다
折る〔他動詞〕

부러지다
折れる〔自動詞〕

ⓐ 불을 피울 때 나무를 작게 **부러뜨려서** 사용해요.
火を焚くとき，木を小さく折って使います。

ⓑ 여기에 나무가 **부러져** 있어요.
ここに木が折れています。

(3)

떨어뜨리다
落とす〔他動詞〕

떨어지다
落ちる〔自動詞〕

ⓐ 오늘 지갑을 길에서 **떨어뜨려서** 잃어버렸어요.
今日，財布を道で落として失くしました。

ⓑ 바닥에 **떨어진** 지갑을 못 봤어요.
床に落ちた財布が見えませんでした。

(4)

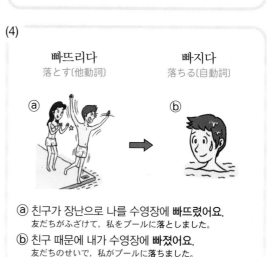

빠뜨리다
落とす〔他動詞〕

빠지다
落ちる〔自動詞〕

ⓐ 친구가 장난으로 나를 수영장에 **빠뜨렸어요**.
友だちがふざけて，私をプールに落としました。

ⓑ 친구 때문에 내가 수영장에 **빠졌어요**.
友だちのせいで，私がプールに落ちました。

確認クイズ 絵を見て，正しい答えを書いて文を完成させましょう。

(1)

카메라 렌즈가 _____ 서 안 보여요.

(2)

실수로 안경다리를 _____ 서 쓸 수 없어요.

(3)

아이가 물에 _____. 도와주세요.

(4)

핸드폰을 _____ 서 핸드폰이 고장 났어요.

C 「내다-나다」でまとめられるもの

主語が意図を持ち，ある行動をした結果を表すとき

(1)

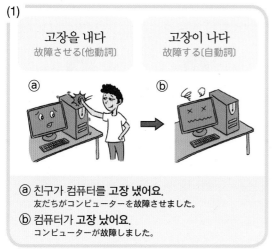

고장을 내다	고장이 나다
故障させる〔他動詞〕	故障する〔自動詞〕

ⓐ 친구가 컴퓨터를 **고장 냈어요.**
　友だちがコンピューターを故障させました。
ⓑ 컴퓨터가 **고장 났어요.**
　コンピューターが故障しました。

(2)

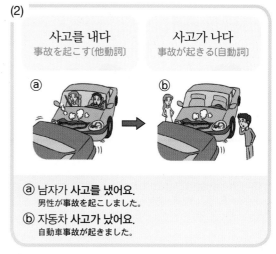

사고를 내다	사고가 나다
事故を起こす〔他動詞〕	事故が起きる〔自動詞〕

ⓐ 남자가 **사고를 냈어요.**
　男性が事故を起こしました。
ⓑ 자동차 **사고가 났어요.**
　自動車事故が起きました。

(3)

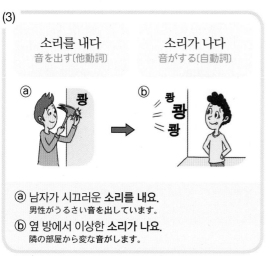

소리를 내다	소리가 나다
音を出す〔他動詞〕	音がする〔自動詞〕

ⓐ 남자가 시끄러운 **소리를 내요.**
　男性がうるさい音を出しています。
ⓑ 옆 방에서 이상한 **소리가 나요.**
　隣の部屋から変な音がします。

(4)

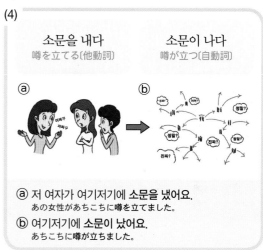

소문을 내다	소문이 나다
噂を立てる〔他動詞〕	噂が立つ〔自動詞〕

ⓐ 저 여자가 여기저기에 **소문을 냈어요.**
　あの女性があちこちに噂を立てました。
ⓑ 여기저기에 **소문이 났어요.**
　あちこちに噂が立ちました。

確認クイズ 正しい答えを選びましょう。

(1) 아무도 없는 집에서 이상한 소리가 (ⓐ 나서 / ⓑ 내서) 무서워요.

(2) 제 동생이 스피커를 고장 (ⓐ 나서 / ⓑ 내서) 수리해야 해요.

(3) 이 가게의 빵이 맛있다고 소문이 (ⓐ 나서 / ⓑ 내서) 그 가게에 가 봤어요.

(4) 택시가 자동차하고 부딪쳤어요. 누가 사고를 (ⓐ 났어요? / ⓑ 냈어요?)

(5) 핸드폰이 고장 (ⓐ 나면 / ⓑ 내면) 서비스 센터에 가져오세요.

(6) 교통 사고가 (ⓐ 난 / ⓑ 낸) 곳이 어디예요? 지금 가 볼게요.

(7) 밤늦게 시끄럽게 소리를 (ⓐ 나면 / ⓑ 내면) 안 돼요.

(8) 이 얘기는 비밀이니까 소문을 (ⓐ 나지 / ⓑ 내지) 마세요.

D その他

(1)

많이 먹다
たくさん食べる

살이 찌다
太る

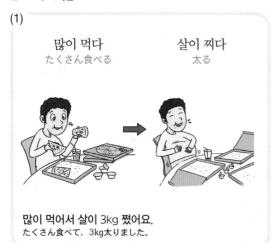

많이 먹어서 살이 3kg **쪘어요.**
たくさん食べて，3kg太りました。

(2)

살을 빼다
やせる，減量する

살이 빠지다
やせる

운동해서 **살을 빼니까** 살이 2kg **빠졌어요.**
運動して減量したので，2kgやせました。

(3)

스트레스를 받다
ストレスを受ける

피곤하다
疲れている

일 때문에 요즘 **스트레스를 받아서 피곤해요.**
最近，仕事のせいでストレスを受けて疲れています。

(4)

담배를 피우다
タバコを吸う

병에 걸리다
病気にかかる

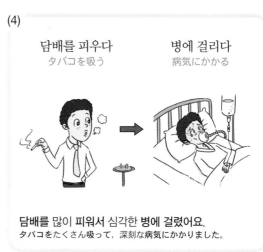

담배를 많이 **피워서** 심각한 **병에 걸렸어요.**
タバコをたくさん吸って，深刻な病気にかかりました。

(5)

치료를 받다
治療を受ける

병이 낫다
病気が治る

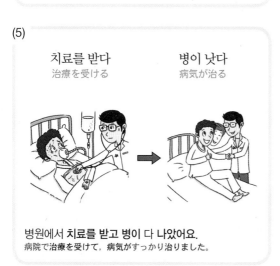

병원에서 **치료를 받고** 병이 다 **나았어요.**
病院で治療を受けて，病気がすっかり治りました。

(6)

비를 맞다
雨に打たれる

옷이 젖다
服が濡れる

우산이 없어서 **비를 맞아서** 옷이 다 **젖었어요.**
傘がなくて雨に打たれて，服がすっかり濡れました。

(7)

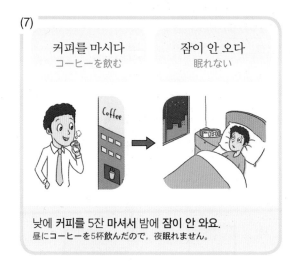

커피를 마시다
コーヒーを飲む

잠이 안 오다
眠れない

낮에 **커피를** 5잔 **마셔서** 밤에 **잠이** 안 **와요.**
昼にコーヒーを5杯飲んだので，夜眠れません。

(8)

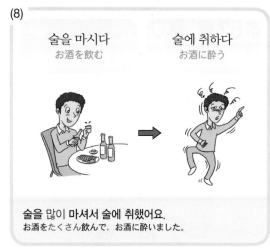

술을 마시다
お酒を飲む

술에 취하다
お酒に酔う

술을 많이 **마셔서 술에 취했어요.**
お酒をたくさん飲んで，お酒に酔いました。

(9)

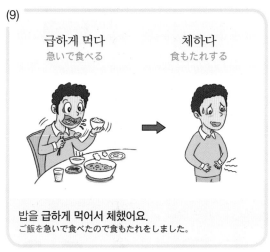

급하게 먹다
急いで食べる

체하다
食もたれする

밥을 급하게 **먹어서 체했어요.**
ご飯を急いで食べたので食もたれをしました。

(10)

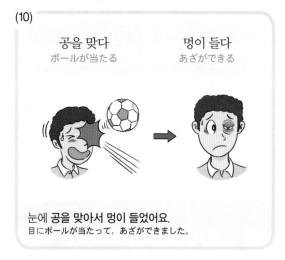

공을 맞다
ボールが当たる

멍이 들다
あざができる

눈에 **공을 맞아서 멍이 들었어요.**
目にボールが当たって，あざができました。

確認クイズ **正しい答えを選びましょう。**

(1) 열심히 다이어트 했는데 (ⓐ 살을 안 뺐어요. / ⓑ 살이 안 빠져요.)

(2) 체하지 않게 (ⓐ 천천히 밥을 드세요. / ⓑ 빨리 밥을 드세요.)

(3) 비가 많이 와서 우산을 썼지만 (ⓐ 비를 맞았어요. / ⓑ 비를 안 맞았어요.)

(4) 밤에 (ⓐ 잠을 안 자서 / ⓑ 잠이 안 와서) 3시까지 책을 읽었어요.

(5) (ⓐ 치료를 받으면 / ⓑ 스트레스를 받으면) 병이 나을 거예요.

(6) 살이 (ⓐ 쪄서 / ⓑ 빠져서) 작년에 산 옷이 전부 작아요.

お金と関連する動詞

重要表現

> 気をつけよう!
> 짜리と어치を区別しよう!
> 例 1,000원짜리 빵을 5,000원어치 샀어요.
> 1000ウォンのパンを5000 ウォン分買いました。

A 物の売り買い

(1)

팔다	사다
売る	買う

ⓐ 빵집에서 아침 7시부터 빵을 **팔아요**.
パン屋で朝7時からパンを売ります。

ⓑ 빵을 5,000원어치 **샀어요**.
パンを5000ウォン分買いました。

(2)

팔리다	매진되다
売れる	売り切れる

ⓐ 빵이 하나도 없어요. 다 **팔렸어요**.
パンが1つもありません。全部売れました。

ⓑ 그 영화가 인기가 많아서 표가 **매진됐어요**.
その映画が人気があるので、チケットが売り切れました。

(3)

할인하다	값을 깍다
割引する	値切る

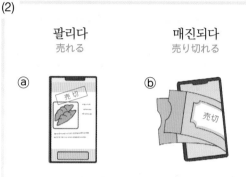

ⓐ 이 옷이 10만 원인데 **할인해서** 8만 원이에요.
この服は、10万ウォンですが、割引して8万ウォンです。

ⓑ 옷을 살 때 2만 원 **깎았어요**.
服を買うとき、2万ウォン値切りました。

(4)

무료	공짜
無料	ただ

ⓐ 한국에서는 반찬이 **무료**예요.
韓国ではおかずが無料です。

ⓑ 길에서 휴지를 **공짜**로 받았어요.
道端でティッシュペーパーをただでもらいました。

> おまけ
> 무료: 無料 (料金がないことを意味する。)
> 공짜: ただ (力やお金をかけずに得たものを意味する。)
> 거스름돈 = 잔돈 おつり

確認クイズ 正しい答えを選びましょう。

(1) 가게 주인이 물건을 (ⓐ 사고 / ⓑ 팔고), 손님이 물건을 (ⓐ 사요. / ⓑ 팔아요.)

(2) 시장에서 과일을 만 원(ⓐ 어치 / ⓑ 짜리) 샀어요.

(3) 두부를 못 샀어요. 왜냐하면 두부가 다 (ⓐ 팔았어요. / ⓑ 팔렸어요.)

(4) 콘서트 표를 못 샀어요. 왜냐하면 표가 다 (ⓐ 팔았어요. / ⓑ 매진됐어요.)

(5) 지금 가게에서 에어컨을 10% (ⓐ 팔아서 / ⓑ 할인해서) 백만 원이에요.

(6) 삼겹살을 먹을 때 채소는 돈을 안 내도 돼요. 채소가 (ⓐ 무료예요. / ⓑ 안 팔려요.)

B 月給

(1)

돈을 벌다
お金を稼ぐ

저는 20살 때부터 **돈을 벌기** 시작했어요.
私は20歳のときから，お金を稼ぎ始めました。

(2)

월급을 받다
月給をもらう

회사에서 매달 25일에 **월급을 받아요**.
会社から毎月25日に月給をもらいます。

(3)

월급이 오르다
月給が上がる

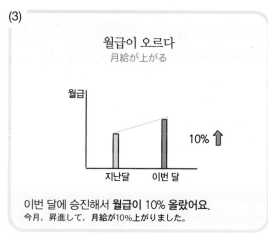

이번 달에 승진해서 **월급이 10% 올랐어요**.
今月，昇進して，月給が10%上がりました。

(4)

월급이 내리다
月給が下がる

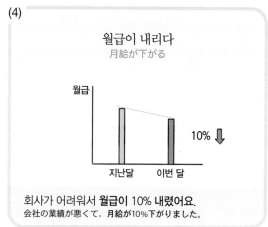

회사가 어려워서 **월급이 10% 내렸어요**.
会社の業績が悪くて，月給が10%下がりました。

---

① A 한 달에 얼마나 벌어요?
　　1か月にどれくらい稼ぎますか。

　B 500만 원 벌어요.
　　500万ウォン稼ぎます。

② A 한 달에 월급을 얼마나 받아요?
　　1か月に月給をどれくらいもらいますか。

　B 500만 원 받아요.
　　500万ウォンもらいます。

③ A 월급이 얼마나 올랐어요?
　　月給がどれくらい上がりましたか。

　B 10% 올랐어요.
　　10%上がりました。

④ A 보너스를 얼마나 받아요?
　　ボーナスをどれくらいもらいますか。

　B 100% 받아요.
　　100%もらいます。

確認クイズ 適当なもの同士を線で結んで文を完成させましょう。

(1) 아르바이트를 해서 한 달에 　・

(2) 이번에 일을 잘해서 보너스를 　・

(3) 승진해서 이번 달부터 월급이 　・

(4) 우리 회사는 월말에 월급을 　・

　　　　・ ⓐ 받았어요.

　　　　・ ⓑ 조금 올랐어요.

　　　　・ ⓒ 줘요.

　　　　・ ⓓ 100만 원 벌어요.

C お金と関連する動詞

① 돈을 쓰다
お金を使う

② 돈을 내다
お金を出す

③ 돈이 들다
お金がかかる

여행비가 170,000원 들었어요.

④ 돈이 떨어지다
お金がなくなる

⑤ 돈을 모으다
お金を貯める

⑥ 돈이 모이다
お金が貯まる

목표 금액 100만 원

현재 95만 원

① 유럽에 여행 가서 100만 원을 **썼어요**.
ヨーロッパに旅行に行って、100万ウォン使いました。

③ 여행비가 17만 원 **들었어요**.
旅行の費用が17万ウォンかかりました。

⑤ 여행 가려고 작년부터 **돈을 모으기** 시작했어요.
旅行に行こうと、昨年からお金を貯め始めました。

② 표를 예약하려면 내일까지 **돈을 내야 해요**.
チケットを予約するなら、明日までにお金を出さなくてはなりません。

④ **돈이 떨어지면** 아르바이트를 시작하려고 해요.
お金がなくなったら、アルバイトを始めようと思います。

⑥ **돈이 다 모이면** 여행을 떠날 거예요.
お金が十分に貯まったら、旅行に行くつもりです。

おまけ
돈이 들다 お金がかかる
돈을 들이다 お金をかける

D お金と関連する名詞

비 費		료 料		세 税	
교통비	交通費	입장료	入場料	소득세	所得税
택시비	タクシー代	사용료	使用料	재산세	財産税
식사비	食事代	수업료	授業料	주민세	住民税
숙박비	宿泊費	대여료	貸与料	소비세	消費税

確認クイズ 正しい答えを選んで書いて文を完成させましょう。

내다	쓰다	들다	떨어지다	모으다	모이다

(1) 100만 원이 있었어요. 그런데 이번 달에 60만 원을 _____. 그래서 40만 원이 남았어요.

(2) 지난번에 친구가 밥을 사 줬어요. 그래서 이번에는 같이 제가 식사비를 _____ 려고 해요.

(3) 50만 원이 _____ 면 그 돈으로 노트북을 사려고 해요.

(4) 지난주에 제주도에 여행 가서 돈을 다 썼어요. 그래서 지금 돈이 다 _____.

(5) 제가 다음 주에 이사하려고 해요. 보통 한국에서 이사할 때 돈이 얼마나 _____ ?

(6) 세계 여행을 가고 싶어서 돈을 _____ 고 있어요. 이제 100만 원 돈이 모였어요.

E お金の貸し借り

빌려주다 ↔ 빌리다	돌려주다	갚다
貸す　借りる	返す	返す

교환하다
交換する

환전하다
(通貨間で)両替する

① 남자가 여자에게 노트북을 **빌려줬어요.**
男性が女性にノートパソコンを貸しました。

② 여자가 남자에게 노트북을 **빌렸어요.**
女性が男性にノートパソコンを借りました。

③ 일주일 후에 여자가 남자에게 노트북을 **돌려줬어요.**
1週間後に女性が男性にノートパソコンを返しました。

④ 일주일 후에 여자가 남자에게 돈을 **갚았어요.**
1週間後に女性が男性にお金を返しました。

⑤ 남자하고 여자가 책을 **교환했어요.**
男性と女性が本を交換しました。

⑥ 남자가 미국 돈을 한국 돈으로 **환전했어요.**
男性がアメリカのお金を韓国のお金に両替しました。

> **おまけ**
> (A→B)のように変化するものを表現する
> とき，変化後のBには助詞「(으)로」を用いる。
> **例1** 미국 돈을 한국 돈으로 환전했어요.
> アメリカのお金を韓国のお金に両替しました。
> **例2** 지하철 2호선에서 3호선으로 갈아탔어요.
> 地下鉄2号線から3号線に乗り換えました。
> **例3** 서울에서 부산으로 이사했어요.
> ソウルから釜山へ引っ越しました。

確認クイズ 正しい答えを選びましょう。

(1) 오늘 지갑을 집에 놓고 와서 친구한테 만 원을 (ⓐ 빌렸어요. / ⓑ 빌려줬어요.)

(2) 동생한테서 빌린 카메라를 오늘 동생한테 (ⓐ 갚았어요. / ⓑ 돌려줬어요.)

(3) 친구가 노트북이 필요하다고 해서 제 노트북을 (ⓐ 빌렸어요. / ⓑ 빌려줬어요.)

(4) 열심히 돈을 벌어서 은행에서 빌린 돈을 빨리 (ⓐ 갚으려고 / ⓑ 돌려주려고) 해요.

(5) 빨간색 신발이 마음에 안 들어요. 그래서 빨간색 신발을 파란색 신발로 (ⓐ 교환했어요. / ⓑ 환전했어요.)

(6) 오늘 은행에서 한국 돈을 일본 돈으로 (ⓐ 돌려줬어요. / ⓑ 환전했어요.)

F 支払い

계산하다
支払う

(1) 支払い方法を尋ねられたとき
A 어떻게 **계산하시겠어요?** お支払いはどのようになさいますか。
B 현금으로 **계산할게요.** 現金で支払います。
카드로 **계산할게요.** カードで支払います。

(2) クレジットカード
A 어떻게 해 드릴까요? 支払方法はどうなさいますか。
B 일시불로 해 주세요. 一括にしてください。
할부로 해 주세요. 分割払いにしてください。

確認クイズ 質問に合う答えを線で結びましょう。

(1) 어떻게 계산하시겠어요? ・　　　・ ⓐ 네, 전부 25,000원입니다.

(2) 계산할게요. ・　　　・ ⓑ 일시불로 해 주세요.

(3) 카드로 어떻게 해 드릴까요? ・　　　・ ⓒ 현금으로 할게요.

(4) 여기 카드 돼요? ・　　　・ ⓓ 죄송합니다. 카드가 안 됩니다.

テーマ別動詞

重要表現

A 計画を立てる

바라다	고민하다	믿다	결정하다 (= 정하다)
願う，望む	悩む	信じる	決定する(＝決める)

① 케빈은 한국 사람처럼 한국어를 잘하기를 **바랐어요**.
　ケビンは韓国人のように韓国語が上手になることを願っていました。

③ 케빈은 한국인 친구의 말을 **믿었어요**.
　ケビンは韓国人の友だちの言葉を信じました。

② 케빈은 공부하고 일 중에서 무엇을 할지 **고민했어요**.
　ケビンは勉強と仕事のうち，どちらをしょうか悩みました。

④ 결국 케빈은 공부를 하기로 **결정했어요**. (= 정했어요.)
　結局，ケビンは勉強をすることに決めました。

시작하다	미루다	결심하다	계획을 세우다
始める	先延ばしにする	決心する	計画を立てる

⑤ 책으로 공부하기 **시작했어요**.
　本で勉強をし始めました。

⑦ 케빈은 내일부터 다시 공부하기로 **결심했어요**.
　ケビンは明日からまた勉強することに決めました。

⑥ 하지만 케빈은 자꾸 공부를 **미뤘어요**.
　しかし，ケビンはよく勉強を先延ばしにしました。

⑧ 케빈은 어떻게 공부할지 **계획을 세웠어요**.
　ケビンはどうやって勉強するか計画を立てました。

確認クイズ 正しい答えを選んで書いて文を完成させましょう。

믿다	바라다	세우다	미루다	정하다	고민하다

(1) 하기 싫어도 오늘 일을 내일로 _____지 마세요.

(2) 요즘 여러 가지 문제 때문에 _____고 있어요.

(3) 방학 때 어디로 여행 갈지 아직 못 _____.

(4) 일을 시작하기 전에 자세히 계획을 _____는 편이에요.

(5) 제 친구가 거짓말을 자주 해서 그 친구의 말을 _____ 수 없어요.

(6) 부모님께서 항상 건강하시길 _____고 있어요.

B 経験

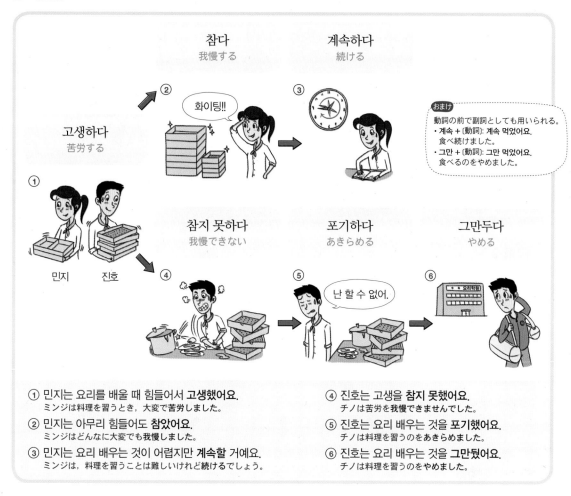

① 민지는 요리를 배울 때 힘들어서 **고생했어요**.
　ミンジは料理を習うとき，大変で苦労しました。

② 민지는 아무리 힘들어도 **참았어요**.
　ミンジはどんなに大変でも我慢しました。

③ 민지는 요리 배우는 것이 어렵지만 **계속할 거예요**.
　ミンジは，料理を習うことは難しいけれど続けるでしょう。

④ 진호는 고생을 **참지 못했어요**.
　チノは苦労を我慢できませんでした。

⑤ 진호는 요리 배우는 것을 **포기했어요**.
　チノは料理を習うのをあきらめました。

⑥ 진호는 요리 배우는 것을 **그만뒀어요**.
　チノは料理を習うのをやめました。

確認クイズ 正しい答えを選んで会話を完成させましょう。

| 고생하다 | 참다 | 포기하다 | 계속하다 | 그만두다 |

(1) A 김진수 씨가 왜 안 보여요?
　　B 김진수 씨가 어제 회사를 ＿＿＿＿＿＿. 다른 사람이 새로 올 거예요.

(2) A 여행이 어땠어요?
　　B 배탈이 나서 ＿＿＿＿＿＿. 진짜 힘들었어요.

(3) A 주사 맞기 싫어요.
　　B 아파도 조금만 ＿＿＿＿＿＿세요. 주사를 맞아야 해요.

(4) A 태권도를 배우고 있는데 너무 어려워요.
　　B ＿＿＿＿＿＿지 말고 끝까지 계속하세요. 제가 도와드릴게요.

(5) A 운동을 해도 효과가 없어요.
　　B 3개월 이상 ＿＿＿＿＿＿면 효과가 있을 거예요.

C 約束 1

약속하다
約束する

약속을 지키다
約束を守る

약속을 어기다
約束を破る

① 준수는 담배를 끊기로 아내와 **약속했어요**. チュンスは妻にタバコをやめると約束しました。
② 준수는 아내와의 **약속을 지켰어요**. チュンスは妻との約束を守りました。
③ 준수는 아내와의 **약속을 어겼어요**. チュンスは妻との約束を破りました。

D 約束 2

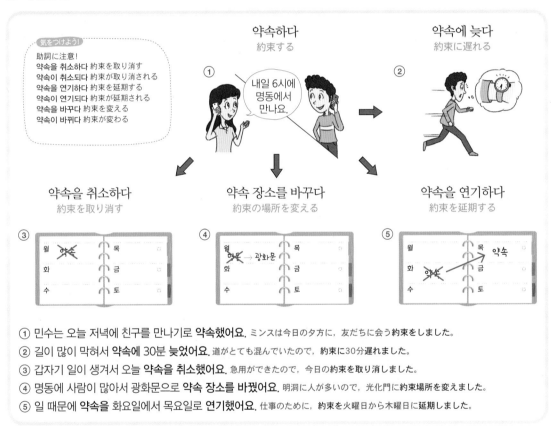

気をつけよう!

助詞に注意!
약속을 취소하다 約束を取り消す
약속이 취소되다 約束が取り消される
약속을 연기하다 約束を延期する
약속이 연기되다 約束が延期される
약속을 바꾸다 約束を変える
약속이 바뀌다 約束が変わる

약속하다
約束する

약속에 늦다
約束に遅れる

내일 6시에 명동에서 만나요.

약속을 취소하다
約束を取り消す

약속 장소를 바꾸다
約束の場所を変える

약속을 연기하다
約束を延期する

① 민수는 오늘 저녁에 친구를 만나기로 **약속했어요**. ミンスは今日の夕方に，友だちに会う約束をしました。
② 길이 많이 막혀서 **약속에 30분 늦었어요**. 道がとても混んでいたので，約束に30分遅れました。
③ 갑자기 일이 생겨서 오늘 **약속을 취소했어요**. 急用ができたので，今日の約束を取り消しました。
④ 명동에 사람이 많아서 광화문으로 **약속 장소를 바꿨어요**. 明洞に人が多いので，光化門に約束場所を変えました。
⑤ 일 때문에 **약속을 화요일에서 목요일로 연기했어요**. 仕事のために，約束を火曜日から木曜日に延期しました。

確認クイズ **正しい答えを選びましょう。**

(1) 진수는 약속하면 꼭 (ⓐ 지키니까 / ⓑ 어기니까) 친구들이 진수를 좋아해요.

(2) 민수가 갑자기 약속을 (ⓐ 바뀌어서 / ⓑ 바꿔서) 문제가 생겼어요.

(3) 2시 약속인데 2시 30분에 도착했어요. 약속 시간에 (ⓐ 늦었어요. / ⓑ 연기됐어요.)

(4) 비가 많이 와서 오늘 약속이 (ⓐ 취소했어요. / ⓑ 취소됐어요.)

E 睡眠

<table>
<tr>
<td>

눕다
横になる

①

① 자려고 침대에 **누웠어요.**
寝ようとベッドに横になりました。

</td>
<td>

잠이 안 오다
眠れない

②

② 하지만 저녁에 마신 커피 때문에 **잠이 안 왔어요.**
しかし，夕方に飲んだコーヒーのせいで眠れませんでした。

</td>
<td>

잠이 오다
眠くなる

③

③ 재미없는 책을 읽으니까 **잠이 왔어요.**
つまらない本を読んだら，眠くなりました。

</td>
</tr>
</table>

<table>
<tr>
<td>

졸리다
眠い

④

④ **졸려서** 하품했어요.
眠くてあくびしました。

</td>
<td>

졸다
居眠りする

⑤

⑤ 책을 읽으면서 **졸았어요.**
本を読みながら居眠りしました。

</td>
<td>

잠이 들다
寝入る

⑥

⑥ 책상 위에서 **잠이 들었어요.**
机の上で寝入りました。

</td>
</tr>
</table>

<table>
<tr>
<td>

자다
寝る

⑦

⑦ 책상 위에서 밤새 **잤어요.**
机の上で夜明けまで寝ました。

⑨ **잠을 깨** 보니까 책상 위였어요.
目を覚ますと，机の上でした。

</td>
<td>

꿈을 꾸다
夢を見る

⑧

⑧ 자는 동안 이상한 **꿈을 꾸었어요.**
寝ている間，変な夢を見ました。

</td>
<td>

잠을 깨다
目を覚ます

⑨

</td>
<td>

일어나다
起きる

⑩

⑩ **일어나서** 다시 침대로 갔어요.
起きて，またベッドに行きました。

</td>
</tr>
</table>

確認クイズ 適当なもの同士を線で結んで文を完成させましょう。

(1) 잠을 깼지만　　　　　•

(2) 잠을 자는 동안에　　•

(3) 잠이 안 올 때에는　•

(4) 수업에서 졸지 않으려면　•

(5) 텔레비전을 보다가　•

•　ⓐ 커피를 마시는 게 좋겠어요.

•　ⓑ 소파에서 잠이 들었어요.

•　ⓒ 그냥 침대에 누워 있었어요.

•　ⓓ 따뜻한 물로 목욕하면 좋아요.

•　ⓔ 꿈 속에서 돌아가신 할머니를 만났어요.

F 병기

(1)

진찰하다
診察する

진찰을 받다
診察を受ける

ⓐ 의사가 환자를 **진찰해요**.
医者が患者を**診察**します。

ⓑ 환자가 의사의 **진찰을 받아요**.
患者が医者の診察を受けます。

(2)

치료하다
治療する

치료를 받다
治療を受ける

ⓐ 의사가 환자의 상처를 **치료해요**.
医者が患者の傷を**治療**します。

ⓑ 환자가 상처를 **치료 받아요**.
患者が傷の治療を受けます。

(3)

입원하다
入院する

ⓐ 사고가 나서 한 달 동안 병원에 **입원했어요**.
事故が起きて，1か月間病院に**入院**しました。

수술하다
手術する

ⓑ 암 때문에 다음 달에 **수술해야 해요**.
癌のため，来月**手術**しなくてはなりません。

(4)

주사를 놓다
注射を打つ

주사를 맞다
注射を打ってもらう

ⓐ 간호사가 환자에게 **주사를 놓아요**.
看護師が患者に**注射**を打ちます。

ⓑ 환자가 어깨에 **주사를 맞아요**.
患者が肩に**注射**を打ってもらいます。

(5)

병에 걸리다
病気にかかる

병이 낫다
病気が治る

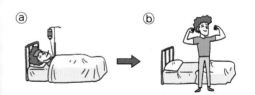

ⓐ 제가 불규칙한 생활 때문에 **병에 걸렸어요**.
私が不規則な生活のせいで**病気**にかかりました。

ⓑ 치료 받은 후에 **병이 다 나았어요**.
治療を受けた後，**病気**がすっかり治りました。

확인 퀴즈 適当なもの同士を線で結んで文を完成させましょう。

(1) 환자가 진찰을 •
(2) 환자가 주사를 •
(3) 환자가 입원을 •
(4) 환자가 병에 •
(5) 환자가 병이 •

• ⓐ 했어요
• ⓑ 맞았어요
• ⓒ 나았어요
• ⓓ 받았어요
• ⓔ 걸렸어요

G 車

(1)

타다
乗る

태우다
乗せる

ⓐ 여자가 남자의 자동차에 **타요**.
女性が男性の自動車に乗ります。

ⓑ 남자가 여자를 자동차에 **태워요**.
男性が女性を自動車に乗せます。

데려다주다
送り届ける

ⓒ 남자가 여자를 지하철역에 **데려다줘요**.
男性が女性を地下鉄の駅に送り届けます。

(2)

내리다
降りる

내려 주다
降ろす

ⓐ 여자가 남자의 자동차에서 **내려요**.
女性が男性の自動車から降ります。

ⓑ 남자가 여자를 지하철역 앞에 **내려 줘요**.
男性が女性を地下鉄の駅の前で降ろします。

갈아타다
乗り換える

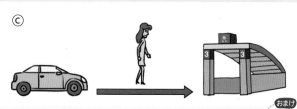

ⓒ 여자가 자동차에서 지하철로 **갈아타요**.
女性が自動車から地下鉄に乗り換えます。

> **おまけ**
> 「갈다」は「바꾸다」の意味を持つ。
> 갈아타다 乗り換える
> 갈아입다 着替える
> 갈아 신다 履き替える

確認クイズ 正しい答えを選んで書いて文を完成させましょう。

타다	태우다	내리다	갈아타다

(1) 지하철역까지 차로 ＿＿＿＿＿ 주세요.

(2) 지하철 2호선에서 4호선으로 ＿＿＿＿＿ 세요.

(3) 버스를 ＿＿＿＿＿ 때 교통 카드를 사용 하세요.

(4) 저는 약국 앞에서 ＿＿＿＿＿ 주세요. 약국에서 걸어갈게요.

H 「알다」を含む合成動詞

알아보다
調べる

ⓐ 여행에 대한 정보는 인터넷으로 **알아보세요**.
旅行についての情報はインターネットで
調べてください。

알아듣다
聞き取る

강남에서
만나기로 했어요.

50%

ⓑ 한국 드라마를 보면 50% 정도 **알아들어요**.
韓国のドラマを見ると50%くらい**聞き取れ**ます。

알다

알아두다
知っておく

ⓒ 이 음식은 건강에 좋으니까 꼭 **알아두세요**.
この食べ物は健康にいいので，ぜひ**知っておいて**
ください。

알아차리다
気づく

ⓓ 영화의 마지막까지 범인이 누군지 **알아차리지**
못했어요.
映画の最後まで犯人が誰か**分かり**ませんでした。

確認クイズ 下線部を正しく直しましょう。

(1) A 지금도 영화표를 살 수 있을까요?
　　B 잠깐만요, 제가 <u>알아둘게요</u>.

(2) A 이 단어가 중요해요?
　　B 그럼요, 시험에 나올 테니까 꼭 <u>알아차리세요</u>.

(3) A 한국 영화를 볼 때 자막이 필요해요?
　　B 네, 자막이 없으면 <u>알아보기</u> 어려워서
　　　이해할 수 없네요.

(4) A 거짓말한 것을 친구가 알고 있죠?
　　B 아니요, 그런데 이번에는 친구가 <u>알아듣지</u>
　　　못했어요.

I 似た意味を持つ単語

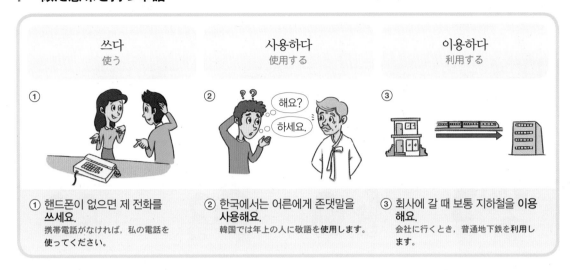

쓰다 使う　　**사용하다** 使用する　　**이용하다** 利用する

① 핸드폰이 없으면 제 전화를 **쓰세요**.
携帯電話がなければ，私の電話を使ってください。

② 한국에서는 어른에게 존댓말을 **사용해요**.
韓国では年上の人に敬語を使用します。

③ 회사에 갈 때 보통 지하철을 **이용해요**.
会社に行くとき，普通地下鉄を利用します。

吹き出し: 해요?　하세요.

J 「사다」と「하다」を含む合成動詞

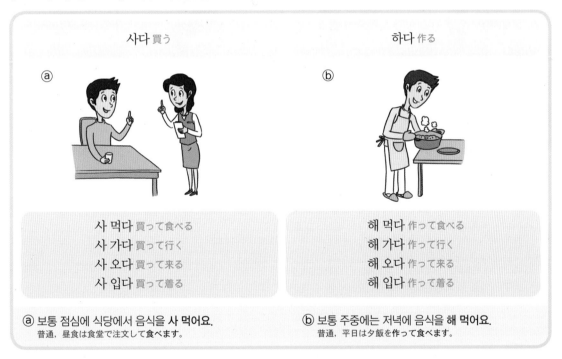

사다 買う　　　　　　　　　　**하다** 作る

ⓐ
사 먹다 買って食べる
사 가다 買って行く
사 오다 買って来る
사 입다 買って着る

ⓑ
해 먹다 作って食べる
해 가다 作って行く
해 오다 作って来る
해 입다 作って着る

ⓐ 보통 점심에 식당에서 음식을 **사 먹어요**.
普通，昼食は食堂で注文して食べます。

ⓑ 보통 주중에는 저녁에 음식을 **해 먹어요**.
普通，平日は夕飯を作って食べます。

確認クイズ 正しい答えを選びましょう。

(1) 한국어를 (ⓐ 사용 / ⓑ 이용)해서 말할 때 많이 신경 써야 해요.

(2) 내 친구는 요리를 못해서 밖에서 음식을 (ⓐ 사 먹어요. / ⓑ 해 먹어요.)

(3) 요즘은 건강을 위해서 계단을 (ⓐ 쓰는 / ⓑ 이용하는) 사람이 많아요.

(4) 저는 옷을 잘 만드니까 제 옷을 직접 (ⓐ 사 입어요. / ⓑ 해 입어요.)

感情表現

重要表現

A 「되다」と用いられる場合

걱정되다	안심되다	긴장되다	안정되다
心配になる	安心する	緊張する	安定する

기대되다	후회되다	부담되다	흥분되다
期待される，楽しみだ	悔やまれる	負担になる	興奮する

① 밖에 나간 아이가 밤이 돼도 집에 안 들어와서 **걱정돼요**.
　外に出かけた子どもが，夜になっても家に帰ってこないので，心配です。

② 아이가 어른과 같이 나갔다고 하니까 **안심돼요**.
　子どもが大人と一緒に出かけたというので安心です。

③ 처음 외국에 갔을 때 외국인과 말이 잘 안 통해서 **긴장됐어요**.
　初めて外国に行ったとき，外国人と言葉がうまく通じなくて緊張しました。

④ 연습을 많이 안 해서 긴장했지만 옆에 친구가 있어서 **안정됐어요**.
　練習をあまりにもしなかったので緊張したけど，横に友だちがいて安心しました。

⑤ 다니고 싶었던 학교에 합격했어요. 대학 생활이 정말 **기대돼요**.
　通いたかった学校に合格しました。大学生活が本当に楽しみです。

⑥ 어제 친한 친구하고 작은 일로 싸웠는데 지금 너무 **후회돼요**.
　昨日，親しい友だちとささいなことで喧嘩をしましたが，今すごく後悔しています。

⑦ 저는 항상 돈이 부족한 학생이니까 비싼 해외 여행은 **부담돼요**.
　私はいつもお金がない学生なので，高い海外旅行は負担になります。

⑧ 축구 경기를 할 때 **흥분돼서** 의자에 앉아서 볼 수 없어요.
　サッカーの試合をするとき，興奮して椅子に座って見ることができません。

確認クイズ 適当なもの同士を線で結びましょう。

(1) 내일 시험이 있는데 준비를 못 했어요.　　　　　•　　　　　• ⓐ 긴장돼요.

(2) 내일 오랜만에 제주도 여행을 떠나요.　　　　　•　　　　　• ⓑ 걱정돼요.

(3) 저에 대한 부모님의 기대가 너무 커요.　　　　　•　　　　　• ⓒ 후회돼요.

(4) 시험공부를 했지만 시험 볼 때 가슴이 뛰어요.　　•　　　　　• ⓓ 안심돼요.

(5) 어렸을 때 공부를 열심히 했어야 했어요.　　　　•　　　　　• ⓔ 기대돼요.

(6) 감기가 다 나았어요. 이제 걱정 안 해도 돼요.　•　　　　　• ⓕ 부담돼요.

B 感情を表す動詞

사랑하다 愛する **마음에 들다** 気に入る **좋아하다** 好む **싫어하다** 嫌う

실망하다 失望する, がっかりする **만족하다** 満足する **당황하다** 慌てる **질투하다** 嫉妬する

① **사랑하는** 사람과 함께 지내고 싶어요. 愛する人と一緒に過ごしたいです。

② 이 옷이 제 **마음에 들어요.** この服が気に入りました。

③ 저는 맵지 않은 음식을 **좋아해요.** 私は辛くない食べ物が好きです。

④ 저는 닭고기가 들어간 음식을 **싫어해요.** 私は鶏肉が入った食べ物が嫌いです。

⑤ 승진 발표에서 제가 떨어져서 **실망했어요.** 昇進の発表で私が落ちてがっかりしました。

⑥ 저는 이번 시험의 성적에 **만족해요.** 私は今回の試験の成績に満足です。

⑦ 식당에서 음식을 먹은 후 계산할 때 지갑이 없어서 **당황했어요.**
　　食堂で食べ物を食べた後会計をするとき、財布がなくて慌てました。

⑧ 너무 사이가 좋은 남녀를 **질투하는** 사람이 있어요. すごく仲がいい男女に嫉妬する人がいます。

> **気をつけよう!**
> 韓国語の「좋아하다」は日本語と違って助詞は
> 「을/를」を使う。
> 例 저는 음악을 좋아해요. (○) 私は音楽が好きです。
> 　　저는 음악이 좋아해요. (×)

> **おまけ**
> ・느끼다, 생각하다: (自分の感覚や体験をもとに)感じたり考えたりする
> 　例 외국어를 공부하면서 그 나라의 문화와 생각을 느낄 수 있어요.
> 　　外国語を勉強しながら、その国の文化や考えを感じることができます。
> ・느낌이 들다, 생각이 들다: (自分の意図と関係なく)感じられたり思われたりする
> 　例 그 일을 시작할 때 왠지 이상한 느낌이 들었어요.
> 　　その仕事を始めるとき、なぜか変な感じがしました。

確認クイズ 正しい答えを選んで書いて文を完成させましょう。

만족하다　　당황하다　　사랑하다　　실망하다　　마음에 들다　　질투하다

(1) 한국어 수업이 너무 재미있어요. 지금 수업에 ＿＿＿＿＿＿＿고 있어요.

(2) 선생님이 항상 한 학생만 좋아해서 다른 학생들이 그 학생을 ＿＿＿＿＿＿＿.

(3) 저 구두가 ＿＿＿＿＿＿＿지만 돈이 부족해서 못 샀어요.

(4) ＿＿＿＿＿＿＿는 사람과 결혼해서 영원히 함께 살고 싶어요.

(5) 한국 사람이 나이를 자꾸 물어봐서 처음에는 ＿＿＿＿＿＿＿지만 지금은 익숙해졌어요.

(6) 맛있는 식당이라서 기대하고 갔는데 실제로 맛이 좋지 않아서 ＿＿＿＿＿＿＿.

C 肯定的な感情

행복하다
幸せだ

기쁘다
嬉しい

①

②

즐겁다
楽しい

반갑다
嬉しい(久しぶりに誰かに会ったり，
思いがけずいいことがあったりした場合)

③

④

> **おまけ**
> 人に初めて会ったとき:
> 기쁘다 (×) 반갑다 (○)
> 例 만나서 반갑습니다.
> お会いできてうれしいです。

① 좋아하는 사람과 함께 시간을 보내게 돼서 정말 **행복해요**.
好きな人と一緒に時間を過ごすことになって本当に**幸せ**です。

③ 사람들과 얘기하면서 **즐거운** 시간을 보냈어요.
人々と話しながら**楽しい**時間を過ごしました。

② 이번 시험에 합격해서 너무 **기뻐요**.
今回の試験に合格して，すごくうれしいです。

④ 오랜만에 진수 씨를 만나서 정말 **반가웠어요**.
久しぶりにチンスさんに会って，本当にうれしかったです。

確認クイズ1 次の中から適当でないものを1つ選びましょう。

(1) 우리 집은 (ⓐ 기쁜 / ⓑ 행복한 / ⓒ 즐거운) 집이에요.

(2) 오랜만에 만나서 (ⓐ 기쁘게 / ⓑ 반갑게 / ⓒ 행복하게) 악수했어요.

(3) (ⓐ 반가운 / ⓑ 행복한 / ⓒ 즐거운) 시간을 보냈어요.

(4) 좋은 동료와 (ⓐ 즐겁게 / ⓑ 행복하게 / ⓒ 반갑게) 일하고 있어요.

確認クイズ2 正しい答えを選びましょう。

(1) 승진 소식을 듣고 (ⓐ 기뻐서 / ⓑ 반가워서) 소리를 질렀어요.

(2) 어떤 일이든지 (ⓐ 반갑게 / ⓑ 즐겁게) 하면 덜 힘든 것 같아요.

(3) 친구와 놀이공원에 가서 (ⓐ 즐겁게 / ⓑ 기쁘게) 놀았어요.

(4) 오랫동안 가고 싶었던 여행을 하는 동안 (ⓐ 반가웠어요. / ⓑ 행복했어요.)

D 否定的な感情

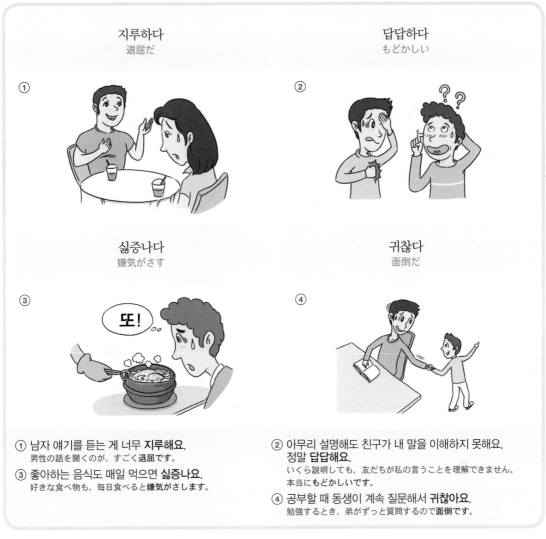

지루하다
退屈だ

답답하다
もどかしい

싫증나다
嫌気がさす

귀찮다
面倒だ

또!

① 남자 얘기를 듣는 게 너무 **지루해요**.
男性の話を聞くのが，すごく退屈です。

③ 좋아하는 음식도 매일 먹으면 **싫증나요**.
好きな食べ物も，毎日食べると嫌気がさします。

② 아무리 설명해도 친구가 내 말을 이해하지 못해요.
정말 **답답해요**.
いくら説明しても，友だちが私の言うことを理解できません。
本当にもどかしいです。

④ 공부할 때 동생이 계속 질문해서 **귀찮아요**.
勉強するとき，弟がずっと質問するので面倒です。

おまけ
・(화/싫증/짜증)이/가 나다: 動詞であるが，形容詞のように気分を表現するとき
・(화/싫증/짜증)을/를 내다: どんな気分であるかが分かるように行動で表現するとき。例えば，怒るのなら大声を出したり，ものを投げたり，顔を赤くしたりする場合。
例 화가 났지만 화를 내지 않았어요.
イライラしたけど，怒りませんでした。

気をつけよう!
意味が若干異なるので注意!
・심심하다: 退屈だ (することがない場合)
例 평일에는 바쁘지만 주말에는 약속이 없어서 심심해요.
平日は忙しいけど，週末は約束がなくて退屈です。
・지루하다: 退屈だ (同じ状態が長時間持続する場合)
例 그 영화가 너무 지루해서 계속 하품만 했어요.
その映画はすごく退屈で，ずっとあくびばかりしました。

確認クイズ 正しい答えを選びましょう。

(1) 선생님의 얘기가 너무 길어서 (ⓐ 지루해요. / ⓑ 귀찮아요.)

(2) 매일 똑같은 옷을 입어야 하니 (ⓐ 귀찮아요. / ⓑ 싫증나요.)

(3) 좁은 집에서 사는 것이 (ⓐ 지루해요. / ⓑ 답답해요.)

(4) 매일 청소하기 (ⓐ 귀찮아서 / ⓑ 지루해서) 일주일에 한 번 청소해요.

E 似た感情

(1)

창피하다
恥ずかしい"
(他人の視線に面目を傷つけられるとき)

부끄럽다
恥ずかしい
(良心がとがめることのせいで堂々とできないとき)

① 내가 왜 거짓말을 했을까?

① 많은 사람들 앞에서 넘어졌을 때 정말 **창피했어요.**
大勢の前で転んだとき，本当に恥ずかしかったです。

② 거짓말을 한 내 자신이 **부끄러워요.**
嘘をついた自分自身が恥ずかしいです。

(2)

불쌍하다
かわいそうだ

안타깝다
気の毒だ

① 혼자 동생들을 돌보는 아이가 **불쌍해요.**
1人で弟妹たちの面倒を見ている子どもがかわいそうです。

② 불쌍한 아이 옆에서 도와줄 사람이 없는 상황이 **안타까웠어요.**
かわいそうな子どもの横で，助けてあげる人がいない状況が気の毒でした。

(3)

아쉽다
心残りだ (必要なときになかったり足りなかったりして，残念で満足できない)

아깝다
惜しい (価値がある対象がきちんと扱われておらず，もどかしい)

① 먹고 싶었던 음식이 다 떨어져서 먹을 수 없어요.
아쉬워요.
食べたかった食べ物が全部なくなって，食べられません。
心残りです。

② 어제 산 비싼 핸드폰을 오늘 잃어버렸어요.
돈이 **아까워요.**
昨日買った高い携帯電話を，今日なくしました。
お金がもったいないです。

[確認クイズ] **正しい答えを選びましょう。**

(1) 한국어로 말할 때 많이 실수해서 (ⓐ 창피해요. / ⓑ 아까워요.)

(2) (ⓐ 불쌍한 / ⓑ 아쉬운) 사람을 보면 누구나 도와주고 싶을 거예요.

(3) 전쟁에서 너무 많은 사람이 죽는 것을 보니 (ⓐ 아쉬웠어요. / ⓑ 안타까웠어요.)

(4) 친한 친구와 같이 여행을 못 가서 (ⓐ 아쉬워요. / ⓑ 부끄러워요.)

F その他

신나다
浮き浮きする

어색하다
ぎこちない

섭섭하다
名残惜しい

짜증나다
いらいらする

속상하다
むしゃくしゃする，心が痛む

괴롭다
つらい

① 야구 경기에서 우리 팀이 5:3으로 이겨서 정말 **신나요**.
野球の試合で私たちのチームが5:3で勝って本当に**浮き浮き**します。

② 처음 만난 사람과 앉아 있을 때 분위기가 **어색해서** 불편해요.
初めて会った人と座っているとき，雰囲気が**ぎこちなくて**気まずいです。

③ 오랫동안 같이 공부한 친구와 헤어질 때 **섭섭했어요**.
長い間一緒に勉強した友だちと別れるとき**名残惜し**かったです。

④ 도서관에서 어떤 사람이 계속 전화해서 **짜증났어요**.
図書館である人がずっと電話していて，**いらいら**しました。

⑤ 결승선 바로 앞에서 아이가 넘어져서 **속상했어요**.
ゴールラインの直前で子どもが転んで，**心が痛み**ました。

⑥ 아침마다 사람들로 꽉 찬 버스 때문에 **괴로워요**.
毎朝，人でぎゅうぎゅうになったバスのせいで**つらい**です。

確認クイズ 適当なもの同士を線で結んで文を完成させましょう。

(1) 친구가 내 생일을 잊어버렸을 때 ·   · ⓐ 신나요.

(2) 파티에서 빠른 음악과 춤이 나올 때 ·   · ⓑ 어색해요.

(3) 잘 모르는 사람과 얘기할 때 ·   · ⓒ 괴로워요.

(4) 싫어하는 상사 밑에서 일할 때 ·   · ⓓ 섭섭해요.

ショッピングの表現

第90課

重要表現

A 色

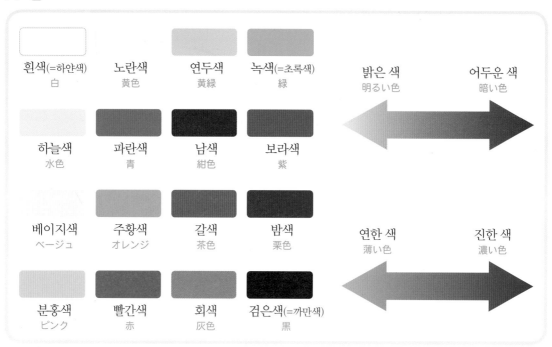

色	韓国語	日本語
	흰색(=하얀색)	白
	노란색	黄色
	연두색	黄緑
	녹색(=초록색)	緑
	하늘색	水色
	파란색	青
	남색	紺色
	보라색	紫
	베이지색	ベージュ
	주황색	オレンジ
	갈색	茶色
	밤색	栗色
	분홍색	ピンク
	빨간색	赤
	회색	灰色
	검은색(=까만색)	黒

밝은 색 明るい色 ← → 어두운 색 暗い色

연한 색 薄い色 ← → 진한 색 濃い色

確認クイズ1 絵の色に合う単語と線で結びましょう。

(1) (2) (3) (4) (5)

ⓐ 녹색　　　ⓑ 흰색　　　ⓒ 빨간색　　　ⓓ 보라색　　　ⓔ 노란색

確認クイズ2 絵を見て，正しい答えを選びましょう。

(1)  A 무슨 색 모자를 썼어요?
　　B (ⓐ 녹색 / ⓑ 회색) 모자를 썼어요.

(2) 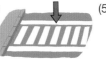 A 무슨 색 바지를 샀어요?
　　B (ⓐ 파란색 / ⓑ 노란색) 바지를 샀어요.

(3) A 무슨 색 구두를 신었어요?
　　B (ⓐ 빨간색 / ⓑ 까만색) 구두를 신었어요.

(4) A 무슨 색 가방을 사고 싶어요?
　　B (ⓐ 흰색 / ⓑ 갈색) 가방을 사고 싶어요.

B　ものの描写: 거

(1) 色

빨간 거 赤いもの	파란 거 青いもの
ⓐ	ⓑ
밝은 거 明るいもの	어두운 거 暗いもの
ⓐ	ⓑ

(2) 大きさと形

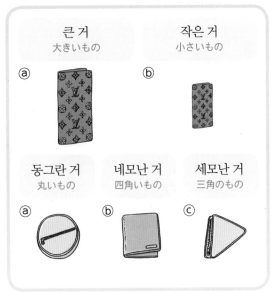

큰 거 大きいもの	작은 거 小さいもの
ⓐ	ⓑ

동그란 거 丸いもの	네모난 거 四角いもの	세모난 거 三角のもの
ⓐ	ⓑ	ⓒ

(3) 商品のブランド名と生産地

현대 거 ヒュンダイのもの	포드 거 フォードのもの
ⓐ	ⓑ
HYUNDAI GRANDEUR	FORD TAURUS
국산 거 国産のもの	외제 거 外国製のもの
ⓐ	ⓑ

(4) 使用期間

새 거 新しいもの	오래된 거 古いもの
ⓐ	ⓑ
100년 된 거 100年もの	3년 된 거 3年たったもの
ⓐ	ⓑ

확인퀴즈 **正しい答えを選びましょう。**

(1) 너무 작아요. 더 (ⓐ 큰 거 / ⓑ 작은 거) 보여 주세요.

(2) 이 가방은 10년 전에 샀지만 깨끗해서 (ⓐ 새 거 / ⓑ 오래된 거) 같아요.

(3) 이 디자인이 저한테 잘 안 어울려요. (ⓐ 같은 거 / ⓑ 다른 거) 없어요?

(4) 네모난 모양의 열쇠고리가 마음에 안 들어요. (ⓐ 네모난 거 / ⓑ 동그란 거) 없어요?

C 商品の長所と短所

(1)

디자인이 좋다
デザインがよい

ⓐ

품질이 좋다
品質がよい

ⓑ

(2)

디자인이 안 좋다 (= 나쁘다)
デザインがよくない (＝悪い)

ⓐ

품질이 안 좋다 (= 나쁘다)
品質がよくない (＝悪い)

ⓑ

(3)

잘 어울리다
よく似合う

ⓐ

잘 안 어울리다
あまり似合わない

ⓑ

(4)

잘 맞다
よく合う

ⓐ

잘 안 맞다
あまり合わない

ⓑ

確認クイズ 絵を見て，正しい答えを選びましょう。

(1)

옷의 (ⓐ 품질 / ⓑ 디자인)
이 안 좋아서 옷에 구멍이
났어요.

(2)

이 자동차는 옛날
(ⓐ 품질 / ⓑ 디자인)
이라서 인기가 없어요.

(3)

옷이 너무 커요. 저한테
(ⓐ 맞는 / ⓑ 안 맞는)
옷으로 바꾸고 싶어요.

(4)

저 옷은 저한테 잘
(ⓐ 어울려서 / ⓑ 안 어울려서)
사지 않을 거예요.

D 問題

단추가 떨어지다 ボタンがとれる	구멍이 나다 穴が開く	가방 끈이 찢어지다 カバンのひもが切れる	바느질이 안 좋다 縫い方がよくない

옷이 줄어들다 服が縮む	옷이 늘어나다 服が伸びる	물이 빠지다 色が落ちる	얼룩이 묻다 しみが付く

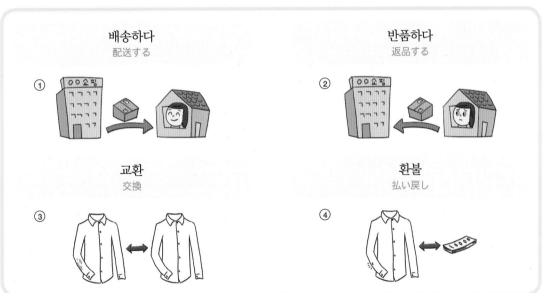

배송하다 配送する	반품하다 返品する

교환 交換	환불 払い戻し

確認クイズ 正しい答えを選びましょう。

(1) 세탁한 후에 옷이 (ⓐ 줄어들었어요. / ⓑ 늘어났어요.) 그래서 저한테 옷이 작아요.

(2) 단추가 (ⓐ 떨어졌어요. / ⓑ 찢어졌어요.) 그래서 새 단추를 달아야 해요.

(3) 신발에 얼룩이 묻어서 다른 신발로 (ⓐ 교환하고 / ⓑ 환불하고) 싶어요.

(4) 인터넷으로 주문한 운동화가 마음에 안 들어서 운동화를 (ⓐ 배송하고 / ⓑ 반품하고) 싶어요.

服装の表現

重要表現

A 着用動詞

(1) 着用動詞は，身体部位や着用方法によって使い分けられる。

① 쓰다
頭や顔に着用するもの
(帽子，メガネ，マスク，…)

② 입다
上半身と下半身に 着用するもの
(ズボン，スカート，シャツ，
ブラウス，コート，…)

③ 신다
足に着用するもの (靴，運動靴，
靴下，ストッキング，…)

④ 끼다
小さい隙間に何かがぴたっ
と合うように着用するもの
(指輪，手袋，コンタクトレンズ，…)

⑤ 하다
アクセサリーのように付加的に
着用するもの (ネックレス，
イヤリング，ピアス，スカーフ，
マフラー，ネクタイ，…)

⑥ 차다
体の一部分にものを巻いて
着用するもの (時計，ベルト，
ブレスレット，…)

> **気をつけよう!**
> 「-고 있다」の否定形は「-고 있지 않다」である。
> 例 바지를 입고 있지 않아요. (O) ズボンを履いていません。
> 바지를 입고 없어요. (×)

(2) **着用しないものを表現するとき**

① 여자는 치마를 입고 있어요.
女性はスカートをはいています。

② 여자는 바지를 입고 있지 않아요. (= 안 입고 있어요.)
女性はズボンをはいていません。

③ 아무도 안경을 쓰고 있지 않아요.
誰もメガネをかけていません。

④ 남자는 아무것도 신고 있지 않아요.
男性は何も履いていません。

確認クイズ1 次の中から，ほかの3つと異なる動詞を使うものを選びましょう。

(1) ⓐ 바지 / ⓑ 잠옷 / ⓒ 치마 / ⓓ 양말

(2) ⓐ 모자 / ⓑ 안경 / ⓒ 마스크 / ⓓ 콘택트렌즈

(3) ⓐ 목걸이 / ⓑ 목도리 / ⓒ 반지 / ⓓ 귀걸이

(4) ⓐ 시계 / ⓑ 장갑 / ⓒ 벨트 / ⓓ 팔찌

確認クイズ2 上の絵を見て，正しい答えを選びましょう。

(1) 여자는 모자를 (ⓐ 쓰고 있어요. / ⓑ 쓰고 있지 않아요.)

(2) 여자는 장갑을 (ⓐ 끼고 있어요. / ⓑ 끼고 있지 않아요.)

(3) 여자는 가방을 (ⓐ 들고 있어요. / ⓑ 들고 있지 않아요.)

(4) 여자는 운동화를 (ⓐ 신고 있어요. / ⓑ 신고 있지 않아요.)

B 同じものに異なる動詞を使う場合

(1) 넥타이

| 하다 する | ① | 매다 しめる | ② |

(2) 안경

| 쓰다 かける | ① | 끼다 かける | ② |

(3) 우산

| 쓰다 さす | ① | 들다 持つ | ② |

(4) 가방

| 메다 背負う | ① | 들다 持つ | ② | 끌다 引く | ③ |

確認クイズ 絵を見て，正しい答えを選びましょう。

(1) 남자가 왼손으로 여행 가방을 (ⓐ 들고 / ⓑ 끌고) 있어요.

(2) 남자가 어깨에 가방을 (ⓐ 메고 / ⓑ 끌고) 있어요.

(3) 남자가 우산을 (ⓐ 들고 / ⓑ 쓰고) 있어요.

(4) 남자가 넥타이를 (ⓐ 매고 있어요. / ⓑ 매고 있지 않아요.)

(5) 남자가 모자를 머리에 (ⓐ 쓰고 있어요. / ⓑ 쓰고 있지 않아요.)

(6) 남자가 선글라스를 손에 (ⓐ 들고 있어요. / ⓑ 들고 있지 않아요.)

C 服の種類

(1) 服の長さによる

반바지	긴 바지	반팔 셔츠 (= 반소매 셔츠)	긴팔 셔츠 (= 긴소매 셔츠)	민소매 셔츠
半ズボン	長ズボン	半袖シャツ	長袖シャツ	袖なしシャツ

(2) 服の名称

> **おまけ**
> 「옷」(固有語)と「복」(漢字語)は
> どちらも衣服を意味する。

前に付く名詞が漢字語であれば，漢字語である「복」が付く。

수영복	운동복	한복	양복	교복	제복
水着	運動服	韓服	洋服	(学校の)制服	制服

前に付く名詞が固有語であれば，固有語である「옷」が付く。

잠옷	비옷	속옷
パジャマ	レインコート	下着

確認クイズ 正しい答えを選んで書きましょう。

양복	잠옷	속옷	교복	비옷	운동복	반팔 옷	수영복

(1) 잘 때 _____ 을/를 입어요. (2) 수영할 때 _____ 을/를 입어요.

(3) 운동할 때 _____ 을/를 입어요. (4) 비가 올 때 _____ 을/를 입어요.

(5) 보통 더울 때 _____ 을/를 입어요. (6) 보통 옷 안에 _____ 을/를 입어요.

(7) 회사에서 남자가 _____ 을/를 입어요. (8) 학교에서 학생이 _____ 을/를 입어요.

D 着脱動詞

(1) 벗다

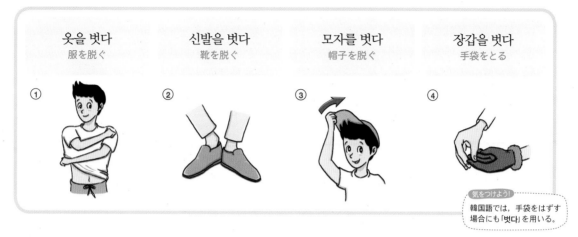

옷을 벗다	신발을 벗다	모자를 벗다	장갑을 벗다
服を脱ぐ	靴を脱ぐ	帽子を脱ぐ	手袋をとる

① ② ③ ④

> 気をつけよう!
> 韓国語では，手袋をはずす場合にも「벗다」を用いる。

(2) 풀다

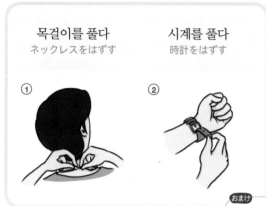

목걸이를 풀다	시계를 풀다
ネックレスをはずす	時計をはずす

① ②

(3) 빼다

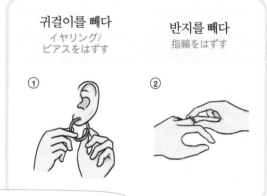

귀걸이를 빼다	반지를 빼다
イヤリング/ピアスをはずす	指輪をはずす

① ②

> おまけ
> ・풀다: 手首につける時計や首に巻くネックレスのように巻きつけたものをはずす。
> ・빼다: 耳につけるイヤリングや指にはめる指輪のようにしっかりはめたものをはずす。

確認クイズ 次の単語に使用できる反対の動詞を2つ選んで書きましょう。

신다	차다	빼다	입다	풀다	하다	쓰다	벗다	끼다

(1) 치마 : _____ ↔ _____   (2) 시계 : _____ ↔ _____

(3) 구두 : _____ ↔ _____   (4) 장갑 : _____ ↔ _____

(5) 모자 : _____ ↔ _____   (6) 귀걸이 : _____ ↔ _____

(7) 목걸이 : _____ ↔ _____   (8) 목도리 : _____ ↔ _____

(9) 반지 : _____ ↔ _____   (10) 안경 : _____ ↔ _____

(11) 팔찌 : _____ ↔ _____   (12) 양말 : _____ ↔ _____

E 形と模様の描写

(1) 形

① 별 모양의 열쇠고리 星形のキーホルダー

② 하트 모양의 목걸이 ハート形のネックレス

③ 달 모양의 반지 月形の指輪

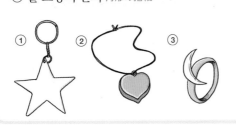

(2) 模様

① 줄무늬 옷 縞模様の服

② 꽃무늬 손수건 花柄のハンカチ

③ 체크무늬 우산 チェック柄の傘

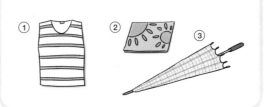

確認クイズ 絵を見て，正しい答えを選びましょう。

조카 선물을 샀어요. (1) (ⓐ 줄무늬 / ⓑ 체크무늬) 치마와

(2) (ⓐ 줄무늬 / ⓑ 체크무늬) 가방을 샀어요.

그리고 (3) (ⓐ 별 / ⓑ 달) 모양의 머리핀도 샀어요.

F 材質の描写

① 가죽 지갑 革の財布

② 면 티셔츠 綿のTシャツ

③ 모스웨터 羊毛のセーター

④ 실크 블라우스 シルクのブラウス

⑤ 고무장화 ゴムの長靴

⑥ 금반지 金の指輪

⑦ 은 목걸이 銀のネックレス

⑧ 망사 가방 メッシュバッグ

⑨ 플라스틱 안경 プラスチックのメガネ

⑩ 유리컵 ガラスのコップ

⑪ 털장갑 毛の手袋

確認クイズ 絵を見て，正しい答えを書きましょう。

> **おまけ**
> 材料を表現するときは、
> 助詞「(으)로」が用いられる。

(1) 지갑이 _____ (으)로 만들어졌어요.

(2) 컵이 _____ (으)로 만들어졌어요.

(3) 반지가 _____ (으)로 만들어졌어요.

(4) 스웨터가 _____ (으)로 만들어졌어요.

(5) 목걸이가 _____ (으)로 만들어졌어요.

(6) 장화가 _____ (으)로 만들어졌어요.

(7) 장갑이 _____ (으)로 만들어졌어요.

(8) 티셔츠가 _____ (으)로 만들어졌어요.

G 何かが付いているものの描写

주머니가 달린 바지
ポケットが付いたズボン

①

지퍼가 달린 필통
ジッパーが付いたペンケース

②

리본이 달린 구두
リボンが付いた靴

③

바퀴가 달린 가방
キャスターの付いたカバン

④

손잡이가 달린 가방
取っ手が付いたカバン

⑤

끈이 달린 가방
ひもが付いたカバン

⑥

> **おまけ**
> 끈: ひも (縛るときに使用)
> 줄: ひも, 綱 (つかむときに使用)

確認クイズ 絵を見て，正しい答えを書きましょう。

(1)
_____ 이/가
달린 옷을
샀어요.

(2)
_____ 이/가
달린 카메라가
들고 다니기
편해요.

(3)
_____ 이/가
달린 화장품을
사고 싶어요.

H 2種類以上の服装を描写するとき

①    ②

① 청바지에 셔츠를 입고 있어요.
ジーパンにシャツを着ています。

② 선글라스에 수영복을 입고 있어요.
サングラスに水着を着ています。

確認クイズ 絵を見て，正しい答えを選びましょう。

(1)
(ⓐ 털 / ⓑ 면) 티셔츠에
체크무늬 치마를
입고 있어요.

(2)
녹색 바지에
(ⓐ 유리 / ⓑ 가죽) 구두를
신고 있어요.

(3)
하트 모양의 (ⓐ 금 / ⓑ 은)
목걸이에 달 모양의
귀걸이를 하고 있어요.

時間の表現

重要表現

A 時間副詞

(1) 전에 vs. 아까 と 이따가 vs. 나중에

전에
前に

아까
(= 조금 전에)
さっき (=少し前に)

이따가
(= 조금 후에)
後で (=少し後に)

나중에
後で，いつか

ⓐ　　　　ⓑ　　　　　　　　　　　　　　ⓒ　　　　ⓓ
時間
지금

ⓐ 그 사람을 전에 만난 적이 있어요.
その人に前に会ったことがあります。

ⓒ 이따가 다시 전화할게요.
後でまた電話します。

ⓑ 아까 어떤 사람이 찾아왔어요.
さっきある人が訪ねて来ました。

ⓓ 나중에 사업을 해 보고 싶어요.
いつか事業をしてみたいです。

(2) 지금 vs. 이제

ⓐ

지금
今

ⓑ

이제
これから

時間　　　　　　　　　　　　　　　　　時間

ⓐ 지금 운동하고 있어요. 今, 運動をしています。

ⓑ 이제 담배를 끊을 거예요. これからタバコをやめるつもりです。

確認クイズ1 正しい答えを選びましょう。

(1) (ⓐ 지금 / ⓑ 이제) 샤워하고 있어서 전화를 받을 수 없어요.

(2) (ⓐ 아까 / ⓑ 전에) 부산에 가 본 적이 있지만 잘 기억 안 나요.

(3) 30분 후에 다시 올게요. (ⓐ 이따가 / ⓑ 나중에) 여기에서 만나요.

(4) 전에 돈을 너무 많이 썼어요. (ⓐ 지금 / ⓑ 이제) 돈을 아껴 써야 해요.

(5) (ⓐ 이따가 / ⓑ 나중에) 여행 가려고 지금 돈을 모으고 있어요.

(6) (ⓐ 아까 / ⓑ 전에) 어떤 사람이 찾아왔어요. 1시간 후에 다시 올 거예요.

> 気をつけよう!
> 「이따가」は今から近い時間の範囲を指し，「나중에」は「다음에」と似た意味を表す。

(3) 방금 vs. 금방

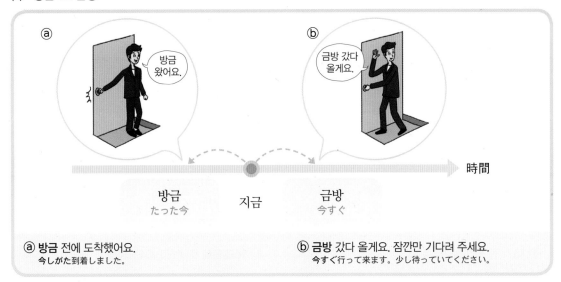

ⓐ 방금 왔어요.

ⓑ 금방 갔다 올게요.

방금 たった今	지금	금방 今すぐ

時間

ⓐ **방금** 전에 도착했어요.
今しがた到着しました。

ⓑ **금방** 갔다 올게요. 잠깐만 기다려 주세요.
今すぐ行って来ます。少し待っていてください。

(4) 곧 vs. 잠깐

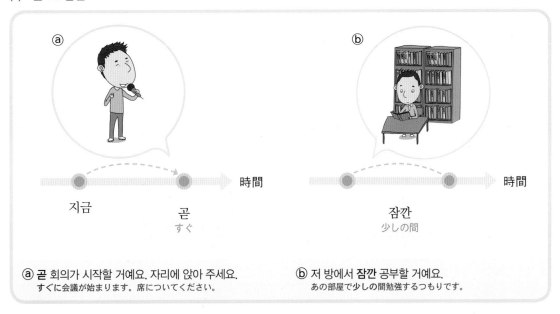

지금   곧
すぐ

時間

잠깐
少しの間

時間

ⓐ **곧** 회의가 시작할 거예요. 자리에 앉아 주세요.
すぐに会議が始まります。席についてください。

ⓑ 저 방에서 **잠깐** 공부할 거예요.
あの部屋で少しの間勉強するつもりです。

確認クイズ2 正しい答えを選びましょう。

(1) 직원이 (ⓐ 방금 / ⓑ 금방) 올 거예요.

(2) 그 책을 (ⓐ 곧 / ⓑ 잠깐) 읽어서 무슨 내용인지 잘 모르겠어요.

(3) 저도 (ⓐ 방금 / ⓑ 금방) 전에 도착해서 오래 기다리지 않았어요.

(4) (ⓐ 곧 / ⓑ 잠깐) 겨울이 되니까 두꺼운 옷을 준비하세요.

(5) 보일러를 켜니까 방 안이 (ⓐ 방금 / ⓑ 금방) 따뜻해졌어요.

(6) (ⓐ 방금 / ⓑ 곧) 만든 음식이니까 식기 전에 드세요.

(5) 동안 vs. 만에

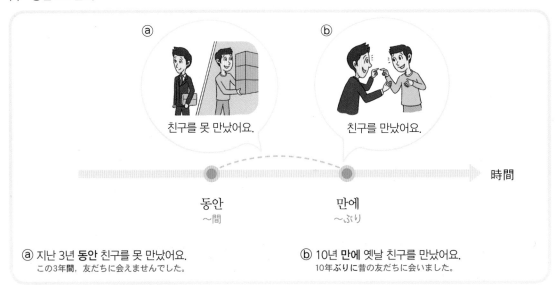

ⓐ 지난 3년 **동안** 친구를 못 만났어요.
この3年間，友だちに会えませんでした。

ⓑ 10년 **만에** 옛날 친구를 만났어요.
10年ぶりに昔の友だちに会いました。

確認クイズ3 正しい答えを選びましょう。

(1) (ⓐ 오랫동안 / ⓑ 오랜만에) 못 만난 친구를 오늘 만나기로 했어요.

(2) 교통사고로 (ⓐ 한 달 동안 / ⓑ 한 달 만에) 병원에 입원했어요.

(3) (ⓐ 5년 동안 / ⓑ 5년 만에) 고향에 돌아가니까 기대돼요.

(4) (ⓐ 3시간 동안 / ⓑ 3시간 만에) 회의를 계속해서 좀 피곤해요.

(6) 동안 vs. 부터

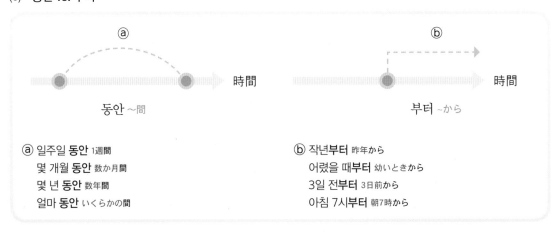

ⓐ 일주일 **동안** 1週間
몇 개월 **동안** 数か月間
몇 년 **동안** 数年間
얼마 **동안** いくらかの間

ⓑ 작년**부터** 昨年から
어렸을 때**부터** 幼いときから
3일 전**부터** 3日前から
아침 7시**부터** 朝7時から

確認クイズ4 正しい答えを選びましょう。

(1) (ⓐ 3일 동안 / ⓑ 3일 후부터) 시험을 준비했어요.

(2) (ⓐ 일주일 동안 / ⓑ 일주일 전부터) 세일이 시작했어요.

(3) (ⓐ 며칠 동안 / ⓑ 며칠 전부터) 고향에 돌아갈 거예요.

(4) (ⓐ 어렸을 때 동안 / ⓑ 어렸을 때부터) 태권도를 배웠어요.

B 前後

(1) 전에

おまけ

次の副詞は時間の長さにより，使われ方が異なる。

바로 전에 直前に

얼마 전에 少し前に

한참 전에 ずっと前に

오래 전에 かなり前に

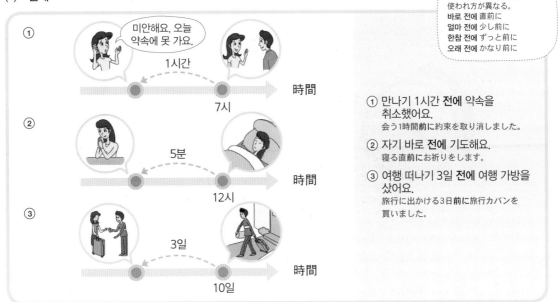

① 만나기 1시간 **전에** 약속을 취소했어요.
会う1時間**前**に約束を取り消しました。

② 자기 바로 **전에** 기도해요.
寝る直前にお祈りをします。

③ 여행 떠나기 3일 **전에** 여행 가방을 샀어요.
旅行に出かける3日**前**に旅行カバンを買いました。

(2) 후에

おまけ

바로 전에 = 직전에 直前に

바로 후에 = 직후에 直後に

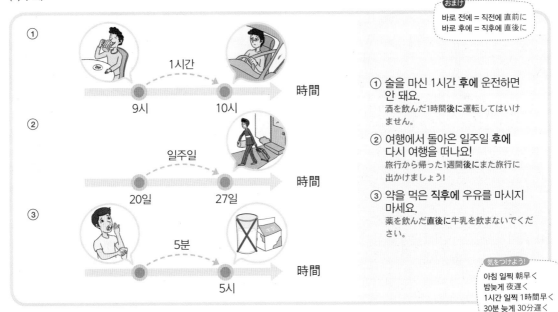

① 술을 마신 1시간 **후에** 운전하면 안 돼요.
酒を飲んだ1時間**後**に運転してはいけません。

② 여행에서 돌아온 일주일 **후에** 다시 여행을 떠나요!
旅行から帰った1週間**後**にまた旅行に出かけましょう!

③ 약을 먹은 **직후에** 우유를 마시지 마세요.
薬を飲んだ**直後**に牛乳を飲まないでください。

気をつけよう!

아침 일찍 朝早く

밤늦게 夜遅く

1시간 일찍 1時間早く

30분 늦게 30分遅く

確認クイズ 正しい答えを選びましょう。

(1) 오늘 길이 많이 막혀서 (ⓐ 늦게 30분 / ⓑ 30분 늦게) 도착했어요.

(2) 회사에서 승진한 (ⓐ 직후에 / ⓑ 직전에) 제가 한턱냈어요.

(3) 서울에 오기 (ⓐ 5시 전에 / ⓑ 바로 전에) 비행기표를 샀어요.

(4) 영화가 시작하고 (ⓐ 30분 전에 / ⓑ 30분 후에) 영화관에 도착했어요.

C 時間

(1)

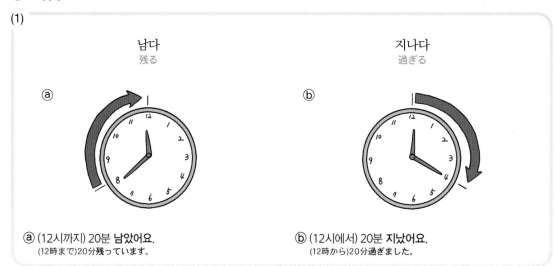

남다
残る

ⓐ (12시까지) 20분 **남았어요**.
(12時まで)20分残っています。

지나다
過ぎる

ⓑ (12시에서) 20분 **지났어요**.
(12時から)20分過ぎました。

(2)

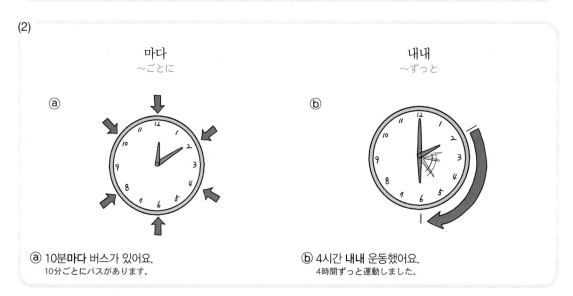

마다
〜ごとに

ⓐ 10분**마다** 버스가 있어요.
10分ごとにバスがあります。

내내
〜ずっと

ⓑ 4시간 **내내** 운동했어요.
4時間ずっと運動しました。

확인퀴즈 正しい答えを選びましょう。

(1) 회의가 1시간 ⓐ 지났는데 음식이 아직도 준비 안 됐어요.
　　　　　　　ⓑ 지냈는데

(2) 친구를 ⓐ 2시간 내내 기다렸지만 아직도 안 와요.
　　　　　ⓑ 2시간마다

(3) 수업이 끝나려면 1시간이나 ⓐ 남았는데 너무 졸려요.
　　　　　　　　　　　　　　ⓑ 지났는데

(4) 친구가 평일에 시간이 없어서 ⓐ 주말 내내 저녁에 잠깐 친구를 만나요.
　　　　　　　　　　　　　　ⓑ 주말마다

D 過ごす

보내다
過ごす

지내다
過ごす (ある場所で生活しつつ時間が経過する。
「생활하다」(生活する)と似た意味。

ⓐ
주말 잘 보내세요.

ⓑ
그동안 잘 지냈어요?

ⓐ **주말 잘 보내세요.**
いい週末を過ごしてください。

ⓑ 작년에는 한국에서 잘 **지냈는데** 올해는 좀 힘들어요.
昨年は韓国で無事に過ごしましたが, 今年は少し大変です。

おまけ
「지내다」は「関係を保つ」という意味もある。
例1 나는 우리 반 친구들과 잘 지내고 있어요.
私はクラスの友だちと仲良く過ごしています。
例2 사장님은 우리하고 가족처럼 지내고 있어요.
社長は私たちと家族のように付き合っています。

確認クイズ1 正しい答えを選びましょう。

(1) 한국 생활이 좋아요. 요즘 잘 (ⓐ 보내고 / ⓑ 지내고) 있어요.

(2) 우리 어머니는 저하고 친구처럼 (ⓐ 보내요. / ⓑ 지내요.)

(3) 휴가를 가서 조용한 시간을 (ⓐ 보냈어요. / ⓑ 지냈어요.)

(4) 전에는 직장 생활을 잘 못 (ⓐ 보냈지만 / ⓑ 지냈지만) 지금은 잘 지내요.

(5) 이번 추석은 가족과 함께 (ⓐ 보내려고 / ⓑ 지내려고) 해요.

(6) 회사 동료와 문제 없이 잘 (ⓐ 보내고 / ⓑ 지내고) 있어요.

確認クイズ2 正しい答えを入れて会話を完成させましょう。

(1) A 주말 잘 _____ ?
   B 네, 친구하고 재미있게 보냈어요.

(2) A 동생하고 어떻게 _____ ?
   B 사이좋게 지내요.

(3) A 그동안 잘 _____ ?
   B 네, 덕분에 잘 지냈어요.

(4) A 휴가 때 보통 어떻게 시간을 _____ ?
   B 여행 가거나 집에서 쉬어요.

確認クイズ3 適当なもの同士を線で結びましょう。

(1) 금요일 저녁에 헤어지는 친구에게 •

(2) 친구와 사이가 안 좋은 친구에게 •

(3) 휴가 때 헤어지는 친구에게 •

(4) 한국에 유학 온 친구에게 •

• ⓐ 휴가 잘 보내세요.

• ⓑ 주말 잘 보내세요.

• ⓒ 한국에서 잘 지내세요.

• ⓓ 친구와 잘 지내세요.

数量の表現

A 点数の表現

(1) 点数

0점
(「영점」または「빵점」と読む)

① 시험 0

① 이번 시험을 못 봤어요. **0점** 받았어요.
今回の試験は全然できませんでした。0点をもらいました。

100점
(「백 점」また，満点が100点の場合には「만점」と読むこともある)

② 시험 100

② 이번 시험을 잘 봤어요. **100점** 받았어요.
今回の試験はよくできました。100点をもらいました。

(2) 小数点

① **3 5 . 3 5**
삼십오 ↑ 삼 오
점

② **0 . 5**
영 ↑ 오
점

③ **0 . 0 1**
영 ↑ 영 일
점

小数点を読むとき，「0」は「공」
ではなく「영」と読む。

(3) 試合の点数

3:1 (삼 대 일)

①
3 : 1

① 축구 경기에서 우리 팀이 3:1로
이겼어요.
サッカーの試合で私たちのチームが3:1で
勝ちました。

1:1 (일 대 일)

② 🇰🇷 ⚽ 🇯🇵
1 : 1

② 한국하고 일본이 축구 경기에서
1:1로 비겼어요.
韓国と日本がサッカーの試合で1:1で
引き分けました。

0:2 (영 대 이)

③
0 : 2

③ 테니스 경기에서 제가 0:2로
졌어요.
テニスの試 合で私が0:2で
負けました。

おまけ
試合の点数の後には，
助詞「(으)로」を用いる。

確認クイズ 下線部を正しく直しましょう。

(1) **3 : 0**

어제 야구 경기에서
삼 대 공으로 이겼어요.

(2) ------ 합격
0.5점 ↕

시험에서 공 점 오 점
부족해서 떨어졌어요.

(3) **210점**

스케이트 경기에서
이백일십 점 받았어요.

(4) **2 : 2**
⚽

축구 경기에서
두 대 두로 비겼어요.

B 比率

(1) 分数

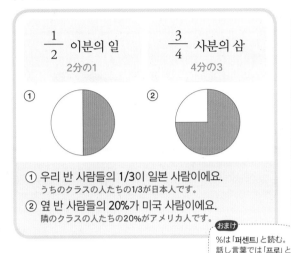

$\frac{1}{2}$ 이분의 일
2分の1

$\frac{3}{4}$ 사분의 삼
4分の3

① 우리 반 사람들의 1/3이 일본 사람이에요.
うちのクラスの人たちの1/3が日本人です。

② 옆 반 사람들의 **20%**가 미국 사람이에요.
隣のクラスの人たちの20%がアメリカ人です。

> **おまけ**
> %は「퍼센트」と読む。
> 話し言葉では「프로」と読むこともある。

(2) 全体と部分

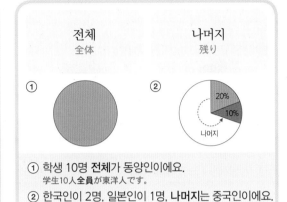

전체
全体

나머지
残り

① 학생 10명 **전체**가 동양인이에요.
学生10人**全員**が東洋人です。

② 한국인이 2명, 일본인이 1명, **나머지**는 중국인이에요.
韓国人が2人，日本人が1人，残りは中国人です。

(3) 전부 vs. 대부분 vs. 절반 vs. 일부

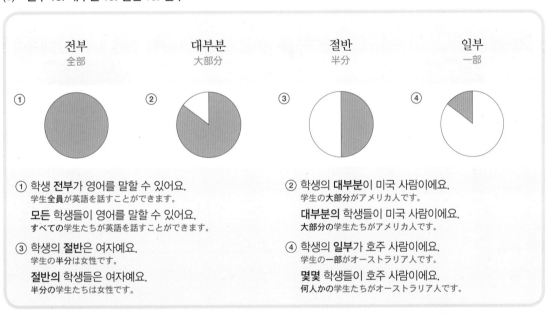

전부
全部

대부분
大部分

절반
半分

일부
一部

① 학생 **전부**가 영어를 말할 수 있어요.
学生**全員**が英語を話すことができます。

모든 학생들이 영어를 말할 수 있어요.
すべての学生たちが英語を話すことができます。

③ 학생의 **절반**은 여자예요.
学生の半分は女性です。

절반의 학생들은 여자예요.
半分の学生たちは女性です。

② 학생의 **대부분**이 미국 사람이에요.
学生の**大部分**がアメリカ人です。

대부분의 학생들이 미국 사람이에요.
大部分の学生たちがアメリカ人です。

④ 학생의 **일부**가 호주 사람이에요.
学生の一部がオーストラリア人です。

몇몇 학생들이 호주 사람이에요.
何人かの学生たちがオーストラリア人です。

> **気をつけよう!**
> · 모두 (= 전부): [副詞] 動詞の前で用いる
> 例 사람들이 모두 왔어요.
> 人たちがみんな来ました。
> · 모든: [連体詞] 名詞の前で用いる
> 例 모든 사람들이 왔어요.
> すべての人たちが来ました。

確認クイズ 割合を見て，正しい答えを選びましょう。

(1) 100% → 회사 사람들 (ⓐ 전체 / ⓑ 부분)이/가 한국인이에요.

(2) 80% → (ⓐ 모든 / ⓑ 대부분)의 학생들이 한자를 알아요.

(3) 10% → 학생들의 (ⓐ 일부 / ⓑ 절반)만 아르바이트를 해요.

(4) 25% → 네 사람이 피자 하나를 (ⓐ 일분의 사 / ⓑ 사분의 일)씩 먹었어요.

(5) 20% → 제 친구의 (ⓐ 일분의 오 / ⓑ 오분의 일)이/가 결혼 안 했어요.

C 距離と長さ

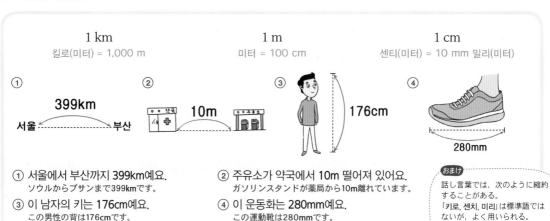

1 km
킬로(미터) = 1,000 m

1 m
미터 = 100 cm

1 cm
센티(미터) = 10 mm 밀리(미터)

① 서울에서 부산까지 399km예요.
ソウルからプサンまで399kmです。

③ 이 남자의 키는 176cm예요.
この男性の背は176cmです。

② 주유소가 약국에서 10m 떨어져 있어요.
ガソリンスタンドが薬局から10m離れています。

④ 이 운동화는 280mm예요.
この運動靴は280mmです。

> **おまけ**
> 話し言葉では，次のように縮約
> することがある。
> 「키로, 센치, 미리」は標準語では
> ないが，よく用いられる。
> km (킬로미터) 킬로, 키로
> kg (킬로그램) 킬로, 키로
> cm (센티미터) 센티, 센치
> mm (밀리미터) 밀리, 미리
> ml (밀리리터) 밀리, 미리

D 重さ

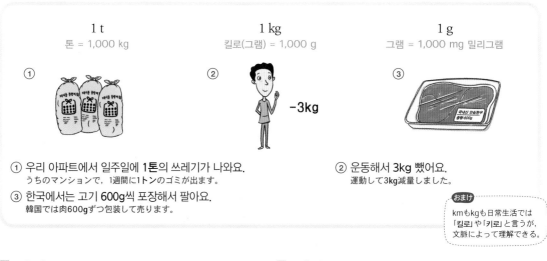

1 t
톤 = 1,000 kg

1 kg
킬로(그램) = 1,000 g

1 g
그램 = 1,000 mg 밀리그램

① 우리 아파트에서 일주일에 1톤의 쓰레기가 나와요.
うちのマンションで，1週間に1トンのゴミが出ます。

③ 한국에서는 고기 600g씩 포장해서 팔아요.
韓国では肉600gずつ包装して売ります。

② 운동해서 3kg 뺐어요.
運動して3kg減量しました。

> **おまけ**
> kmもkgも日常生活では
> 「킬로」や「키로」と言うが，
> 文脈によって理解できる。

E かさ

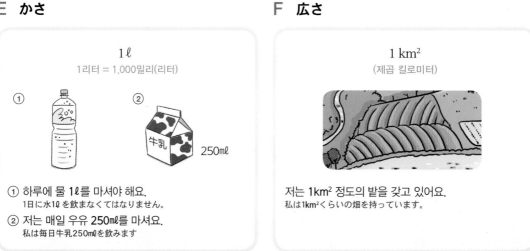

1ℓ
1리터 = 1,000밀리(리터)

① 하루에 물 1ℓ를 마셔야 해요.
1日に水1ℓを飲まなくてはなりません。

② 저는 매일 우유 250㎖를 마셔요.
私は毎日牛乳250㎖を飲みます

F 広さ

1 km²
(제곱 킬로미터)

저는 1km² 정도의 밭을 갖고 있어요.
私は1km²くらいの畑を持っています。

確認クイズ1 次の中から適当でないものを1つ選びましょう。

(1) ⓐ 10km → 십 킬로
　　 ⓑ 150ml → 백오십 리터
　　 ⓒ 80kg → 팔십 킬로
　　 ⓓ 90m² → 구십 제곱미터

(2) ⓐ 15mm → 십오 밀리
　　 ⓑ 150ml → 백오십 밀리
　　 ⓒ 300g → 삼백 밀리
　　 ⓓ 30cm → 삼십 센티

確認クイズ2 絵を見て，正しい答えを選びましょう。

(1)

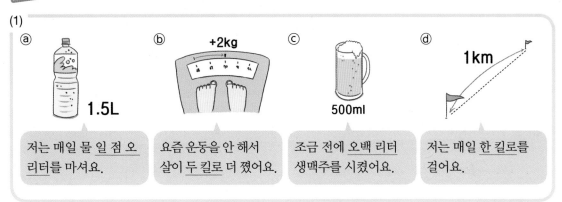

ⓐ 저는 매일 물 일 점 오 리터를 마셔요.

ⓑ 요즘 운동을 안 해서 살이 두 킬로 더 졌어요.

ⓒ 조금 전에 오백 리터 생맥주를 시켰어요.

ⓓ 저는 매일 한 킬로를 걸어요.

(2)

ⓐ 제 키는 백육십오 미터 예요.

ⓑ 매일 우유를 이백 밀리 씩 먹으면 먹어요.

ⓒ 소포 무게가 두 점 오 킬로 나왔습니다.

ⓓ 바지가 길어서 열 센티 정도 잘라야 돼요.

確認クイズ3 質問に合う答えを線で結びましょう。

(1) 몸무게가 몇 킬로예요?　　　•　　　　　• ⓐ 183cm예요.

(2) 키가 몇 센티예요?　　　•　　　　　• ⓑ 1,000㎖예요.

(3) 집에서 회사까지 몇 킬로예요?　•　　　　• ⓒ 78kg예요.

(4) 우유가 몇 리터예요?　　　•　　　　　• ⓓ 10km쯤 돼요.

(5) 발이 몇 밀리예요?　　　•　　　　　• ⓔ 255mm예요.

位置の表現

重要表現

A 写真での位置描写

(1)
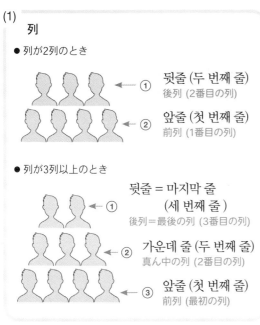

列

● 列が2列のとき

① 뒷줄 (두 번째 줄)
後列 (2番目の列)

② 앞줄 (첫 번째 줄)
前列 (1番目の列)

● 列が3列以上のとき

① 뒷줄 = 마지막 줄
(세 번째 줄)
後列＝最後の列 (3番目の列)

② 가운데 줄 (두 번째 줄)
真ん中の列 (2番目の列)

③ 앞줄 (첫 번째 줄)
前列 (最初の列)

(2)
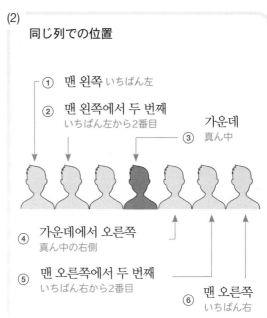

同じ列での位置

① 맨 왼쪽 いちばん左

② 맨 왼쪽에서 두 번째
いちばん左から2番目

③ 가운데
真ん中

④ 가운데에서 오른쪽
真ん中の右側

⑤ 맨 오른쪽에서 두 번째
いちばん右から2番目

⑥ 맨 오른쪽
いちばん右

(3)

話し言葉での位置の表現

진수

① 진수의 뒤의 뒤 チンスの後ろの後ろ

② 진수의 뒤 チンスの後ろ

③ 진수의 옆 チンスの隣

④ 진수의 옆의 옆 チンスの隣の隣

⑤ 진수의 앞 チンスの前

⑥ 진수의 앞의 앞 チンスの前の前

(4)
部位

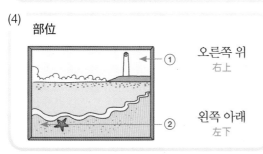

① 오른쪽 위
右上

② 왼쪽 아래
左下

(5)
面

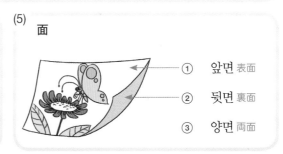

① 앞면 表面

② 뒷면 裏面

③ 양면 両面

文章を読んで，絵に合う家族の名称を書きましょう。

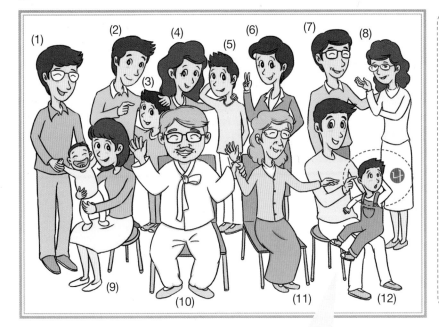

(1)	_____
(2)	_____
(3)	_____
(4)	_____
(5)	_____
(6)	_____
(7)	_____
(8)	_____
(9)	_____
(10)	_____
(11)	_____
(12)	_____

　　저는 사진의 맨 오른쪽에 앉아 있는 막내 삼촌의 무릎에 앉아 있어요. 막내 삼촌 바로 뒤에는 큰아버지가 서 있어요. 뒷줄의 오른쪽에서 두 번째 사람이에요. 뒷줄의 맨 오른쪽에 큰어머니가 서 있어요. 큰아버지 바로 옆에 있어요. 막내 삼촌 옆에는 할머니가 앉아 있어요. 그 옆에는 할아버지도 앉아 있어요.

　　할아버지와 할머니 사이에 큰형이 서 있어요. 큰형의 오른쪽에 있는 여자가 고모예요. 고모는 큰형과 큰아버지 사이에 서 있어요. 어머니는 할아버지 바로 뒤에 서 있어요. 어머니 옆에는 아버지가 있어요. 아버지와 어머니 사이에 작은형이 서 있어요.

　　뒷줄에서 맨 왼쪽에 있는 사람이 작은아버지예요. 아버지 옆에 서 있어요. 작은아버지와 아버지 사이에 작은어머니가 앉아 있어요. 사촌 동생을 안고 있어요.

絵を見て，正しい答えを書きましょう。

(1) A 어떤 분이 _____ 예요/이에요?

　　 B 뒷줄의 맨 왼쪽에서 두 번째 서 있는 분이에요.

(2) A _____ 이/가 어디에 있어요?

　　 B 뒷줄의 맨 오른쪽에서 세 번째 서 있어요.

(3) A 할머니와 할아버지 사이에 서 있는 사람이 누구예요?

　　 B _____ 예요/이에요.

(4) A 앞줄의 맨 왼쪽에 아기를 안고 있는 사람이 누구예요?

　　 B _____ 예요/이에요.

B 주위 vs. 주변 vs. 근처

(1)

① 달이 지구 **주위**를 돌고 있어요.
月が地球の周りを回っています。

② **주위**를 둘러보세요.
周囲を見回してください。

③ 사람들이 가수 **주위**를 둘러쌌어요.
人々が歌手の周りを囲みました。

(2)

① 집 **주변**에 술집이 많이 있어서 시끄러워요.
家の周辺に飲み屋がたくさんあってうるさいです。

② **주변** 사람들이 저를 잘 도와줘요.
周りの人たちが私をよく助けてくれます。

(3)

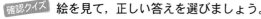

① 이 **근처**에 화장실 있어요?
この近くにトイレありますか。

② 내 친구는 경복궁 **근처**에 살아요.
私の友だちは景福宮の近くに住んでいます。

確認クイズ 絵を見て，正しい答えを選びましょう。

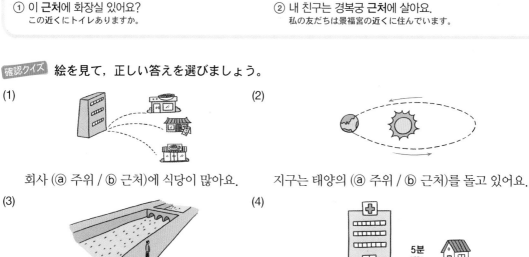

(1) 회사 (ⓐ 주위 / ⓑ 근처)에 식당이 많아요.

(2) 지구는 태양의 (ⓐ 주위 / ⓑ 근처)를 돌고 있어요.

(3) 한강 (ⓐ 주변 / ⓑ 주위)을/를 산책했어요.

(4) 병원이 너무 멀어서 그 (ⓐ 주위 / ⓑ 근처)로 이사 갔어요.

C 方角

確認クイズ1 絵を見て，正しい答えを書きましょう。

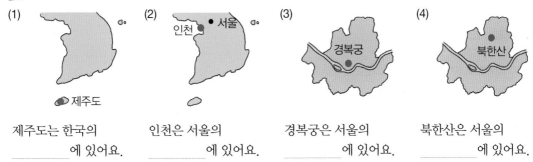

(1) 제주도는 한국의
_____ 에 있어요.

(2) 인천은 서울의
_____ 에 있어요.

(3) 경복궁은 서울의
_____ 에 있어요.

(4) 북한산은 서울의
_____ 에 있어요.

確認クイズ2 絵を見て，正しければ○，間違っていれば×をつけましょう。

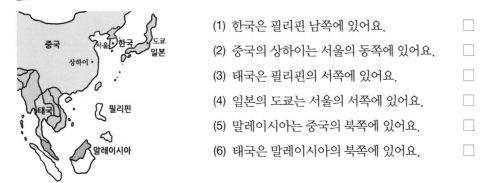

(1) 한국은 필리핀 남쪽에 있어요. ☐

(2) 중국의 상하이는 서울의 동쪽에 있어요. ☐

(3) 태국은 필리핀의 서쪽에 있어요. ☐

(4) 일본의 도쿄는 서울의 서쪽에 있어요. ☐

(5) 말레이시아는 중국의 북쪽에 있어요. ☐

(6) 태국은 말레이시아의 북쪽에 있어요. ☐

助詞

重要表現

韓国語の助詞は，日本語の助詞と同様，文の主語・目的語・副詞などを明示する機能を持つ。ただし，韓国語の助詞は，直前の名詞が子音終わりか母音終わりかによって形が変わる場合もある。また，日本語では一つの助詞が使われる場合に，韓国語では複数の助詞が使い分けられる場合もあることを覚えておこう。

A 主格助詞 이/가

主語の名詞が母音で終わるときは「가」，子音で終わるときは「이」が用いられる。

① 폴 씨가 호주 사람이에요. ポールさんがオーストラリア人です。　　② 선생님이 한국 사람이에요. 先生が韓国人です。

③ 길에 사람들이 많아요. 道に人が多いです。　　④ 집에 동생이 있어요. 家に弟/妹がいます。

⑤ 친구가 1층에 있어요. 友だちが1階にいます。

B 目的格助詞 을/를

気をつけよう！

助詞に注意！
・좋아하다〔動詞〕好む
　例 커피를 좋아해요.
　　コーヒーが好きです。
・좋다〔形容詞〕いい
　例 커피가 좋아요.
　　コーヒーがいいです。

目的語の名詞が母音で終わるときは「를」，子音で終わるときは「을」が用いられる。

① 커피를 좋아해요. コーヒーが好きです。(コーヒーを好みます。)　　② 물을 마셔요. 水を飲みます。

C 補助詞 은/는

前の名詞が母音で終わるときは「는」，子音で終わるときは「은」が用いられる。

(1) 主題を表すとき

　① 저는 유키예요. 私は由紀です。　　② 선생님은 한국 사람이에요. 先生は韓国人です。

(2) 対照を表すとき

　비빔밥하고 불고기를 좋아해요. 그런데 김치는 안 좋아해요.
　ビビンバとプルコギが好きです。ですが，キムチは好きではありません。

(3) 2つ以上を比較するとき

　사과는 2,000원이에요. 배는 3,000원이에요. リンゴは2000ウォンです。梨は3000ウォンです。

(4) 何かを強調するとき

　A 머리가 아파요. 頭が痛いです。
　B 약은 먹었어요? 薬は飲みましたか。

確認クイズ1 正しい答えを選びましょう。

(1) 친구(ⓐ 이 / ⓑ 가) 미국 사람이에요.　　(2) 병원 전화번호(ⓐ 을 / ⓑ 를) 몰라요.

(3) 제 이름(ⓐ 은 / ⓑ 는) 김진수입니다.　　(4) 선생님(ⓐ 이 / ⓑ 가) 사무실에 없어요.

確認クイズ2 下線部が正しければ○，間違っていれば×をつけましょう。

(1) 이를 닦을 때 치약을 필요해요.　□　　(2) 오늘 날씨가 정말 좋아요.　□

(3) 저는 진수 아버지 얼굴이 알아요.　□　　(4) 요즘 일을 많아서 힘들어요.　□

(5) 저는 커피가 정말 좋아해요.　□　　(6) 집에 자동차가 없어요.　□

D 時間を表す助詞 에

(1) 前の名詞が母音で終わるときも，子音で終わるときも「−에」を用いる。

3시에 만나요. 3時に会いましょう。

(2) 1つの文で，時間を表す「에」は1度だけ用いる。

다음 주 금요일 저녁 7시에 만나요. (○) 来週の金曜日，夕方7時に会いましょう。

다음 주에 금요일에 저녁 7시에 만나요. (×)

> **気をつけよう！**
> 「오늘, 어제, 내일」の後には助詞「에」を使わない。
> 例 내일에 만나요. (×)
> 　 내일 만나요. (○)

E 場所を表す助詞 에/에서

(1) 場所を表す助詞 에 (状態動詞と共に):
ある場所や何かが存在するかどうかを表すとき，またはある位置にある状態を表すとき。
通常，動詞「있다/없다」，形容詞と共に用いる。

① 화장실에 아무도 없어요. トイレに誰もいません。
② 길에 사람이 많아요. 道に人が多いです。

(2) 場所を表す助詞 에서 (動作動詞と共に):
行動がなされている場所を表すとき。

① 회사에서 일해요. 会社で働きます。
② 이따 공원에서 만나요! 後で公園で会いましょう！

(3) 目的地を表す助詞 에 (移動動詞と共に):
進行方向の目的地を表すとき。通常，「가다/오다, 도착하다, 다니다」のような移動動詞と共に用いる。

① 지금 은행에 가요. 今，銀行に行きます。
② 8시에 부산에 도착해요. 8時に釜山に到着します。

(4) 出発点を表す助詞 에서:
出発点，出所としての場所を表すとき。

① 저는 미국에서 왔어요. 私はアメリカから来ました。
② 우리 집은 회사에서 멀어요. 私たちの家は会社から遠いです。

確認クイズ1 助詞を入れて文を完成させましょう。

(1) 보통 / 아침 / 8시 / 회사 / 가요.

(2) 밤 / 11시 / 길 / 사람 / 없어요.

(3) 올해 / 6월 / 박물관 / 일했어요.

(4) 다음 달 / 15일 / 고향 / 돌아갈 거예요.

(5) 오늘 / 오후 / 2시 / 친구 / 만나요.

(6) 토요일 / 저녁 / 6시 / 공원 / 입구 / 봐요.

確認クイズ2 下線部を正しく直しましょう。

(1) <u>시장에서</u> 사람들이 많이 있어요.

(2) 일요일에 <u>사무실에서</u> 아무도 없어요.

(3) 다음 주에 금요일에 집에서 쉬어요.

(4) 3시간 후에 <u>부산에서</u> 도착할 거예요.

(5) <u>내일에</u> 오후 3시에 여행 갈 거예요.

(6) 오늘 저녁 7시에 <u>일본에서</u> 여행 가요.

F 「～に」の意味の「한테/에게/에」と「～から」の意味の「한테서/에게서/에서」

韓国語で授与動詞を使うとき，その対象が人か物かによって助詞を使い分ける。また，同じ人でも，フォーマルかインフォーマルかによって助詞を使い分ける。

(1) 人に付ける「한테/에게」vs. 事物に付ける「에」

- 한테〔人，インフォーマル〕
  유키가 친구**한테** 전화해요. 由紀が友だちに電話します。

- 에게〔人，フォーマル〕
  제가 동료**에게** 이메일을 보냈습니다. 私が同僚にEメールを送りました。

- 에〔団体のようなもの〕
  회사**에** 전화해서 30분 동안 얘기했어요. 会社に電話して30分間話しました。

> **おまけ**
> 「한테서/에게서」を「한테/에게」と省略して用いることもある。

(2) 人に付ける「한테서/에게서」と事物に付ける「에서」

- 한테서〔人，インフォーマル〕
  진수가 친구**한테서**(= 친구한테) 선물을 받았어요. チンスが友だちから(=友だちに)プレゼントをもらいました。

- 에게서〔人，フォーマル〕
  저는 사장님**에게서**(= 사장님에게) 이메일을 받았습니다. 私は社長から(=社長に)Eメールをもらいました。

- 에서〔団体のようなもの〕
  병원**에서** 전화가 와서 깜짝 놀랐어요. 病院から電話が来て，びっくりしました。

(3) 人に付ける「한테/에게」と事物に付ける「에」

- 에게/한테〔人〕
  ① 한자는 미국 사람**에게** 너무 어려워요. 漢字はアメリカ人に難しすぎます。
  ② 담배는 아이들**한테** 나쁜 영향을 줘요. タバコは子どもたちに悪い影響を与えます。

- 에〔事物〕
  ① 스트레스는 건강**에** 안 좋아요. ストレスは健康によくありません。
  ② 드라마는 듣기 공부**에** 도움이 돼요. ドラマは聞き取りの勉強に役立ちます。

> **気をつけよう!**
> 人か事物かによって助詞が異なる。
> 例 한국 문화에 관심이 있어요.
>   韓国文化に関心があります。
>   한국 배우에게 관심이 있어요.
>   韓国の俳優に関心があります。

確認クイズ 正しい答えを選びましょう。

(1) 형이 동생(ⓐ 에게 / ⓑ 에) 선물을 줬어요.

(2) 담배와 술은 건강(ⓐ 에게 / ⓑ 에) 안 좋아요.

(3) 이 편지는 형(ⓐ 한테서 / ⓑ 에서) 받았어요.

(4) 회사(ⓐ 에게서 / ⓑ 에서) 서류가 왔어요.

(5) 질문이 있으면 친구(ⓐ 한테 / ⓑ 한테서) 물어보세요.

(6) 사람이 다치면 119(ⓐ 에게 / ⓑ 에) 전화하세요.

(7) 조금 전에 대학(ⓐ 에게서 / ⓑ 에서) 연락 왔어요.

(8) 이 옷은 저(ⓐ 에게 / ⓑ 에) 잘 안 어울려요.

(9) 저는 한국 역사(ⓐ 에게 / ⓑ 에) 관심이 많아요.

(10) 친구(ⓐ 에게서 / ⓑ 에서) 이메일을 받고 답장했어요.

G 「〜から」の意味の「에서」と「부터」

(1) 〜에서 〜까지 〜から〜まで
집**에서** 회사**까지** 시간이 얼마나 걸려요? 家から会社まで近いです。

(2) 〜부터 〜까지 〜から〜まで
1시**부터** 2시**까지** 점심시간이에요. 1時から2時まで昼休みです。

(3) 〜까지 〜まで(に)
5시**까지** 일을 끝낼게요. 5時までに仕事を終わらせます。

(4) 〜까지 〜まで
어제 새벽 2시**까지** 공부했어요. 昨日, 夜中の2時まで勉強しました。

確認クイズ1 絵を見て, 正しい答えを書きましょう。

(1)
화요일 _____ 금요일
_____ 출장을 가요.

(2)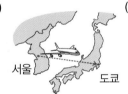
서울
도쿄
서울 _____ 도쿄
_____ 비행기로
2시간 걸려요.

(3)
한국에서는 6월
_____ 8월 _____
여름이에요.

(4)
사무실은 이 빌딩 3층
_____ 6층 _____
예요.

確認クイズ2 正しい答えを選んで書きましょう。

부터	에서	까지

(1) 축제는 10월 _____ 시작해요.

(2) 이 일은 금요일 _____ 끝내야 해요.

(3) 서울 _____ 제주도까지 여행하고 싶어요.

(4) 문제는 3번에서 5번 _____ 푸세요.

(5) 인천공항 _____ 서울 시내까지 1시간 걸려요.

(6) 한국에서는 8살 _____ 초등학교에 다녀요.

(7) 어제 시작한 이 영화는 다음 주 _____ 계속할 거예요.

(8) 이 일은 처음 _____ 문제가 있었어요.

(9) 걱정 마세요. 제가 끝 _____ 열심히 하겠습니다.

(10) 아침 9시 _____ 여기로 오세요.

H 「～と」の意味の「하고」vs. 「와/과」vs. 「(이)랑」

(1) 前の名詞が母音で終わるとき

- 하고〔インフォーマル〕
  아까 과자**하고** 물을 샀어요. さっきお菓子と水を買いました。
  친구**하고** 점심을 먹어요. 友だちと昼食を食べます。

- 와〔フォーマル〕
  서류**와** 노트북이 책상 위에 있습니다. 書類とノートパソコンが机の上にあります。
  동료**와** 회의를 했습니다. 同僚と会議をしました。

- 랑〔インフォーマル，特に親しい友だち間で用いられる〕
  어제 모자**랑** 가방을 샀어요. 昨日，帽子とカバンを買いました。
  친구**랑** 같이 한국어를 공부해요. 友だちと一緒に韓国語を勉強します。

(2) 前の名詞が子音で終わるとき

- 하고〔インフォーマル〕
  어제 라면**하고** 밥을 먹었어요. 昨日，ラーメンとキムチを食べました。
  주말에 가족**하고** 여행 갔어요. 週末に家族と旅行に行きました。

- 과〔フォーマル〕
  사장님**과** 직원들은 이번 제품에 대해 회의를 했습니다. 社長と職員たちは，今度の製品について会議をしました。
  내일 부장님**과** 같이 출장 갑니다. 明日，部長と一緒に出張に行きます。

- 이랑〔インフォーマル，特に親しい友だち間で用いられる〕
  한국 음악**이랑** 영화를 진짜 좋아해요. 韓国の音楽と映画が本当に好きです。
  선생님**이랑** 한국 문화에 대해 얘기했어요. 先生と韓国文化について話しました。

I 所有格助詞 의

「의」は話し言葉でよく省略される。

① 이것은 아버지**의** 가방이에요. これは父のカバンです。
② 그 사람**의** 이름을 잊어버렸어요. その人の名前を忘れてしまいました。

> **気をつけよう!**
> ただし，間に修飾語が入る場合は所有格助詞
> 「의」を省略できない。
> 例 선생님의 큰 가방 (○) 先生の大きいカバン
> 선생님 큰 가방 (×)

確認クイズ 正しい答えを選びましょう。

(1) 저녁에 저는 가족(ⓐ 이 / ⓑ 과) 식사합니다.

(2) 동료(ⓐ 가 / ⓑ 와) 제가 같이 발표했습니다.

(3) 저(ⓐ 랑 / ⓑ 는) 친구는 취미가 같아요.

(4) 동생은 아버지(ⓐ 에서 / ⓑ 하고) 닮았어요.

(5) 한국 음식(ⓐ 을 / ⓑ 이랑) 중국 음식을 만들 거예요.

(6) 동생(ⓐ 은 / ⓑ 과) 친구는 이름이 비슷합니다.

(7) 이것은 친구(ⓐ 가 / ⓑ 의) 책이에요.

J (으)로

前の名詞が母音で終わるときは「로」，子音で終わるときは「으로」が用いられる。
ただし，子音「ㄹ」で終わるときは，例外的に「로」が用いられる。

〔方向〕　사거리에서 왼쪽**으로** 가세요. 交差点で左へ行ってください。

〔変化の方向〕　미국 돈을 한국 돈**으로** 바꿔 주세요. アメリカのお金を韓国のお金に替えてください。

〔材料〕　불고기는 소고기**로** 만들어요. プルコギは牛肉で作ります。

〔手段〕　저는 사촌과 영어**로** 말해요. 私はいとこと英語で話します。

〔理由〕　저 여자는 교통사고**로** 다리를 다쳤어요. あの女性は交通事故で脚をけがしました。

確認クイズ 下線部が正しければ○，間違っていれば×をつけましょう。

(1) 신촌<u>으로</u> 이사하려고 해요. ☐　(2) 이 음식은 돼지 고기<u>로</u> 만들었어요. ☐

(3) 회사에 갈 때 지하철<u>로</u> 타세요. ☐　(4) 이번 사고<u>로</u> 많은 사람이 다쳤어요. ☐

(5) 신호등에서 왼쪽<u>으로</u> 가세요. ☐　(6) 지하철 2호선에서 3호선<u>에</u> 갈아타세요. ☐

(7) 검은색을 흰색<u>에</u> 바꿔 주세요. ☐　(8) 사거리에서 오른쪽<u>으로</u> 가면 왼쪽<u>으로</u> 있어요. ☐

K 助詞도と만

(1) 도: 主格助詞「이/가」や目的格助詞「을/를」は「도」と共に用いられるときに省略される。

① 동생이 음악을 좋아해요. 저**도** 음악을 좋아해요. 弟/妹が音楽が好きです。私も音楽が好きです。

② 저는 영화를 좋아해요. 저는 연극**도** 좋아해요. 私は映画が好きです。私は演劇も好きです。

その他の助詞は「도」と共に用いられるとき，省略することはできない。

③ 저는 동생에게 편지를 보냈어요. 저는 친구**에게도** 편지를 보냈어요.
私は弟/妹に手紙を送りました。私は友だちにも手紙を送りました。

④ 동생은 회사에서 양복을 입어요. 동생은 집**에서도** 양복을 입어요.
弟/妹は会社でスーツを着ます。弟/妹は家でもスーツを着ます。

(2) 만: 主格助詞「이/가」や目的格助詞「을/를」は「만」と共に用いられるときに省略される。

① 동생**만** 시간이 없어요. 弟/妹だけ時間がありません。

② 저는 한국 음식 중에서 김치**만** 못 먹어요. 私は韓国の食べ物の中で，キムチだけ食べられません。

その他の助詞は「만」と共に用いられるとき，省略することはできない。

③ 그 사람이 저**에게만** 책을 빌려줬어요. その人が私にだけ本を貸してくれました。

④ 저는 집**에서만** 인터넷을 해요. 私は家でだけインターネットをします。

確認クイズ 正しい答えを選びましょう。

(1) 주말에 쉬지 못했어요. 일도 하고 (ⓐ 청소도 / ⓑ 청소만) 했어요.

(2) 친구가 다른 사람한테 화를 내지 않아요. (ⓐ 나한테도 / ⓑ 나한테만) 화를 내요.

(3) 저는 집에서 청바지를 입어요. 그리고 (ⓐ 회사에서도 / ⓑ 회사에서만) 청바지를 입어요.

(4) 너무 피곤해서 아무것도 못 하고 하루 종일 (ⓐ 잠도 / ⓑ 잠만) 잤어요.

(5) 반찬을 먹을 때에는 고기만 먹지 말고 (ⓐ 채소도 / ⓑ 채소만) 먹어야 돼요.

L 尊敬の助詞

韓国語では尊敬語を用いるとき，語尾のみならず高める対象に付く助詞を変えることもある。

	主格助詞「이/가」	目的格助詞「을/를」	補助詞「은/는」
普通	동생이 신문을 읽어요. 弟/妹が新聞を読みます。	제가 동생을 도와줘요. 私が弟/妹を手伝います。	동생은 회사원이에요. 弟/妹は会社員です。
尊敬	아버지께서 신문을 읽으세요. お父さんが新聞をお読みに なります。	제가 아버지를 도와 드려요. 私がお父さんを手伝います。	아버지께서는 공무원 이세요. お父さんは公務員でいらっしゃい ます。
	한테/에게	한테서/에게서	한테는
普通	저는 친구에게 전화해요. 私は友だちに電話します。	저는 친구에게서 선물을 받았어요. 私は友だちからプレゼントを もらいました。	친구한테는 선물을 못 줬어요. 友だちにはプレゼントをあげられ ませんでした。
尊敬	저는 부모님께 전화 드려요. 私は両親に電話をさしあげます。	저는 부모님께 선물을 받았어요. 私は両親にプレゼントを いただきました。	선생님께는 선물을 못 드렸어요. 先生にはプレゼントをさしあげられ ませんでした。

> 普通のときと尊敬のときと同じ。

> 気をつけよう！
> 尊敬しなくてはならない相手に関する
> ものでも，助詞は尊敬の形にしない。
> 例 아버지 손께서 크세요. (×)
> 아버지 손이 크세요. (○)
> 父の手が大きいです。

確認クイズ1 より適当な答えを選びましょう。

(1) 할아버지(ⓐ 가 / ⓑ 께서) 아직도 일하세요.

(2) 할머니 다리(ⓐ 가 / ⓑ 께서) 아프세요.

(3) 지금 친구(ⓐ 에게 / ⓑ 께) 전화를 할 거예요.

(4) 동생(ⓐ 은 / ⓑ 께서는) 대학교에 다녀요.

(5) 어제 할머니(ⓐ 에게 / ⓑ 께) 선물을 드렸어요.

(6) 저는 어머니(ⓐ 께 / ⓑ 께서) 전화를 받았어요.

(7) 아버지(ⓐ 는 / ⓑ 께서는) 변호사세요.

(8) 아이가 어른(ⓐ 께 / ⓑ 께서) 인사를 드려요.

確認クイズ2 下線部を尊敬語に変えましょう。

(1) 우리 할아버지는 요리사세요. ➡

(2) 사람들이 할아버지가 만든 음식을 아주 좋아해요. ➡

(3) 요즘 할아버지에게 스마트폰 사용법을 가르쳐 드려요. ➡

(4) 그래도 할아버지가 건강하시니까 계속 일하실 거예요. ➡

(5) 어제는 할아버지에게 과자를 선물 받아서 정말 기분이 좋았어요. ➡

M その他

(1) (이)나 ～や，か
① 커피**나** 차 드시겠어요? コーヒーかお茶、召し上がりますか。
② 토요일**이나** 일요일에 놀러 오세요. 土曜日か日曜日に遊びに来てください。

(2) 에 ～に
① 하루**에** 두 번 지하철을 타요. 1日に2回、地下鉄に乗ります。
② 사과가 한 개**에** 2,000원이에요. リンゴ1個2000ウォンです。

(3) 마다 ～ごとに
① 일요일**마다** 친구를 만나요. 日曜日ごとに友だちに会います。
② 사람**마다** 생각이 달라요. 人によって考えが違います。

(4) 보다 ～より
① 내가 형**보다** 키가 더 커요. 私が兄より背が高いです。
② 서울이 제주도**보다** 날씨가 더 추워요. ソウルが済州島より寒いです。

(5) 처럼 ～ように
① 4월인데 여름**처럼** 날씨가 더워요. まだ、4時なのに夏のように暑いです。
② 그 여자는 아이**처럼** 웃어요. その女性は子どものように笑います。

> **気をつけよう！**
> 修飾を受ける語の品詞によって、次のように使い分けられる。
> **例1** 이 음식은 초콜릿처럼 달아요.
> 〔形容詞や動詞を修飾するとき〕
> この食べ物はチョコレートのように甘いです。
> **例2** 저는 초콜릿 같은 것을 좋아해요.
> 〔名詞を修飾するとき〕
> 私はチョコレートのようなものが好きです。

N 特定の名詞の後ろに用いられる接辞

次のものは助詞ではなく接辞で、特定の名詞と用いられる。

(1) 씩: ～ずつ、数量を表す名詞の後ろに用いられる。
① 매일 한 시간**씩** 운동해요. 毎日1時間ずつ運動します。
② 한 사람이 만 원**씩** 돈을 냈어요. 1人が1万ウォンずつお金を出しました。

(2) 짜리: 数量・値段を表す名詞と用いられる。「それくらいの数量や価値があるもの」という意味。
① 열 살**짜리** 아이가 혼자 밥을 해 먹어요. 10歳の子どもが一人でご飯を作って食べます。
② 제주도에서 십만 원**짜리** 방에서 묵었어요. 済州島で10万ウォンの部屋に泊まりました。

(3) 끼리: ～同士、複数性を持つ名詞の後ろに用いられる。「その部類だけが共に」という意味。
① 남자는 남자**끼리** 여자는 여자**끼리** 버스를 따로 탔어요. 男性は男性同士、女性は女性同士で、バスに別々に乗りました。
② 같은 반**끼리** 놀러 갔어요. 同じクラス同士で、遊びに行きました。

確認クイズ 正しい答えを選んで書きましょう。

에	처럼	마다	보다	(이)나	씩

(1) 저는 어머니하고 친구＿＿＿ 지내요.

(2) 일주일 ＿＿＿ 한 번 친구를 만나요.

(3) 사람 ＿＿＿ 취미가 달라요.

(4) 저한테 바지가 치마 ＿＿＿ 더 잘 어울려요.

(5) 사과하고 귤을 3개 ＿＿＿ 샀어요.

(6) 저는 시간이 있을 때 영화 ＿＿＿ 드라마를 봐요.

疑問詞

第96課

重要表現

A 人

(1) 누가 誰が

> 「누가」は文の主語を尋ねるときに用いる。
>
> ① **누가** 사무실에 있어요? 誰が事務室にいますか。　② **누가** 운동해요? 誰が運動していますか。

気をつけよう!
누구가 (×)

(2) 누구 誰

> (1) 「−이다」と共に用いるとき
> 　이분이 **누구예요?** この方は誰ですか。
>
> (2) 他の助詞と用いられるとき
> * 目的格助詞「을/를」
> 　**누구를** 도와줘요? 誰を手伝いますか。
> * 「하고」
> 　**누구하고** 식사해요? 誰と食事しますか。
> * 「한테」
> 　**누구한테** 전화해요? 誰に電話しますか。
> * 「한테서」
> 　**누구한테서** 한국어를 배워요? 誰から韓国語を習っていますか。
>
> (3) 所有者を尋ねるとき
> 　이 가방이 **누구** 거예요? このカバンは誰のですか。

確認クイズ 正しい答えを選んで会話を完成させましょう。

누가	누구	누구를	누구한테	누구하고	누구한테서

(1) A ＿＿＿＿＿＿ 여행을 가요?
　 B 가족하고 여행을 가요.

(2) A 이 책이 ＿＿＿＿＿＿ 거예요?
　 B 선생님 거예요.

(3) A 제가 ＿＿＿＿＿＿ 전화할까요?
　 B 선생님한테 전화해 주세요.

(4) A ＿＿＿＿＿＿ 제일 먼저 집에 들어와요?
　 B 동생이 제일 먼저 집에 들어와요.

(5) A 어제 ＿＿＿＿＿＿ 만났어요?
　 B 회사 동료를 만났어요.

(6) A ＿＿＿＿＿＿ 그 얘기를 들었어요?
　 B 반 친구한테서 들었어요.

B 事物

(1) 「뭐/무엇」何

- 「이다」と共に用いられるとき
  이름이 **뭐예요?** 名前は何ですか。
  이번 회의 주제가 **무엇입니까?** 今回の会議の議題は何ですか。

- 文の目的語として用いられるとき
  오늘 오후에 **뭐** 해요? 今日の午後, 何をしますか。
  회의에서 보통 **무엇을** 합니까? 会議で普通何をしますか。

- 文の主語の場合は, 主格助詞「이/가」が用いられる。
  뭐가 제일 어려워요? 何がいちばん難しいですか。
  면접 때 **무엇이** 중요합니까? 面接のとき, 何が重要ですか。

おまけ
뭐 (インフォーマル)
무엇 (フォーマル)

(2) 무슨 何の, どんな

種類, 類型を尋ねるとき
무슨 영화를 봐요? どんな映画を見ますか。

(3) 어느 どの

決まった範囲内で選択するとき
어느 나라 사람이에요? どの国の人ですか。

(4) 어떤 どんな

- 人や事物の特性, 状態を尋ねるとき。「어떻게」と関連させて考えよう。
  그 사람이 **어떤** 옷을 입었어요? その人がどんな服を着ていましたか。

- 与えられた範囲内での選択を尋ねるとき
  이 중에서 **어떤** 것이 제일 마음에 들어요? この中でどれがいちばん気にいりましたか。

확인クイズ 正しい答えを選びましょう。

(1) A (ⓐ 무슨 / ⓑ 어느) 나라에 여행 가요?
　　B 아프리카에 가고 싶어요.

(2) A 이 중에서 (ⓐ 어떤 / ⓑ 무슨) 가방이 마음에 들어요?
　　B 왼쪽에 있는 가방이 마음에 들어요.

(3) A (ⓐ 어떤 / ⓑ 무슨) 집에 살고 싶어요?
　　B 정원이 있는 집에서 살고 싶어요.

(4) A (ⓐ 무슨 / ⓑ 어느) 선생님이 박 선생님이에요?
　　B 갈색 옷을 입은 분이에요.

(5) A (ⓐ 무슨 / ⓑ 어느) 일로 부산에 가요?
　　B 출장으로 부산에 가요.

(6) A (ⓐ 어떤 / ⓑ 무슨) 사람을 좋아해요?
　　B 솔직한 사람을 좋아해요.

C 時間

(1) 언제 いつ

- 「이다」と共に用いられるとき
  생일이 언제예요? 誕生日はいつですか。

- 「이다」を除いた他の動詞と共に用いられる
  とき(時間を表す助詞「에」は必要ない)
  언제 사무실에 가요? いつ事務室に行きますか。

- 文の主語の場合は，主格助詞「이/가」が用
  いられる。
  언제가 제일 좋아요? いつがいちばんいいですか。

(2) 며칠 何日

- 「이다」と共に用いられるとき
  오늘이 며칠이에요? 今日は何日ですか。

- 「이다」を除いた他の動詞と共に用いられる
  とき(時間を表す助詞「에」が必要)
  며칠에 여행 가요? 何日に旅行に行きますか。

(3) 몇 시 何時

- 「이다」と共に用いられるとき
  지금 몇 시예요? 今，何時ですか。

- 「이다」を除いた他の動詞と共に用いられる
  とき(時間を表す助詞「에」が必要)
  몇 시에 운동해요? 何時に運動しますか。

(4) 무슨 요일 何曜日

- 「이다」と共に用いられるとき
  오늘이 무슨 요일이에요? 今日は何曜日ですか。

- 「이다」を除いた他の動詞と共に用いられる
  とき(時間を表す助詞「에」が必要)
  무슨 요일에 영화를 봐요? 何曜日に映画を見ますか。

D 場所

(1) 어디 どこ

- 「이다」と共に用いられるとき
  집이 어디예요? 家はどこですか。

- 動作動詞と共に用いられるとき
  (場所を表す助詞「에서」が必要)
  어디에서 친구를 만나요?
  どこで友だちに会いますか。

- 状態動詞「있다/없다」と共に用いられるとき
  (位置，場所を表す助詞「에」が必要)

- 移動動詞「가다/오다, 다니다」と共に用いられる
  とき(位置，目的地を表す助詞「에」が必要)
  어디에 가요? どこに行きますか。

確認クイズ 正しい答えを選びましょう。

(1) 학교가 (ⓐ 언제 / ⓑ 누가) 시작해요?

(2) 오늘이 (ⓐ 언제예요 / ⓑ 며칠이에요)?

(3) 축제가 토요일부터 (ⓐ 어디까지 / ⓑ 며칠까지) 해요?

(4) 밥 먹으러 (ⓐ 어디에 / ⓑ 어디에서) 가요?

(5) 금요일 (ⓐ 몇 시에 / ⓑ 무슨 요일에) 만나요?

(6) 1시에 배가 출발해요. (ⓐ 몇 시까지 / ⓑ 몇 시간까지) 가야 해요?

E 몇 +〔単位名詞〕

(1) 数を数えるとき用いる。答えるとき，固有語数詞を用いるもの。

- 事物を数えるとき，単位名詞「개」を用いる。
  가방이 **몇 개** 있어요? カバンが何個ありますか。

- 人を数えるとき，単位名詞「명」を用いる。
  사람이 **몇 명** 있어요? 人が何人いますか。

- 尊敬すべき人を数えるとき，単位名詞「분」を用いる。
  할머니가 **몇 분** 계세요? おばあさんが何名いらっしゃいますか。

- 回数を数えるとき，単位名詞「번」を用いる。
  제주도에 **몇 번** 가 봤어요?
  済州島に何回行ったことがありますか。

- 紙のように平らで薄いものを数えるとき，単位名詞「장」を用いる。
  표를 **몇 장** 샀어요? チケットを何枚買いましたか。

- 月を数えるとき，単位名詞「달」を用いる。
  몇 달 전에 여기 왔어요? 何か月前にここに来ましたか。

- 年齢を数えるとき，単位名詞「살」を用いる。
  이 아이가 **몇 살**이에요? この子どもは何歳ですか。

(2) 数を数えるときに用いる。答えるとき，漢字語数詞を用いるもの。

- 番号を読むとき
  전화번호가 **몇 번**이에요? 電話番号は何番ですか。

- 時間の中で「分」を読むとき
  몇 시 몇 분이에요? 何時何分ですか。

確認クイズ1 質問に合う答えを線で結びましょう。

(1) 가족이 몇 명이에요? ・   ・ ⓐ 3월 31일이에요.

(2) 나이가 몇 살이에요? ・   ・ ⓑ 010-1234-5678이에요.

(3) 생일이 며칠이에요? ・   ・ ⓒ 두 개예요.

(4) 가방이 몇 개예요? ・   ・ ⓓ 서른 살이에요.

(5) 전화번호가 몇 번이에요? ・   ・ ⓔ 다섯 명이에요.

確認クイズ2 絵を見て，正しい答えを書きましょう。

(1)  A 우산 _____ 가져 왔어요?
B 우산 3개 가져왔어요.

(2) A 아이들이 _____ 있어요?
B 2명 있어요.

(3)  A 커피 _____ 마셨어요?
B 커피 2잔 마셨어요.

(4) A 표 _____ 샀어요?
B 표 4장 샀어요.

(5) A _____ 에 살아요?
B 10층에 살아요.

(6) A _____ 에 있어요?
B 304호에 있어요.

F　その他

(1)　얼마 いくら: 「이다」と共に用いられるとき

> 이게 **얼마예요**? これはいくらですか。

(2)　얼마나 どれくらい

> ① 시간이 **얼마나** 걸려요? 時間がどれくらいかかりますか。
> ② 돈이 **얼마나** 들어요? お金がどれくらいかかりますか。
> ③ 키가 **얼마나** 돼요? 背がどれくらいになりますか。
>
> さらに詳しく尋ねる場合は，「얼마나」の後ろに副詞を用いる。
> ④ **얼마나** 자주 운동해요? どれくらいよく運動しますか。
> ⑤ **얼마나** 많이 단어를 알아요? どれくらいたくさん単語を知っていますか。
> ⑥ **얼마나** 오래 회의를 해요? どれくらい長く会議をしますか。
> ⑦ **얼마나** 일찍 가야 해요? どれくらい早く行かなければなりませんか。

(3)　얼마 동안 どれくらいの間: 所要時間を尋ねるとき

> ① **얼마 동안** 한국에 살았어요? どれくらいの間，韓国に住んでいましたか。
> ② **얼마 동안** 기다렸어요? どれくらいの間，待ちましたか。

(4)　어떻게 どのように

> ① **어떻게** 집에 가요? どのように家に帰りますか。
> ② **어떻게** 알았어요? どうして分かったんですか。(どのように知りましたか。)

> 気をつけよう!
> 왜 알았어요? (×)
> 어떻게 알았어요? (○)
> どうして分かったんですか。

(5)　왜 なぜ，どうして

> ① **왜** 한국어를 공부해요? どうして韓国語を勉強するんですか。
> ② **왜** 표를 안 샀어요? なぜ，チケットを買わなかったんですか。

確認クイズ　正しい答えを選びましょう。

(1) A　컴퓨터가 (ⓐ 왜 / ⓑ 얼마나) 고장 났어요?
　　 B　제가 바닥에 떨어뜨렸어요.

(2) A　회사까지 시간이 (ⓐ 어떻게 / ⓑ 얼마나) 걸려요?
　　 B　30분쯤 걸려요.

(3) A　그 얘기를 (ⓐ 왜 / ⓑ 어떻게) 알았어요?
　　 B　친구한테서 들었어요.

(4) A　한국 사람에 대해 (ⓐ 어떻게 / ⓑ 얼마나) 생각해요?
　　 B　마음이 따뜻해요.

G まとめ

(1) 疑問詞「뭐, 누구, 언제, 어디, 얼마, 며칠」は「이다」と共に用いられるとき。

> ① 취미가 **뭐예요?** 趣味は何ですか。
> ② 저분이 **누구예요?** あの方はどなたですか。
> ③ 직장이 **어디예요?** 職場はどこですか。
> ④ 휴가가 **언제예요?** 休暇はいつですか。
> ⑤ 입장료가 **얼마예요?** 入場料はいくらですか。

(2) 疑問詞「뭐, 누구, 언제, 어디」は文の主語になる場合。このとき「누구」は「누가」になる。

> ① 가방에 **뭐가** 있어요? カバンに何がありますか。
> ② **누가** 노래해요? 誰が歌いますか。
> ③ **언제가** 편해요? いつがいいですか。
> ④ **어디가** 제일 마음에 들어요? どこがいちばん気に入りましたか。

(3) 「몇」は数を数えるときも用いられるが、それほど多くない漠然とした数を述べる場合にも用いられる。この場合は質問にも答えにも用いられる。

> ① A 사람들이 **몇 명** 왔어요? 人が何人来ましたか。
>   B **몇 명** 왔어요. 何人か来ました。
> ② A 제주도에 **몇 번** 가 봤어요? 済州島に何回行ったことがありますか。
>   B **몇 번** 가 봤어요. 何回か行ったことがあります。

確認クイズ1 次の中から適当でないものを1つ選びましょう。

(1) ⓐ 이름이 뭐예요?　(2) ⓐ 집이 어디예요?　(3) ⓐ 내일이 언제예요?
　　ⓑ 취미가　　　　　　　ⓑ 직업이　　　　　　　ⓑ 휴가가
　　ⓒ 나이가　　　　　　　ⓒ 학교가　　　　　　　ⓒ 회의가

確認クイズ2 正しい答えを選んで会話を完成させましょう。

어디예요	언제예요	누구예요	얼마예요

(1) A 직장이 ＿＿＿＿＿＿?　　　(2) A 부장님이 ＿＿＿＿＿＿?
　　B 은행이에요.　　　　　　　　　B 저분이에요.

(3) A 모임이 ＿＿＿＿＿＿?　　　(4) A 이게 ＿＿＿＿＿＿?
　　B 3시예요.　　　　　　　　　　B 3만 원이에요.

重要表現

A 副詞の作り方

いくつかの副詞は形容詞の語幹に「-게」を付けて作る。

① 예쁘 + -게: 옷을 **예쁘게** 입었어요. 服がよくお似合いです。(服をきれいに着ています。)

② 깨끗하 + -게: 손을 **깨끗하게** 씻었어요. 手をきれいに洗いました。

③ 쉽 + -게: 문제를 **쉽게** 생각하세요. 問題を簡単に考えてください。

B その他の副詞

(1)

아직
まだ

아직 일이 안 끝났어요.
まだ仕事が終わっていません。

(2)

벌써
もう, すでに

지금 11시인데 벌써 점심을
먹었어요?
今11時なのに, もうお昼ご飯を食べたん
ですか。

(3)

점점
だんだん

11월에 날씨가 **점점** 추워져요.
11月にだんだん寒くなります。

(4)

서로
お互いに

두 사람은 **서로** 사랑했어요.
2人は愛し合っていました。

(5)

갑자기
急に

갑자기 비가 와서 옷이 젖었어요.
急に雨が降って, 服が濡れました。

(6)

직접
直接, 自分で

직접 만든 음식이 더 맛있어요.
自分で作った食べ物の方がおいしいです。

(7)

계속
ずっと，続けて

일요일까지 **계속** 눈이 왔어요.
日曜日までずっと雪が降っていました。

(8)

그만
それくらいで〜のをやめる

밤이니까 **그만** 먹는 게 좋아요.
夜だから，食べるのはそれくらいに
した方がいいですよ。

(9)

몰래
こっそり，気づかれないように

아들이 부모님 **몰래** 밖으로 나가요.
息子が両親に気づかれないように外へ
出かけます。

(10)

우연히
偶然

옛날 친구를 길에서 **우연히** 만났
어요.
昔の友だちに道で偶然会いました。

(11)

실수로
うっかり

다른 사람의 발을 **실수로** 밟았어요.
他の人の足をうっかり踏みました。

(12)

일부러
わざと

동생이 미워서 **일부러** 동생 컵을
깨뜨렸어요.
弟/妹が憎くて，わざと弟/妹のコップを
割りました。

(13)

억지로
無理に

배가 불렀지만 밥을 **억지로** 다
먹었어요.
おなかがいっぱいだったけど，ご飯を
無理に全部食べました。

(14)

급히
急いで

10분 남았다.

갑자기 친구들이 오니까 **급히**
청소했어요.
急に友だちが来るので，急いで掃除
しました。

(15)

겨우
かろうじて

뛰어가서 회의 시작 전에 **겨우**
사무실에 도착했어요.
走ったので会議の始まる前にかろうじて
事務室に到着しました。

C 文脈で身に付ける副詞

① 중요한 시험이라서 **열심히** 시험 준비를 했어요.
重要な試験なので，一生懸命試験の準備をしました。

② 이번 시험에 떨어졌지만, 내년에 **다시** 시험을 볼 거예요.
今回の試験に落ちたけど，来年にもう一度試験を受けるつもりです。

③ 시험이 한 달 후에 있지만 **미리** 준비하는 것이 마음이 편해요.
試験は1か月後だけど，あらかじめ準備すれば気が楽になります。

④ 한국 음식을 좋아하는데, **특히** 불고기를 좋아해요.
韓国の食べ物が好きですが，特にプルコギが好きです。

⑤ 학교에 수업은 없지만 심심해서 **그냥** 왔어요.
授業はないけど，退屈で学校になんとなく来ました。

⑥ 이번 휴가 때 **원래** 여행 가려고 했는데 계획이 취소됐어요.
今回の休暇のとき，もともと旅行に行こうと思っていたのですが，計画が取り消しになりました。

⑦ 한국 음식이 맵다고 생각했는데 먹어 보니까 **역시** 매워요.
韓国の食べ物は辛いと思ったんですが，食べてみたらやはり辛いです。

⑧ 이 구두는 **새로** 샀으니까 이걸 신고 산에 갈 수 없어요.
この靴は新しく買ったので，これを履いて山に行くことはできません。

⑨ 제주도가 따뜻하다고 생각했지만 **실제로** 가 보니까 추웠어요.
済州島は暖かいと思ったけど，実際に行ってみたら寒かったです。

⑩ 잘못한 사람이 **당연히** 그 문제를 책임져야 해요.
過ちをおかした人が，当然その問題の責任を取らなければなりません。

⑪ 소고기가 없어서 소고기 **대신에** 돼지고기를 넣었어요.
牛肉がなくて，牛肉のかわりに豚肉を入れました。

⑫ 30분 후에 제가 치울게요. 제 물건은 **그대로** 두세요.
30分後に私が片付けます。私のものはそのまま置いてください。

⑬ 다른 사람에게 부탁하지 말고 **스스로** 문제를 해결하세요.
他の人に頼まず，自分で問題を解決しなさい。

⑭ 힘든 운동은 **오히려** 건강에 안 좋아요.
過渡な運動は，むしろ健康によくありません。

D 1つの副詞が2つの意味を持つもの

(1) 쭉

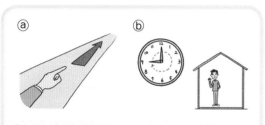

ⓐ 이 길로 **쭉** 가세요.
この道をまっすぐ行ってください。

ⓑ 어제 **쭉** 집에 있었어요.
昨日ずっと家にいました。

(2) 바로

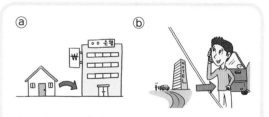

ⓐ 우리 집 **바로** 옆에 은행이 있어요.
私たちの家のすぐ隣に銀行があります。

ⓑ 호텔에 가면 **바로** 전화해 주세요.
ホテルに行ったら，すぐ電話してください。

(3) 중간에

ⓐ 학교와 집 **중간에** 서점이 있어요.
学校と家の間に本屋があります。

ⓑ 전화가 와서 회의 **중간에** 잠깐 나왔어요.
電話が来たので，会議の途中でちょっと出て来ました。

(4) 마지막에

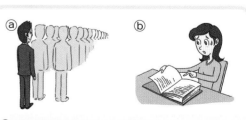

ⓐ 왼쪽 줄의 **마지막에** 서 있어요.
左の列の一番後ろに立っています。

ⓑ 책이 처음에는 재미있었는데 **마지막에는** 재미없어요.
本が初めは面白かったんですが，最後はつまらなかったです。

正しい答えを選びましょう。

(1) 포기하지 마세요. (ⓐ 아직 / ⓑ 벌써) 늦지 않았어요.

(2) 일이 끝나는 대로 (ⓐ 바로 / ⓑ 직접) 퇴근할 거예요.

(3) 얘기를 못 들었는데 (ⓐ 역시 / ⓑ 다시) 말씀해 주시겠어요?

(4) 참을 수 없어서 수업 (ⓐ 중간에 / ⓑ 쭉) 화장실에 갔다 왔어요.

(5) 그 사람은 (ⓐ 실수로 / ⓑ 열심히) 일해서 3년 후에 집을 샀어요.

(6) 정말 친한 친구끼리는 문제가 생기면 (ⓐ 서로 / ⓑ 새로) 도와줘요.

正しい答えを選んで会話を完成させましょう。

편하다	두껍다	시끄럽다	사이좋다

(1) A 오늘 날씨가 추워요.
   B 네, 옷을 _____ 입어야겠어요.

(2) A 방 친구하고 어떻게 지내요?
   B 마음이 잘 맞아서 _____ 지내요.

(3) A 친구 집에서 어떻게 지냈어요?
   B 방이 넓어서 _____ 지냈어요.

(4) A 왜 음악을 안 들어요?
   B 아기가 자니까 _____ 하면 안 돼요.

文に合う絵の記号を□に書き入れましょう。正しい単語を下線部に入れて文を完成させましょう。

새로	그만	겨우	갑자기	억지로	우연히

(1) □ 길에서 _____ 돈을 주웠어요.

(2) □ 집이 너무 오래돼서 _____ 집을 지었어요.

(3) □ 71점을 맞아서 시험에 _____ 합격했어요.

(4) □ 남자의 농담이 재미없었지만 _____ 웃었어요.

(5) □ 운전할 때 아이가 _____ 뛰어들어서 깜짝 놀랐어요.

(6) □ 눈이 너무 많이 와서 힘들어요. 이제 눈이 _____ 왔으면 좋겠어요.

E　程度を表すとき

(1)

아주 (= 매우) とても	① 그 여자가 **아주** 예뻐요. その女性がとてもきれいです。
꽤 かなり	② 그 여자가 **꽤** 예뻐요. その女性がかなりきれいです。
조금 (= 좀) 少し	③ 그 여자가 **조금** 예뻐요. その女性が少しきれいです。

(2)

가장 (= 제일) 最も，いちばん	① 월요일이 **가장** 바빠요. 月曜日がいちばん忙しいです。
더 より，もっと	② 어제보다 오늘이 **더** 추워요. 昨日より今日がもっと寒いです。
훨씬 はるかに	③ 이게 **훨씬** 더 맛있어요. こっちのほうがはるかにおいしいです。
덜 少なく，まだ～ない (後続する動詞の状態に達していないことを表す)	④ 이 과일은 **덜** 익었어요. この果物はまだ熟していません。

> **気をつけよう!**
> 次のものは意味の違いがあるので注意!
> ・세계에서: 具体的なもので，「地球上の全ての国」を指す言葉。
> ・세상에서: 抽象的なもので，「人が暮らしている全ての社会」を指す言葉。
> **例1** 이 여자는 <u>세계에서</u> 제일 아름다운 여자다.
> この女性は世界でいちばん美しい女性だ。
> →ミス・ユニバスで1位になった女性。
> **例2** 이 여자는 <u>세상에서</u> 제일 아름다운 여자다.
> この女性はこの世でいちばんうつくしい女性だ。
> →「自分が考える世界で」あるいは「自分が知っている女性の中で」という意味。

(3)

아주 とても 〔肯定的な意味〕普通の程度をはるかに超えて	① 시험 문제가 **아주** 쉬웠어요. 試験問題がとても簡単でした。 ② **아주** 많이 먹었어요. とてもたくさん食べました。
너무 すごく，～過ぎる 〔否定的な意味〕一定の程度や限界を超えて	③ 시험 문제가 **너무** 쉬웠어요. 試験問題がすごく簡単でした。 ④ **너무** 많이 먹었어요. たくさん食べ過ぎました。

確認クイズ 正しい答えを選びましょう。

(1) 러시아에 여행 갔는데 생각보다 (ⓐ 가장 / ⓑ 훨씬) 추워서 많이 고생했어요.

(2) 약을 먹으니까 (ⓐ 더 / ⓑ 덜) 아팠어요. 이제 감기가 다 나았어요.

(3) 이 음식은 (ⓐ 너무 / ⓑ 조금) 매워서 매운 음식을 잘 먹는 저도 먹을 수 없었어요.

(4) 저 아이가 우리 반에서 가수처럼 (ⓐ 조금 / ⓑ 제일) 노래를 잘해요.

F 頻度を表すとき

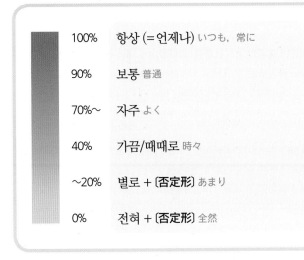

100%	항상 (=언제나)	いつも, 常に
90%	보통	普通
70%~	자주	よく
40%	가끔/때때로	時々
~20%	별로 + 〔否定形〕	あまり
0%	전혀 + 〔否定形〕	全然

① 나는 아침마다 **항상** 커피 한 잔을 마셔요.
私は毎朝いつもコーヒーを1杯飲みます。

② 금요일 저녁에는 **보통** 친구들을 만나요.
金曜日の夕方には，普通友だちに会います。

③ 저는 무역 회사에 다녀서 **자주** 출장 가요.
私は貿易会社に勤めていて，よく出張に行きます。

④ 영화를 좋아하지만 시간이 없어서 **가끔** 극장에 가요.
映画が好きですが，時間がないので，時々映画館に行きます。

⑤ 고기를 좋아하지 않아서 **별로** 먹지 **않아요**.
肉が好きではないのであまり食べません。

⑥ 너무 바빠서 **전혀** 운동하지 **않아요**.
すごく忙しいので，全く運動をしません。

確認クイズ 正しい答えを選んで書きましょう。

항상	보통	자주	가끔	별로	전혀

(1) 여행을 자주 못 가지만 _____ 가요. 일 년에 세 번쯤 가요.

(2) 자동차가 _____ 고장 나서 서비스 센터에 일주일에 한 번 가야 해요.

(3) _____ 저녁을 사 먹지만 주말에는 집에서 저녁을 해 먹어요.

(4) 진수는 부지런해서 _____ 일찍 나와요. 전혀 늦지 않아요.

G 出来事の進捗度を表すとき

0%	하나도 (=전혀)	まったく
~20%	조금	少し
50%	반	半分
80%~	거의	ほとんど
90%	거의 다	ほとんどすべて
100%	다	すべて

A 밥이 얼마나 됐어? ご飯どれくらいできた？

B ① **하나도 안** 됐어. まったくできてない。

② **조금밖에 안** 됐어. 少ししかできてない。

③ **반쯤** 됐어. 半分くらいできた。

④ **거의** 됐어. ほとんどできた。

⑤ **거의 다** 됐어. ほぼすべてできた。

⑥ **다** 됐어. すべてできた。

確認クイズ 正しい答えを選びましょう。

(1) 집에 (ⓐ 거의 / ⓑ 전혀) 왔어요. 조금만 더 가면 돼요.

(2) 책을 (ⓐ 다 / ⓑ 반) 읽었어요. 50% 더 읽어야 해요.

(3) 숙제가 (ⓐ 다 / ⓑ 조금) 끝났어요. 이제 숙제가 없어요.

(4) 저녁 준비가 (ⓐ 조금 / ⓑ 하나도) 안 됐어요. 오늘 외식해요.

H –든지 vs. 아무 – 나

(1)

누구든지 誰でも

뭐든지 = 무엇이든지 何でも

언제든지 いつでも

어디든지 どこでも

① 하고 싶은 사람은 **누구든지** 말씀하세요.
したい人がいたら，誰でもおっしゃってください。

② 질문이 있으면 **뭐든지** 물어보세요. 質問があれば，何でも聞いてください。

③ 시간이 있을 때 **언제든지** 오세요. 時間があるとき，いつでも来てください。

④ 당신이 가는 곳이라면 **어디든지** 갈게요. あなたが行く所なら，どこでも行きます。

(2)

아무나 誰も

아무거나 何でも

아무 때나 いつでも

아무 데나 どこにも，どこでも

① 여기에 **아무나** 들어가지 못해요. ここに誰も入れません。

② 저는 **아무거나** 먹을 수 있어요. 私は何でも食べられます。

③ **아무 때나** 전화하면 안 돼요. いつでも電話してはいけません。

④ 밤에 혼자 **아무 데나** 가지 마세요. 夜に1人でどこにも行かないでください。

確認クイズ 正しい答えを選びましょう。

(1) 저는 항상 사무실에 있으니까 (ⓐ 어디든지 / ⓑ 언제든지) 오세요.

(2) 다리가 너무 아픈데 (ⓐ 아무 때나 / ⓑ 아무 데나) 앉으면 안 돼요? 저기 어때요?

(3) 저는 (ⓐ 뭐든지 / ⓑ 누구든지) 괜찮으니까 먹고 싶은 음식을 말해 보세요.

I 不確実性を表すとき

(1) 形は同じでも意味は異なる。

뭐 (=뭔가)
何，何か

누가 (=누군가)
誰，誰か

어디 (=어딘가)
どこ，どこか

언제 (=언젠가)
いつ，いつか

① A **뭐** 먹었어요? 何食べましたか。
　 B 아까 **뭐** 먹었어요.
さっき何か食べました。

③ A **어디** 가요? どこ行くんですか。
　 B **어디** 가니까 내일 얘기해요.
どこか行くので，明日話しましょう。

② A **누가** 전화했어? 誰が電話したの?
　 B **누가** 전화했는데 이름이 생각 안 나요.
誰かが電話してきたのですが，名前が思い出せません。

④ A **언제** 우리 집에 올 수 있어요?
いつうちに来られますか。
　 B **언제** 갈게요. いつか行きます。

(2) 個数が明らかでない場合は「몇」を用いる。

① A 중국에 **몇 번** 여행 갔어요?
中国に何回か旅行に行きました。
　 B 중국에 **몇 번** 여행 못 갔어요.
中国に何回も旅行に行っていません。

② A 교실에 사람이 **몇 명** 있어요?
教室に人が何人かいます。
　 B 교실에 사람이 **몇 명** 없어요.
教室に人が何人もいません。

確認クイズ 適当なもの同士を線で結んで文を完成させましょう。

(1) 요즘 일이 많아서　・

(2) 지금 배고프면　・

(3) 누가 찾아왔는데　・

(4) 언제 시간이 있으면　・

・ ⓐ 얼굴이 생각 안 나요.

・ ⓑ 인도에 가 보고 싶어요.

・ ⓒ 뭐 먹고 오세요.

・ ⓓ 며칠 못 잤어요.

J 様々なものを指し示すとき

(1) 2種類以上を指し示すとき

하나	다른 하나	왼쪽 것	가운데 것	오른쪽 것
ひとつ	もうひとつ	左のもの	真ん中のもの	右のもの

① **하나**는 부모님 선물이고 **다른 하나**는 동생 선물이에요.
　ひとつは両親へのプレゼントで，もうひとつは弟/妹へのプレゼントです。

② **왼쪽 것**은 언니 것이고 **가운데 것**은 동생 것이고 **오른쪽 것**은 제 것이에요.
　左のは姉ので，真ん中のは弟/妹ので，右のは私のです。

(2) 優先順位を指し示すとき

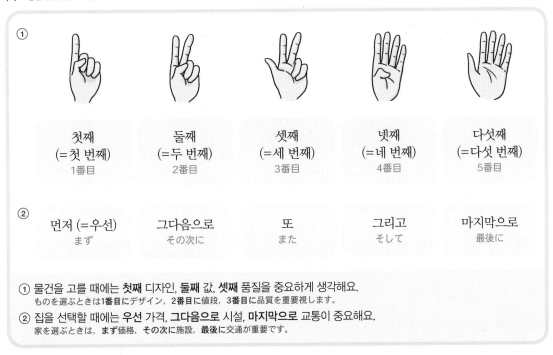

첫째 (=첫 번째)	둘째 (=두 번째)	셋째 (=세 번째)	넷째 (=네 번째)	다섯째 (=다섯 번째)
1番目	2番目	3番目	4番目	5番目

먼저 (=우선)	그다음으로	또	그리고	마지막으로
まず	その次に	また	そして	最後に

① 물건을 고를 때에는 **첫째** 디자인, **둘째** 값, **셋째** 품질을 중요하게 생각해요.
　ものを選ぶときは1番目にデザイン，2番目に値段，3番目に品質を重要視します。

② 집을 선택할 때에는 **우선** 가격, **그다음으로** 시설, **마지막으로** 교통이 중요해요.
　家を選ぶときは，まず価格，その次に施設，最後に交通が重要です。

確認クイズ 正しい答えを書きましょう。

(1) 먼저 청소를 하고 또 설거지를 한 다음에 ＿＿＿＿＿ 빨래해요.

(2) 왼쪽 것은 한국 차이고, ＿＿＿＿＿ 것은 일본 차이고, 오른쪽 것은 독일 차예요.

(3) 결혼하고 싶은 사람을 찾을 때 ＿＿＿＿＿ 성격, 둘째 외모, 셋째 경제력이 중요해요.

(4) 한국어를 공부할 때 두 가지가 중요한데, 하나는 책이고 ＿＿＿＿＿ 한국인 친구예요.

K 混同しやすい副詞

	定期間継続することを表すとき	決められた時間ごとに反復的に 現れることを述べるとき
(1)	주말 **내내** 週末ずっと	**매일** 毎日
	일주일 **내내** 1週間ずっと	**매주** 毎週
	한달 **내내** 1か月ずっと	**매달** 毎月
	일년 **내내** 1年ずっと	**매년** 毎年
	밤새 徹夜で	**밤마다** 毎晩
	하루 종일 1日中	**주말마다** 毎週末

ⓐ 지난주 일주일 **내내** 비가 왔어요. 先週，1週間ずっと雨が降りました。

ⓑ 지난달에는 **매주** 토요일에 비가 왔어요. 先月は毎週土曜日に雨が降りました。

(2) ⓐ **아마** 선생님은 사무실에 있을 거예요. 多分，先生は事務室にいると思います。

　 ⓑ **혹시** 선생님을 못 봤어요? もしかして先生を見ませんでしたか。

(3) ⓐ 3년 전에 한국에 **처음** 왔어요. 3年前に韓国に初めて来ました。

　 ⓑ 영화가 **처음에** 너무 지루했어요. 映画が最初はあまりにも退屈でした。

(4) ⓐ **마지막으로** 여러분께 감사의 말씀을 드립니다. 最後にみなさんに感謝の言葉を申し上げます。

　 ⓑ 영화 **마지막에** 그 노래가 나왔어요. 映画の最後にその歌が流れました。

(5) ⓐ 제 친구는 **항상** 약속에 늦게 나와요. 私の友だちはいつも約束に遅れて来ます。

　 ⓑ 이 메일을 보면 **꼭 (= 반드시)** 연락해 주세요. このEメールを見たら，必ず連絡してください。

(6) ⓐ **전혀** 늦지 않아요. 全然遅れません。

　 ⓑ **절대로** 거짓말을 하지 마세요. 絶対嘘をつかないでください。

> **おまけ**
> 「전혀」と「절대로」は
> 否定形とともに用いる。

確認クイズ1 正しい答えを選びましょう。

(1) 오늘 (ⓐ 처음 / ⓑ 처음에) 호랑이를 직접 봤어요.

(2) 밤에 단 음식을 (ⓐ 전혀 / ⓑ 절대로) 먹지 마세요.

(3) 어제 (ⓐ 밤새 / ⓑ 밤마다) 책을 읽어서 지금 졸려요.

(4) (ⓐ 아마 / ⓑ 혹시) 선생님 전화번호를 알면 가르쳐 주세요.

(5) 이 책은 (ⓐ 처음 / ⓑ 처음에) 재미있었는데 중간부터 재미없어요.

(6) 질문은 나중에 회의 (ⓐ 마지막에 / ⓑ 마지막으로) 받겠습니다.

(7) ⓐ 영화를 좋아하니까 **자주** 극장에 가요. 映画が好きなので，よく映画館に行きます。

ⓑ 오래된 자동차라서 **자꾸** 고장 나요. 古い自動車なので，よく故障します。

(8) ⓐ 친구가 없어서 오늘 **혼자** 밥을 먹었어요. 友だちがいなくて，今日1人でご飯を食べました。

ⓑ 이민 가려고 **스스로** 회사를 그만두었어요. 移民しようと思い，自ら会社をやめました。

(9) ⓐ 잘 못 들었는데 **다시** 말씀해 주시겠어요? よく聞こえなかったんですが，もう1度おっしゃっていただけますか。

ⓑ 이 세탁기가 **또** 고장 났어요. この洗濯機がまた故障しました。

(10) ⓐ 사고 **때문에** 회사에 지각했어요. 事故のせいで，会社に遅刻しました。

ⓑ 선생님 **덕분에** 한국어를 재미있게 공부했어요. 先生のおかげで，韓国語を楽しく勉強しました。

(11) ⓐ 직원이 9명이니까 사장님을 **포함해서** 모두 10명이에요. 職員が9人なので，社長を入れて，全部で10人です。

ⓑ 직원이 9명이니까 사장님을 **빼고** 9명이에요. 職員が9人なので，社長を除いて，9人です。

(12) ⓐ 한국 요리가 쉬울 줄 알았는데 **실제로** 해 보니까 어려워요.
韓国料理は簡単だと思ったのですが，実際にしてみたら難しいです。

ⓑ 제가 그만둔다고 해서 놀랐어요? **사실은** 농담이에요.
私がやめると言ったので驚きましたか。実は冗談です。

(13) ⓐ **아무리** 밥을 먹어도 배고파요. どんなにご飯を食べてもおなかがすきます。

ⓑ **얼마나** 밥을 많이 먹었는지 잘 수 없어요. ご飯をあまりにもたくさん食べて寝られません。

(14) ⓐ 일이 **아직** 안 끝났어요. 仕事がまだ終わっていません。

ⓑ 지금 11시인데 **아직도** 안 일어났어요. いま11時なのに，まだ起きていません。

確認クイズ 2 **正しい答えを選びましょう。**

(1) 시험 (ⓐ 때문에 / ⓑ 덕분에) 어젯밤에 자지 못했어요.

(2) 친구가 밤늦게 (ⓐ 자주 / ⓑ 자꾸) 전화해서 귀찮아요.

(3) 아까 많이 먹었는데 (ⓐ 다시 / ⓑ 또) 먹어요?

(4) 저는 고기를 안 먹으니까 고기 (ⓐ 포함해서 / ⓑ 빼고) 주세요.

(5) 아이가 자기 잘못을 (ⓐ 혼자 / ⓑ 스스로) 말할 때까지 기다리려고 해요.

(6) 김치가 매워 보였는데 (ⓐ 실제로 / ⓑ 사실은) 먹어 보니까 안 매워요.

(7) (ⓐ 아무리 / ⓑ 얼마나) 돈이 많아도 행복을 살 수 없어요.

(8) 10분 후에 회의가 시작하는데 (ⓐ 아직 / ⓑ 아직도) 회의 자료를 만들고 있어요.

接続副詞

重要表現

A よく使われる接続副詞

2つの文をつなぐときに用いる。

다음 달에 유럽에 여행 갈 거예요.
来月，ヨーロッパに旅行に行くつもりです。

① **그리고** 홍콩에 갈 거예요.
そして，香港に行くつもりです。

② **그러면** 유럽에 있는 친구를 만날 수 있을 거예요.
そうしたら，ヨーロッパにいる友だちに会えるでしょう。

③ **그런데** 지금 표가 없어서 아직 표를 못 샀어요.
ところが，今チケットがなくて，まだチケットが買えていません。

④ **그래서** 이번 달에 호텔을 예약하려고 해요.
それで，今月ホテルを予約しなくてはなりません。

⑤ **그래도** 다음 달 10일까지 일은 제가 끝낼 거예요.
でも，来月の10日までに私は仕事を終わらせるつもりです。

⑥ **왜냐하면** 다음 달 중순에 2주 동안 휴가예요.
なぜなら，来月中旬は2週間休暇なのです。

⑦ **예를 들면** 프랑스, 독일, 스페인에 갈 거예요.
例えば，フランス・ドイツ・スペインに行くつもりです。

⑧ **그렇지 않으면** 올해 여행 갈 수 없을 거예요.
そうでなければ，今年旅行に行けないでしょう。

確認クイズ1 正しい答えを選んで書きましょう。

그리고   그러면   그래도   그래서   왜냐하면   그렇지 않으면

(1) 오늘 시간이 없어요. ＿＿＿＿＿＿ 오늘 만날 수 없어요.

(2) 담배를 끊으세요. ＿＿＿＿＿＿ 건강이 좋아질 거예요.

(3) 지금 배가 너무 고파요. ＿＿＿＿＿＿ 오늘 아침을 못 먹었어요.

(4) 저는 낮에는 회사에 다녀요. ＿＿＿＿＿＿ 밤에는 학원에 다녀요.

(5) 운동을 시작하세요. ＿＿＿＿＿＿ 나중에 후회할 거예요.

(6) 이 음식은 조금 매워요. ＿＿＿＿＿＿ 맛있어요.

確認クイズ2 適当なもの同士を線で結んで文を完成させましょう。

(1) 한국어를 열심히 공부해요.　　·

(2) 마음에 드는 옷이 있어요.　　·

(3) 이 식당은 분위기가 좋아요.　·

(4) 친구들이 요즘 많이 바빠요.　·

(5) 내일 비가 많이 올 거예요.　　·

(6) 약속에 늦으면 미리 전화하세요.·

· ⓐ 그런데 돈이 없어서 살 수 없어요.

· ⓑ 그래서 보통 주말에 혼자 집에 있어요.

· ⓒ 그렇지 않으면 친구가 많이 기다릴 거예요.

· ⓓ 그리고 음식도 정말 맛있어요.

· ⓔ 왜냐하면 한국 회사에서 일하고 싶어요.

· ⓕ 그래도 꼭 여행을 떠날 거예요.

B 似た意味を持つ接続副詞

(1) 그리고
話し言葉では「그리구」と発音することもある。

① **〔そして〕** 저는 한국 음식을 좋아해요. **그리고** 한국 영화도 좋아해요.
私は韓国の食べ物が好きです。そして、韓国映画も好きです。

② **〔そして〕** 저녁에 운동했어요. **그리고** 샤워했어요.
夕方に運動しました。そして、シャワーを浴びました。

(2) 그런데
話し言葉では「근데」と発音することもある。

① **〔ところが〕** 제 동생은 일찍 자고 일찍 일어나요. **그런데** 저는 늦게 자고 늦게 일어나요.
私の弟/妹は早く寝て、早く起きます。ところが、私は遅く寝て、遅く起きます。

② **〔ところで〕** 우리 같이 밥 먹어요. **그런데** 그 얘기 들었어요?
私たち一緒にご飯食べましょうよ。ところで、あの話聞きましたか。

C 形は異なるが意味が似ている副詞

(1) 하지만 / 그렇지만 / 그러나
(だけど，しかし)

① **〔だけど〕** 이 식당은 음식이 맛있어요. **하지만** 너무 비싸요.
この食堂は食べ物がおいしいです。だけど、高すぎます。
(話し言葉で多用)

② **〔だけど〕** 날씨가 너무 덥습니다. **그렇지만** 참아야 합니다.
暑すぎます。だけど、我慢しなくてはなりません。
(話し言葉、書き言葉どちらも使用)

③ **〔しかし〕** 생활이 힘듭니다. **그러나** 포기할 수 없습니다.
生活が苦しいです。しかし、あきらめられません。
(書き言葉で多用)

(2) 그래서 / 그러니까 / 따라서 / 그러므로
(それで，だから，したがって，そのため)

① **〔それで〕** 어제 감기에 걸렸어요. **그래서** 아무것도 못 했어요.
昨日、風邪をひきました。それで、何もできませんでした。

② **〔だから〕** 이 일은 혼자 하기 어려워요. **그러니까** 다른 사람하고 같이 하세요.
この仕事は1人でするのは難しいです。だから、他の人と一緒にしてください。

③ **〔したがって〕** 이번 달에 집 수리를 했습니다. **따라서** 이번 달에 쓸 돈이 부족할 것입니다.
今月、家の修理をしました。したがって、今月使うお金が不足すると思います。

④ **〔そのため〕** 누구나 화를 내는 사람을 싫어합니다. **그러므로** 화가 나도 참아야 합니다.
誰でも怒る人が嫌いです。そのため、頭にきても我慢しなくてはなりません。

(3) 그러면 / 그럼 (そうすれば，そうしたら)

① **〔そうすれば〕** 공포 영화를 안 좋아해요? **그러면** 코미디 영화는 어때요?
ホラー映画は好きじゃないですか。じゃあ、コメディー映画はどうですか。

② **〔そうしたら〕** 이 음악을 들어 봐. **그럼** 기분이 좋아질 거야.
この音楽を聞いてみて。そうしたら、気分がよくなるよ。
(話し言葉で多用)

(4) 아니면 / 또는 (もしくは，または)

① **〔もしくは〕** 같이 사무실에 갈래요? **아니면** 여기에서 기다릴래요?
一緒に事務室に行きますか。もしくは、ここで待ちますか。

② **〔または〕** 주말에 집안일을 해요. **또는** 책을 읽어요.
週末、家事をします。または、本を読みます。

確認クイズ 正しい答えを選びましょう。

(1) 친구하고 만났어요. (ⓐ 그리고 / ⓑ 하지만) 같이 식사했어요.

(2) 시간이 있을 때 책을 읽어요. (ⓐ 그렇지만 / ⓑ 또는) 운동해요.

(3) 오늘 같이 커피 마셔요. (ⓐ 그런데 / ⓑ 그러나) 진수는 어디 있어요?

(4) 같이 영화 보러 갈까요? (ⓐ 그래서 / ⓑ 아니면) 식사하러 갈까요?

(5) 옷을 두껍게 입으세요. (ⓐ 그러면 / ⓑ 아니면) 감기에 걸리지 않을 거예요.

(6) 일을 미리 끝내세요. (ⓐ 그러면 / ⓑ 그렇지 않으면) 5시까지 다 못 끝낼 거예요.

D 混同しやすい接続副詞

(1) 그런데 vs. 그래도

「그래도」は前の文の状況から自然に期待される結果から外れるときに用いられる。

ⓐ 저 식당 음식은 맛없어요. **그런데** 값이 너무 비싸요.
あの食堂の食べ物はまずいです。ところが、値段がすごく高いんです。

ⓑ 저 식당 음식은 맛없어요. **그래도** 오늘 저기에 갈 거예요.　　　　　　　　　(≠ 그런데)
あの食堂の食べ物はまずいです。だけど、今日あそこに行くつもりです。

(2) 그래서 vs. 그러니까

「그러니까」は勧誘形や命令形のように、後ろの文が強調されるときに用いられる。

ⓐ 밖에 비가 와요. **그래서** 밖에 안 나가요.
外は雨が降っています。それで、外に出ません。

ⓑ 밖에 비가 와요. **그러니까** 우산을 가져가세요.
　　　　　　　　　　　(≠ 그래서)
外は雨が降っています。だから、傘を持って行ってください。

(3) 그래서 vs. 왜냐하면

「그래서」は原因と結果の間に用いられる。その反面、「왜냐하면」は結果と原因の間に用いられる。

ⓐ 이번 시험을 잘 못 봤어요. **그래서** 부모님이 화가 났어요.
今回の試験はよくできませんでした。それで、両親が怒りました。

ⓑ 이번 시험을 잘 못 봤어요. **왜냐하면** 시험공부를 많이 못 했어요.
今回の試験はよくできませんでした。なぜなら、試験勉強をあまりできなかったんです。

(4) 그래서 vs. 그러면

「그래서」は前の文が後ろの文の原因になるときに用いられる。
「그러면」は前の文が後ろの文の条件になるときに用いられる。

ⓐ 머리가 아파요. **그래서** 병원에 가려고 해요.
頭が痛いです。それで、病院に行こうと思います。

ⓑ 머리가 아파요? **그러면** 병원에 가세요.
頭が痛いですか。それなら、病院に行ってください。

確認クイズ1 正しい答えを選びましょう。

(1) 오늘 친구들과 약속이 있어요? (ⓐ 그래서 / ⓑ 그러면) 내일 만나요.

(2) 시간이 많이 있어요. (ⓐ 그래서 / ⓑ 그러니까) 천천히 갔다 오세요.

(3) 날씨가 추워요. (ⓐ 그래서 / ⓑ 왜냐하면) 두꺼운 옷을 입어요.

(4) 내년에도 바쁠 거예요. (ⓐ 그런데 / ⓑ 그래도) 한국어를 공부할 거예요.

確認クイズ2 後ろに続けると不自然な文を1つ選びましょう。

(1) 아버지가 건강이 안 좋아요.

　ⓐ 그래서 병원에 다녀요.

　ⓑ 그리고 운동을 좋아해요.

　ⓒ 그래도 가끔 술을 마셔요.

(2) 지금 단 음식을 먹고 싶어요.

　ⓐ 그래도 다이어트 때문에 참아야 해요.

　ⓑ 그렇지만 단 음식을 사러 백화점에 왔어요.

　ⓒ 예를 들면 초콜릿이나 케이크를 먹고 싶어요.

(3) 이번 주말에 같이 등산 갈까요?

　ⓐ 아니면 시내를 구경하러 갈까요?

　ⓑ 그러면 이번 주말에 날씨가 좋아요.

　ⓒ 그렇지 않으면 다음에는 같이 못 갈 거예요.

(4) 이제부터 운동을 시작해야겠어요.

　ⓐ 왜냐하면 살이 너무 쪘어요.

　ⓑ 그러면 운동을 하러 헬스장에 갔어요.

　ⓒ 하지만 어떤 운동이 좋을지 모르겠어요.

E 間違いやすいこと接続詞

韓国語では次のように，条件によって使い方が異なる。

	と	や
名詞の間	**하고** ① 아침에 빵하고 우유를 먹었어요. 朝食に，パンと牛乳を食べました。	**(이)나** ① 식사 후에 커피나 차를 마셔요. 食事の後に，コーヒーやお茶を飲みます。
動詞や形容詞の間	**-고** ② 아침을 먹고 이를 닦아요. 朝食を食べて，歯を磨きます。	**-거나** ② 주말에 책을 읽거나 영화를 봐요. 週末に本を読んだり，映画を見たりします。
文の間	**그리고** ③ 아침을 먹어요. **그리고** 이를 닦아요. 朝食を食べます。そして，歯を磨きます	**또는** ③ 주말에 책을 읽어요. **또는** 영화를 봐요. 週末に本を読みます。または，映画を見ます。

確認クイズ1 2つの文を1つの文に書き換えましょう。

(1) 저는 커피를 마셔요. 그리고 저는 주스를 마셔요. → 저는 ＿＿＿＿＿ 를 마셔요.

(2) 휴가 때 집에서 쉬어요. 또는 친구를 만나요. → 휴가 때 집에서 ＿＿＿＿＿ 친구를 만나요.

(3) 친구하고 전화 통화해요. 그리고 잠이 들었어요. → 친구하고 전화 ＿＿＿＿＿ 잠이 들었어요.

(4) 주말에 소설을 읽어요. 또는 잡지를 읽어요. → 주말에 ＿＿＿＿＿ 를 읽어요.

確認クイズ2 正しい答えを選んで文を完成させましょう。

그래서	하지만	예를 들면	왜냐하면

저는 한국 문화에 관심이 많이 있어요. (1) ＿＿＿＿＿ 태권도, 탈춤, 도자기에 관심이 많아요. 이번 달부터 태권도를 배우기 시작했어요. 처음에는 태권도를 배울 때 많이 힘들었어요. (2) ＿＿＿＿＿ 태권도 선생님이 너무 빨리 말해요. (3) ＿＿＿＿＿ 선생님의 말을 알아듣기 어려웠어요. (4) ＿＿＿＿＿ 지금은 익숙해져서 괜찮아요.

그리고	그래도	그래서	그런데

저는 한국 음식을 좋아해요. (5) ＿＿＿＿＿ 점심 식사로 비빔밥이나 김밥을 자주 먹어요. (6) ＿＿＿＿＿ 저녁 식사는 친구하고 같이 불고기를 먹어요. 저는 일본 요리를 잘해요. (7) ＿＿＿＿＿ 한국 요리는 못해요. 요리 방법이 조금 복잡해요. (8) ＿＿＿＿＿ 한국 요리를 좋아하니까 배우고 싶어요.

形容詞

重要表現

A 反対の形容詞

(1)

충분하다	부족하다
十分だ	足りない

ⓐ 음식을 10인분 준비했는데 사람이 3명 왔어요.
음식이 **충분해요**.
食べ物を10人分準備しましたが，人が3人来ました。
食べ物は十分です。

ⓑ 음식을 10인분 준비했는데 사람이 19명 왔어요.
음식이 **부족해요**.
食べ物を10人分準備しましたが，人が19人来ました。
食べ物が足りません。

(2)

간단하다	복잡하다
簡単だ	複雑だ

ⓐ **간단한** 지도를 보면 길을 쉽게 찾을 수 있어요.
簡単な地図を見れば，道を簡単に見つけることができます。

ⓑ **복잡한** 지도를 보면 길을 찾기 어려워요.
複雑な地図を見ると，道を見つけるのが難しいです。

(3)

평범하다	특별하다
平凡だ	特別だ

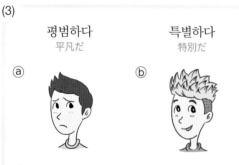

ⓐ **평범한** 머리 스타일은 학생 같아서 싫어요.
平凡なヘアースタイルは学生みたいで嫌です。

ⓑ 그 사람은 **특별한** 머리 스타일 때문에 멀리에서도
쉽게 알 수 있어요.
その人は特別なヘアースタイルのため，遠くからでも簡単に
分かります。

(4)

익숙하다	서투르다
慣れている	不慣れだ

ⓐ 지나는 요리에 **익숙해요**. 그래서 채소도 잘 썰어요.
チナは料理に**慣れています**。それで，野菜を上手に刻みます。

ⓑ 민호는 요리에 **서툴러요**. 그래서 채소도 잘 못 썰어요.
ミノは料理に**不慣れ**です。それで，野菜を上手に刻めません。

確認クイズ 正しい答えを選びましょう。

(1) 음식을 5인분만 준비했는데 사람이 10명이 와서 음식이 (ⓐ 충분했어요. / ⓑ 부족했어요.)

(2) 문법을 너무 짧고 (ⓐ 간단하게 / ⓑ 복잡하게) 설명해서 이해가 안 돼요. 설명이 더 필요해요.

(3) 제 친구는 성격이 (ⓐ 평범해서 / ⓑ 특별해서) 다른 사람들하고 쉽게 친해지기 어려워요.

(4) 제 친구는 고치는 것에 (ⓐ 익숙해서 / ⓑ 서툴러서) 어떤 것이 고장 나도 쉽게 고쳐요.

B 句からなる形容詞

(1)

인기가 있다 ↔ 인기가 없다
人気がある　　　人気がない

관심이 있다 ↔ 관심이 없다
関心がある　　　関心がない

도대체 이런 데는 왜 오는 건지?

ⓐ 이 가수는 **인기가 있어요**.
　この歌手は人気があります。

ⓑ 이 가수는 **인기가 없어요**.
　この歌手は人気がありません。

ⓒ 저 사람은 도자기에 **관심이 있어요**.
　あの人は陶磁器に関心があります。

ⓓ 저 사람은 도자기에 **관심이 없어요**.
　あの人は陶磁器に関心がありません。

(2)

예의가 있다 ↔ 예의가 없다
礼儀がある　　　礼儀がない

나이가 많다 ↔ 나이가 적다
年齢が多い　　　年齢が少ない

ⓐ 진수는 **예의가 있어요**.
　チンスは礼儀正しいです。

ⓑ 민규는 **예의가 없어요**.
　ミンギュは礼儀正しくありません。

ⓒ 우리 할머니는 **나이가 많아요**.
　うちの祖母は年をとっています。

ⓓ 우리 딸은 **나이가 적어요**.
　うちの娘は若いです。

(3)

힘이 세다 ↔ 힘이 없다
力が強い　　　力がない

키가 크다 ↔ 키가 작다
背が高い　　　背が低い

ⓐ 저 사람은 **힘이 세요**.
　あの人は力が強いです。

ⓑ 저 사람은 **힘이 없어요**.
　あの人は力がありません。

ⓒ 이 남자는 **키가 커요**.
　この男性は背が高いです。

ⓓ 이 남자는 **키가 작아요**.
　この男性は背が低いです。

(4)

운이 좋다 ↔ 운이 나쁘다
運がいい　　　運が悪い

도움이 되다 ↔ 도움이 안 되다
役に立つ　　　役に立たない

100번째 손님 이벤트에 당첨되셨습니다.

공부?　경부?

ⓐ 이 남자는 **운이 좋아요**.
　この男性は運がいいです。

ⓑ 이 남자는 **운이 나빠요**.
　この男性は運が悪いです。

ⓒ 드라마가 한국어 발음 연습에 **도움이 돼요**.
　ドラマが韓国語の発音練習に役立ちます。

ⓓ 쓰기 숙제가 한국어 발음 연습에 **도움이 안 돼요**.
　作文の宿題は韓国語の発音練習に役に立ちません。

C 文の順序

건강에 좋다 健康にいい

① 운동이 **건강에 좋아요.**
運動が健康にいいです。
② 휴식이 **건강에 좋아요.**
休息が健康にいいです。
③ 채소가 **건강에 좋아요.**
野菜が健康にいいです。

건강에 나쁘다 健康に悪い

① 담배가 **건강에 나빠요.**
タバコが健康に悪いです。
② 스트레스가 **건강에 나빠요.**
ストレスが健康に悪いです。
③ 패스트푸드가 **건강에 나빠요.**
ファストフードが健康に悪いです。

D その他

중요하다
重要だ

소중하다
大切だ

심하다
ひどい

우울하다
憂鬱だ

궁금하다
気がかりだ

미끄럽다
つるつるする

① 건강을 위해서 운동이 **중요해요.**
健康のために運動が**重要**です。
② 이 반지는 어머니한테서 받은 **소중한** 반지예요.
この指輪は母からもらった**大切**な指輪です。
③ 부상이 **심해서** 운동할 수 없어요.
けがが**ひどく**て運動できません。

④ 비가 오는 날은 기분이 **우울해요.**
雨が降る日は気分が**憂鬱**です
⑤ 그 여자가 요즘 어떻게 지내는지 **궁금해요.**
その女性が最近どのように過ごしているか**気がかり**です。
⑥ 바닥이 **미끄러워서** 넘어졌어요.
床が**つるつる**しているので転びました。

確認クイズ 正しい答えを選びましょう。

(1) 친구와 약속한 것을 잘 지키는 것이 (ⓐ 중요해요. / ⓑ 중요하지 않아요.)

(2) 제 동생은 장난이 (ⓐ 심해서 / ⓑ 심하지 않아서) 항상 문제가 생겨요.

(3) 저는 역사에 관심이 없으니까 역사 이야기가 (ⓐ 궁금해요. / ⓑ 궁금하지 않아요.)

(4) 겨울에 길이 (ⓐ 미끄러우면 / ⓑ 미끄럽지 않으면) 위험해요.

(5) 저에게 (ⓐ 소중한 / ⓑ 소중하지 않은) 물건은 청소할 때 버려요.

(6) 기분이 (ⓐ 우울하면 / ⓑ 우울하지 않으면) 아무것도 하고 싶지 않아요.

E 形容詞の2つの用法

韓国語の形容詞は，名詞を修飾する場合と述語として使う場合とで，次のように異なる語尾を付けて活用する。

(1) 形容詞が述語に用いられるときは，動詞の活用と同じように，形容詞の語幹に「‐아/어요」を付ける。

日本語〔形容詞 + です〕	:天気がいいです。
韓国語〔形容詞語幹 + ‐아/어요〕	:날씨가 좋아요. (← 좋 + ‐아요)

(2) 形容詞が名詞を修飾するときには，形容詞の語幹に「‐ㄴ/은」を付ける。

日本語〔形容詞＋名詞〕	:いい天気
韓国語〔形容詞語幹 + ‐ㄴ/은 + 名詞〕	:좋은 날씨 (← 좋 + ‐은)

	容詞	述語に用いられるとき	名詞を修飾するとき
(1)	유명하다 有名だ	김치가 **유명해요**. (유명하 + ‐여요) キムチが有名です。	**유명한** 김치 (유명하 + ‐ㄴ) 有名なキムチ
(2)	같다 同じだ	이름이 **같아요**. (같 + ‐아요) 名前が同じです。	**같은** 이름 (같 + ‐은) 同じ名前
(3)	맛있다 おいしい	음식이 **맛있어요**. (맛있 + ‐어요) 食べ物がおいしいです。	**맛있는** 음식 (맛있 + ‐는) おいしい食べ物
(4)	바쁘다 忙しい	일이 **바빠요**. (바쁘 + ‐아요) 仕事が忙しいです。	**바쁜** 일 (바쁘 + ‐ㄴ) 忙しい仕事
(5)	길다 長い	머리가 **길어요**. (길 + ‐어요) 髪が長いです。	**긴** 머리 (길 + ‐ㄴ) 長い髪
(6)	맵다 辛い	음식이 **매워요**. (맵 + ‐어요) 食べ物が辛いです。	**매운** 음식 (맵 + ‐은) 辛い食べ物
(7)	다르다 違う, 異なっている	성격이 **달라요**. (다르 + ‐아요) 性格が違います。	**다른** 성격 (다르 + ‐ㄴ) 異なる性格

確認クイズ 正しい答えを選んで書きましょう。

아름답다	힘들다	게으르다	젊다	이상하다	필요하다

(1) 동생이 너무 ＿＿＿＿＿＿＿서 방 청소를 하나도 안 해요.

(2) 부산에 갔는데 바다 경치가 정말 ＿＿＿＿＿＿＿＿.

(3) 여권을 만들 때 ＿＿＿＿＿＿＿서류는 여기에 다 있어요.

(4) 너무 ＿＿＿＿＿＿＿운동은 건강에 도움이 안 돼요.

(5) 발음이 ＿＿＿＿＿＿＿면 알아듣기 어려워요.

(6) ＿＿＿＿＿＿＿사람이 나이 많은 사람보다 경험이 부족해요.

> **気をつけよう!**
> 韓国語の「필요하다」は形容詞である。
> したがって，その前に主語と助詞
> 「이/가」が必要である。
> 例 신분증이 필요해요.
> 身分証明書が必要です。

名詞

第100課

重要表現

A 「하다」動詞の名詞語根

動詞	名詞	動詞	名詞
사랑하다 愛する	사랑 愛	경험하다 経験する	경험 経験
걱정하다 心配する	걱정 心配	실망하다 失望する	실망 失望
준비하다 準備する	준비 準備	후회하다 後悔する	후회 後悔
생각하다 考える	생각 考え	성공하다 成功する	성공 成功
기억하다 記憶する	기억 記憶	실패하다 失敗する	실패 失敗

確認クイズ 正しい答えを選んで書きましょう。

준비	걱정	기억	사랑

(1) 진수는 비싼 학비 때문에 _____ 이/가 많아요.

(2) 민호는 지금 _____ 에 빠져서 아무것도 못 해요.

(3) 일찍 시험 _____ 을/를 끝낸 사람은 밤새 공부하지 않아요.

(4) 어렸을 때 부모님과 바닷가에 간 것이 지금도 _____ 에 남아요.

B 動詞語幹 + -기 ➡ 名詞

動詞	名詞	動詞	名詞
말하다 話す	말하기 発話 (말하 + -기)	쓰다 書く	쓰기 作文 (쓰 + -기)
듣다 聞く	듣기 聞き取り (듣 + -기)	걷다 歩く	걷기 ウォーキング (걷 + -기)
읽다 読む	읽기 読解 (읽 + -기)	달리다 走る	달리기 走ること (달리 + -기)

確認クイズ 絵を見て，正しい答えを選びましょう。

(1)

(ⓐ 걷기 / ⓑ 달리기)
가 건강에 좋아요.

(2)

(ⓐ 걷기 / ⓑ 달리기)
에 자신이 있어요.

(3)

(ⓐ 쓰기 / ⓑ 말하기)
를 좋아해서 매일 일
기를 써요.

(4)

매일 드라마를 보면
(ⓐ 듣기 /ⓑ 쓰기)가
좋아져요.

C 形容詞語幹 + −(으)ㅁ ➡ 名詞

「−(으)ㅁ」は心・状態・感じを表す形容詞を名詞にするときに用いる。

形容詞	名詞	形容詞	名詞
기쁘다 うれしい	기쁨 うれしさ (기쁘 + −ㅁ)	고맙다 ありがたい	고마움 ありがたみ (고맙 + −음)
슬프다 悲しい	슬픔 悲しみ (슬프 + −ㅁ)	무섭다 怖い	무서움 怖さ (무섭 + −음)
아프다 痛い	아픔 痛み (아프 + −ㅁ)	즐겁다 楽しい	즐거움 楽しさ (즐겁 + −음)
배고프다 空腹だ	배고픔 空腹 (배고프 + −ㅁ)	아쉽다 心残りだ	아쉬움 心残り (아쉽 + −음)

確認クイズ 与えられた単語の形を変えて文を完成させましょう。

(1) (아프다 ➡   )을 참고 이기면 곧 병이 나을 거예요.

(2) 나이 어린 아이들이 (배고프다 ➡   )을 참기 어려워요.

(3) 내 옆에서 나를 도와준 친구에게 (고맙다 ➡   )을 느껴요.

(4) 할머니께서 돌아가셔서 가족이 (슬프다 ➡   )에 빠졌어요.

D 動詞語幹 + −(으)ㅁ ➡ 名詞

「−(으)ㅁ」は動詞が名詞として完全に固定化したもの。

動詞	名詞	動詞	名詞
자다 寝る	잠 睡眠 (자 + −ㅁ)	죽다 死ぬ	죽음 死 (죽 + −음)
(꿈을) 꾸다 (夢を)見る	꿈 夢 (꾸 + −ㅁ)	느끼다 感じる	느낌 感じ (느끼 + −ㅁ)
(춤을) 추다 (踊りを)踊る	춤 踊り，ダンス (추 + −ㅁ)	바라다 望む	바람 望み (바라 + −ㅁ)
웃다 笑う	웃음 笑い (웃 + −음)	믿다 信じる	믿음 信頼，信仰 (믿 + −음)
울다 泣く	울음 泣くこと (울 + −음)	싸우다 戦う，けんかする	싸움 戦い，けんか (싸우 + −ㅁ)
걷다 歩く	걸음 歩み (걷 + −음)	모이다 集まる	모임 集まり (모이 + −ㅁ)

確認クイズ 与えられた単語の形を変えて文を完成させましょう。

(1) (추다 ➡   )보다 노래가 더 자신이 있어요.

(2) 어젯밤에 (꾸다 ➡   )에서 돌아가신 할아버지를 봤어요.

(3) 연말에는 (모이다 ➡   )이 많아서 집에 늦게 들어가요.

(4) (싸우다 ➡   )에서 진 아이가 결국 울기 시작했어요.

(5) 그 영화를 보고 (죽다 ➡   )에 대해서 생각하게 됐어요.

(6) 교통사고 이후에 그 여자는 (웃다 ➡   )을 잃어버렸어요.

E 動詞語幹 + –개 ➡ 名詞

「–개」で作られた名詞はたいてい道具を表す。

動詞	名詞	動詞	名詞
지우다 消す	지우개 消しゴム (지우 + –개)	가리다 さえぎる	가리개 ついたて (가리 + –개)
베다 枕にする	베개 枕 (베 + –개)	싸다 包む	싸개 包み (싸 + –개)
덮다 覆う	덮개 ふた (덮 + –개)	따다 (栓を)開ける	따개 栓抜き (따 + –개)

確認クイズ 次の動詞を名詞に変えて，適切な絵と線で結びましょう。

(1)　지우다 　・

(2)　베다 　・

(3)　덮다　・

・① 베개　・

・② 덮개　・

・③ 지우개　・

・ⓐ

・ⓑ

・ⓒ

F 形容詞語幹 + –(으)ㄴ + 이 ➡ 名詞

「이」は人を意味する。

形容詞	名詞
늙다 老ける	늙은이 老人 (늙 + –은 + 이)
젊다 若い	젊은이 若者 (젊 + –은 + 이)
어리다 幼い	어린이 子ども (어리 + –ㄴ + 이)

> おまけ
> 「늙은이」や「어린이」は呼称として使わない，相手が年下の場合は名前を呼び，相手が年上の場合は適切な呼称を使えばよい。

確認クイズ 絵を見て，適当なもの同士を線で結びましょう。

(1) 　・

(2) 　・

(3) 　・

・① 어린이　・

・② 늙은이　・

・③ 젊은이　・

・ⓐ 청년

・ⓑ 아이

・ⓒ 노인

G 固有名詞

固有名詞にある漢字語で，その意味を推測できる。

(1) 一般名詞が固有語の場合，固有名詞で漢字語に変わる。

一般名詞	固有名詞	例
바다 海	_해	동**해**, 서**해**, 남**해**
다리 橋	_교	잠수**교**, 금천**교**, 양화**교**
섬 島	_도	제주**도**, 여의**도**, 거제**도**, 강화**도**
절 寺	_사	불국**사**, 해인**사**, 부석**사**, 내소**사**
길 道	_로	종**로**, 을지**로**, 대학**로**, 퇴계**로**

(2) 一般名詞が1音節の漢字語の場合，固有名詞にそのまま用いる。

一般名詞	固有名詞	例
산 山	_산	남**산**, 북한**산**, 설악**산**, 한라**산**
강 川	_강	한**강**, 남한**강**, 낙동**강**, 금**강**
문 門	_문	동대**문**, 서대**문**, 광화**문**, 독립**문**
궁 宮	_궁	경복**궁**, 창덕**궁**, 창경**궁**, 덕수**궁**
탕 湯(スープ)	_탕	설렁**탕**, 곰**탕**, 매운**탕**, 갈비**탕**

(3) 一般名詞が2音節以上の漢字語の場合，固有名詞で1つの漢字語を取る。

一般名詞	固有名詞	例
도시 都市	_시	서울**시**, 부산**시**, 대전**시**, 광주**시**
대학 大学	_대	고려**대**, 서강**대**, 서울**대**, 연세**대**

確認クイズ 下線部の漢字の意味を選びましょう。

(1) 감자<u>탕</u>을 오늘 처음 봤어요.

   ⓐ 채소   ⓑ 사탕   ⓒ 뜨거운 음식

(2) 울산<u>시</u>에 갔다 왔어요.

   ⓐ 시내   ⓑ 도시   ⓒ 시간

(3) 부산<u>대</u>에서 수업을 들어요.

   ⓐ 군대   ⓑ 대학   ⓒ 바다

(4) 통도<u>사</u>에 갔다 왔어요.

   ⓐ 절   ⓑ 회사   ⓒ 사진관

H 敬語

いくつかの単語には，尊敬すべき人に用いる尊敬の語彙がある。

普通	尊敬
이름 名前	성함 お名前
나이 年	연세 お年
말 言葉	말씀 お言葉
밥 ご飯	진지 お食事
집 家	댁 お宅
생일 誕生日	생신 お誕生日

確認クイズ1 同じような意味の質問を線で結びましょう。

(1) 이름이 뭐예요?　　　　　•

(2) 몇 살이에요?　　　　　•

(3) 집이 어디예요?　　　　•

(4) 밥 먹었어요?　　　　　•

(5) 생일이 며칠이에요? 　•

(6) 말 들었어요?　　　　　•

• ⓐ 댁이 어디세요?

• ⓑ 진지 드셨어요?

• ⓒ 말씀 들었어요?

• ⓓ 성함이 어떻게 되세요?

• ⓔ 연세가 어떻게 되세요?

• ⓕ 생신이 며칠이세요?

確認クイズ2 適当な答えを書きましょう。

(1) 친구의 이름은 알지만 선생님 ＿＿＿＿＿＿ 은/는 잊어버렸어요.

(2) 할머니께 ＿＿＿＿＿＿ 을/를 차려 드리고 우리도 밥을 먹었어요.

(3) 우리 아버지 ＿＿＿＿＿＿ 와/과 제 생일이 같은 날짜예요.

(4) 우리 할아버지께서는 ＿＿＿＿＿＿ 이/가 많으시지만 건강하세요.

(5) 사장님의 ＿＿＿＿＿＿ 을/를 듣고 직원들이 힘을 냈어요.

(6) 급한 일이 있는데 선생님께서 사무실에 안 계셔서 선생님 ＿＿＿＿＿＿ 에 찾아뵈었어요.

┃ 謙譲

韓国語では会話の相手を高めるために，自分と関連する語彙を低めることもある。

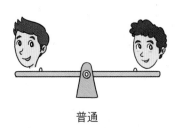

普通

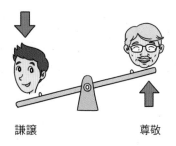

謙譲　尊敬

普通
나 わたし
우리 わたしたち
말 言葉

謙譲
저 わたくし
저희 わたくしたち
말씀 お言葉

> **おまけ**
> 「말씀」は，高めるべき相手の「言葉」を指すこともあり，相手を
> 高めるために自分を低めて自分の「言葉」を指すこともある。
> 例〔尊敬〕지금부터 사장님 말씀이 있겠습니다.
> 　　　　今から社長のお言葉がございます。
> 　　〔謙譲〕말씀드릴 게 있는데요.
> 　　　　申しあげることがあるのですが。

確認クイズ 絵に合うように下線部の単語を変えましょう。

나는 오늘 동료들하고 부산으로 출장 갈 거야.
출장에서 돌아와서 내가 전화할게.
그리고 우리 회사 근처에서 만나면 출장에
대해 말해 줄게.

(1) ＿＿＿＿＿＿ 오늘 동료들하고 부산으로
출장 갈 거예요. 출장에서 돌아와서
(2) ＿＿＿＿＿＿ 전화 드릴게요. 그리고
(3) ＿＿＿＿＿＿ 회사 근처에서 만나면
출장에 대해 (4) ＿＿＿＿＿＿ 드릴게요.

付録

解答

Part 1

第01課 数字1

単語
2 (1) ⓔ (2) ⓕ (3) ⓑ (4) ⓒ
(5) ⓐ (6) ⓓ (7) ⓖ

練習2
(1) × (2) ○ (3) × (4) ×
(5) ○ (6) ○ (7) × (8) ○
(9) ×

第02課 数字2

単語
2 (1) ⓓ (2) ⓖ (3) ⓐ (4) ⓒ
(5) ⓔ (6) ⓕ (7) ⓗ (8) ⓑ

練習2
(1) ⓔ (2) ⓒ (3) ⓓ (4) ⓑ
(5) ⓖ (6) ⓗ (7) ⓕ (8) ⓐ

第03課 値段

単語
2 (1) ⓑ (2) ⓔ (3) ⓓ (4) ⓐ
(5) ⓒ (6) ⓕ

練習2
(1) ⓗ (2) ⓕ (3) ⓓ (4) ⓔ
(5) ⓒ (6) ⓐ (7) ⓑ (8) ⓖ

第04課 個数

単語
2 (1) ⓑ (2) ⓓ (3) ⓒ (4) ⓔ
(5) ⓕ (6) ⓐ

練習1
(1) ⓒ (2) ⓓ (3) ⓓ (4) ⓐ
(5) ⓒ (6) ⓓ (7) ⓐ (8) ⓑ

練習2
(1) ⓔ (2) ⓒ (3) ⓓ (4) ⓖ

(5) ⓑ (6) ⓘ (7) ⓐ (8) ⓙ
(9) ⓕ (10) ⓗ

第05課 月と日

単語
2 (1) ⓐ (2) ⓑ (3) ⓑ (4) ⓐ

練習2
(1) ⓐ (2) ⓑ (3) ⓐ (4) ⓑ

第06課 特別な日

単語
(1) ⓒ (2) ⓑ (3) ⓐ (4) ⓖ
(5) ⓘ (6) ⓕ (7) ⓗ (8) ⓓ
(9) ⓔ

練習1
(1) ⓒ (2) ⓑ (3) ⓓ (4) ⓐ

練習2
(1) ⓒ (2) ⓐ (3) ⓑ (4) ⓓ

第07課 曜日

単語
1 (1) ⓔ (2) ⓒ (3) ⓖ (4) ⓐ
(5) ⓓ (6) ⓕ (7) ⓑ
2 (1) ⓑ (2) ⓐ (3) ⓐ (4) ⓑ
(5) ⓐ, ⓓ (6) ⓑ

練習2
(1) ⓐ, ⓐ, ⓑ, ⓑ (2) ⓑ, ⓐ, ⓐ
(3) ⓑ, ⓑ, ⓑ

第08課 年度

単語
2 (1) ⓑ (2) ⓔ (3) ⓐ (4) ⓒ
(5) ⓓ (6) ⓕ

練習2
1 (1) ⓓ (2) ⓒ (3) ⓐ (4) ⓑ
2 (1) ⓒ (2) ⓑ (3) ⓓ (4) ⓐ

第09課　週と月

単語

2　(1) ⓑ　(2) ⓐ　(3) ⓐ　(4) ⓑ
　(5) ⓐ　(6) ⓑ　(7) ⓐ　(8) ⓐ

練習 2

　(1) ⓑ　(2) ⓐ　(3) ⓑ　(4) ⓐ
　(5) ⓐ　(6) ⓑ

第10課　日と年

単語

　(1) 그제　(2) 어제　(3) 내일　(4) 모레
　(5) 재작년　(6) 작년　(7) 올해　(8) 내년
　(9) 후년

練習 1

　(1) 달　(2) 전　(3) 어제　(4) 매주
　(5) 모레　(6) 내일　(7) 일주일　(8) 후
　(9) 화요일　(10) 오늘

練習 2

　(1) 오늘 오후 2시 30분에 명동에서 약속이 있어요
　(2) 지난주 금요일 밤 8시에 동료하고(동료와/동료랑) 저녁
　　식사를 했어요
　(3) 올해 12월 마지막 주 토요일에 콘서트를 보러 가요
　(4) 다음 주 월요일 아침 9시에 한국어 수업을 시작해요

第11課　時間

単語

2　(1) ⓓ　(2) ⓑ　(3) ⓔ　(4) ⓐ
　(5) ⓒ　(6) ⓕ

練習 1

　(1) ⓑ　(2) ⓓ　(3) ⓐ　(4) ⓒ

第12課　所要時間

単語

2　(1) ⓓ　(2) ⓐ　(3) ⓒ　(4) ⓑ

練習 1

　(1) ⓔ　(2) ⓓ　(3) ⓖ　(4) ⓑ
　(5) ⓕ　(6) ⓒ　(7) ⓐ　(8) ⓗ
　(9) ⓘ

練習 2

　(1) ⓔ　(2) ⓐ　(3) ⓕ　(4) ⓓ
　(5) ⓑ　(6) ⓒ

第13課　国家

単語

　(1) ⑦ 한국 ⑥ 중국 ⑧ 일본 ⑨ 호주 ① 인도 ② 태국
　　⑤ 필리핀 ③ 베트남 ④ 싱가포르

　(2) ② 미국 ① 캐나다 ④ 브라질 ③ 멕시코 ⑤ 아르헨티나

　(3) ① 영국 ④ 독일 ⑦ 이란 ⑧ 케냐 ② 스페인 ⑥ 이집트
　　③ 프랑스 ⑤ 러시아

練習 1

　(1) ⓗ　(2) ⓒ　(3) ⓖ　(4) ⓕ
　(5) ⓑ　(6) ⓔ　(7) ⓐ　(8) ⓓ

練習 2

　(1) ⓓ　(2) ⓖ　(3) ⓐ　(4) ⓔ
　(5) ⓒ　(6) ⓑ　(7) ⓗ　(8) ⓕ

第14課　国籍と言語

単語

　(1) 일본어　(2) 중국인　(3) 프랑스　(4) 아랍어
　(5) 미국 사람　(6) 영어　(7) 외국

練習 1

　(1) ⓐ　(2) ⓑ　(3) ⓑ　(4) ⓐ
　(5) ⓑ　(6) ⓑ

練習 2

　(1) ○　(2) ×　(3) ○　(4) ×
　(5) ○　(6) ×

第15課　職業

単語

　(1) ⓔ　(2) ⓐ　(3) ⓕ　(4) ⓒ
　(5) ⓚ　(6) ⓗ　(7) ⓑ　(8) ⓙ
　(9) ⓘ　(10) ⓛ　(11) ⓓ　(12) ⓖ

練習 1

　(1) ⓑ　(2) ⓐ　(3) ⓔ　(4) ⓒ
　(5) ⓓ

練習 2

　(1) ⓒ　(2) ⓔ　(3) ⓐ　(4) ⓑ
　(5) ⓓ　(6) ⓕ

第16課 年齢

単語

1 (1) ⓑ　　(2) ⓐ　　(3) ⓓ　　(4) ⓔ
　　(5) ⓒ

2 (1) ⓐ　　(2) ⓙ　　(3) ⓖ　　(4) ⓓ
　　(5) ⓒ　　(6) ⓘ　　(7) ⓕ　　(8) ⓗ
　　(9) ⓔ　　(10) ⓑ

練習 1

2 (1) ⓑ　　(2) ⓕ　　(3) ⓓ　　(4) ⓐ
　　(5) ⓒ　　(6) ⓔ

練習 2

(1) ⓕ　　(2) ⓓ　　(3) ⓐ　　(4) ⓒ
(5) ⓔ　　(6) ⓑ

第17課 家族

単語

(1) ⓘ　　(2) ⓒ　　(3) ⓚ　　(4) ⓕ
(5) ⓖ　　(6) ⓑ　　(7) ⓛ　　(8) ⓔ
(9) ⓗ　　(10) ⓐ　　(11) ⓙ　　(12) ⓓ

練習 1

(1) ⓑ　　(2) ⓐ　　(3) ⓑ　　(4) ⓑ

練習 2

(1) ⓑ　　(2) ⓑ　　(3) ⓐ　　(4) ⓐ

第18課 場所 1

単語

(1) ⓒ　　(2) ⓔ　　(3) ⓖ　　(4) ⓓ
(5) ⓘ　　(6) ⓕ　　(7) ⓗ　　(8) ⓑ
(9) ⓐ　　(10) ⓙ

練習 1

(1) ⓑ　　(2) ⓓ　　(3) ⓐ　　(4) ⓔ
(5) ⓕ　　(6) ⓒ

練習 2

(1) ⓕ　　(2) ⓒ　　(3) ⓑ　　(4) ⓓ
(5) ⓐ　　(6) ⓔ

第19課 場所 2

単語

2 (1) ⓕ　　(2) ⓖ　　(3) ⓗ　　(4) ⓘ
　　(5) ⓔ　　(6) ⓑ　　(7) ⓚ　　(8) ⓐ
　　(9) ⓛ　　(10) ⓓ　　(11) ⓘ　　(12) ⓒ

練習 1

(1) ⓕ　　(2) ⓑ　　(3) ⓐ　　(4) ⓔ
(5) ⓒ　　(6) ⓓ

練習 2

(1) ⓑ　　(2) ⓒ　　(3) ⓕ　　(4) ⓓ
(5) ⓐ　　(6) ⓔ

第20課 路上

単語

(1) ⓓ　　(2) ⓐ　　(3) ⓜ　　(4) ⓔ
(5) ⓚ　　(6) ⓑ　　(7) ⓝ　　(8) ⓒ
(9) ⓘ　　(10) ⓕ　　(11) ⓛ　　(12) ⓞ
(13) ⓙ　　(14) ⓖ　　(15) ⓗ

練習 1

(1) ⓑ　　(2) ⓐ　　(3) ⓐ　　(4) ⓐ
(5) ⓑ　　(6) ⓐ

練習 2

(1) ⓑ　　(2) ⓐ　　(3) ⓑ　　(4) ⓐ
(5) ⓐ

第21課 位置と方向

単語

(1) ⓖ　　(2) ⓑ　　(3) ⓐ　　(4) ⓒ
(5) ⓘ　　(6) ⓓ　　(7) ⓕ　　(8) ⓔ
(9) ⓙ　　(10) ⓗ

練習 1

(1) ⓔ　　(2) ⓓ　　(3) ⓑ　　(4) ⓐ
(5) ⓒ

練習 2

(1) ⓑ　　(2) ⓔ　　(3) ⓕ　　(4) ⓐ
(5) ⓓ　　(6) ⓒ

第22課 道を尋ねる

単語

(1) ⓕ　　(2) ⓖ　　(3) ⓓ　　(4) ⓐ
(5) ⓚ　　(6) ⓒ　　(7) ⓘ　　(8) ⓔ
(9) ⓙ　　(10) ⓗ　　(11) ⓑ

練習

(1) 수영장　(2) 영화관　(3) 동물원　(4) 교회
(5) 은행

第23課 個人のもの

単語

(1) ⓑ	(2) ⓟ	(3) ⓐ	(4) ⓜ
(5) ⓝ	(6) ⓒ	(7) ⓓ	(8) ⓙ
(9) ⓕ	(10) ⓘ	(11) ⓞ	(12) ⓗ
(13) ⓔ	(14) ⓛ	(15) ⓖ	(16) ⓚ

練習 1

(1) 열쇠, 서류, 안경, 지갑, 핸드폰, 사진
(2) 우산, 수첩, 휴지, 빗, 화장품
(3) 책, 공책, 펜, 필통

練習 2

(1) ⓐ	(2) ⓑ	(3) ⓐ	(4) ⓑ
(5) ⓐ	(6) ⓑ		

第24課 部屋にあるもの

単語

(1) ⓑ	(2) ⓗ	(3) ⓔ	(4) ⓙ
(5) ⓘ	(6) ⓞ	(7) ⓕ	(8) ⓒ
(9) ⓜ	(10) ⓟ	(11) ⓓ	(12) ⓖ
(13) ⓚ	(14) ⓛ	(15) ⓝ	(16) ⓐ

練習 1

(1) ⓑ	(2) ⓑ	(3) ⓐ	(4) ⓑ
(5) ⓑ	(6) ⓐ	(7) ⓐ	(8) ⓐ
(9) ⓑ	(10) ⓑ		

練習 2

(1) ⓐ	(2) ⓐ	(3) ⓑ	(4) ⓐ
(5) ⓑ	(6) ⓑ	(7) ⓐ	(8) ⓑ
(9) ⓐ	(10) ⓑ		

第25課 家にあるもの

単語

(1) ⓑ	(2) ⓔ	(3) ⓖ	(4) ⓗ
(5) ⓕ	(6) ⓓ	(7) ⓐ	(8) ⓘ
(9) ⓒ			

練習 1

(1) ⓑ	(2) ⓕ	(3) ⓔ	(4) ⓐ
(5) ⓓ	(6) ⓒ		

練習 2

(1) ⓘ	(2) ⓔ	(3) ⓑ	(4) ⓖ
(5) ⓐ	(6) ⓓ	(7) ⓕ	(8) ⓚ
(9) ⓒ	(10) ⓗ	(11) ⓙ	(12) ⓛ

第26課 家具と生活用品

単語

(1) ⓘ	(2) ⓒ	(3) ⓐ	(4) ⓡ
(5) ⓖ	(6) ⓔ	(7) ⓓ	(8) ⓘ
(9) ⓑ	(10) ⓙ	(11) ⓠ	(12) ⓜ
(13) ⓝ	(14) ⓞ	(15) ⓚ	(16) ⓕ
(17) ⓗ	(18) ⓣ	(19) ⓟ	(20) ⓢ

練習 1

(1) ⓐ	(2) ⓐ	(3) ⓑ	(4) ⓐ
(5) ⓐ	(6) ⓑ	(7) ⓐ	(8) ⓐ

練習 2

(1) ⓐ	(2) ⓑ	(3) ⓐ	(4) ⓐ
(5) ⓐ	(6) ⓑ		

第27課 一日の日課

単語

(1) ⓒ	(2) ⓔ	(3) ⓓ	(4) ⓑ
(5) ⓗ	(6) ⓕ	(7) ⓘ	(8) ⓖ
(9) ⓐ			

練習 1

(1) ⓔ	(2) ⓑ	(3) ⓐ	(4) ⓓ
(5) ⓒ	(6) ⓕ		

練習 2

(1) ⓑ	(2) ⓐ, ⓒ	(3) ⓑ	(4) ⓓ

第28課 家でする行動

単語

(1) ⓔ	(2) ⓓ	(3) ⓚ	(4) ⓖ
(5) ⓘ	(6) ⓒ	(7) ⓐ	(8) ⓕ
(9) ⓛ	(10) ⓑ	(11) ⓙ	(12) ⓗ

練習 1

(1) ⓑ	(2) ⓐ	(3) ⓒ	(4) ⓑ
(5) ⓒ	(6) ⓒ	(7) ⓐ	(8) ⓒ
(9) ⓑ	(10) ⓐ	(11) ⓐ	(12) ⓑ

練習 2

(1) ⓗ	(2) ⓒ	(3) ⓓ	(4) ⓖ
(5) ⓐ	(6) ⓛ	(7) ⓕ	(8) ⓚ
(9) ⓙ	(10) ⓘ	(11) ⓔ	(12) ⓑ

第29課　生活習慣

単語

(1) 1	(2) 3	(3) 5	(4) 3
(5) 3	(6) 4	(7) 1	(8) 0
(9) 1〜2	(10) 3〜4	(11) 1	(12) 1〜2
(13) 0	(14) 1	(15) 2〜3	(16) 2

練習 1

(1) ⓑ	(2) ⓒ	(3) ⓓ	(4) ⓔ
(5) ⓐ			

練習 2

(1) ⓑ	(2) ⓕ	(3) ⓔ	(4) ⓐ
(5) ⓑ	(6) ⓓ	(7) ⓒ	(8) ⓕ

第30課　家事

単語

(1) ⓖ	(2) ⓔ	(3) ⓙ	(4) ⓑ
(5) ⓓ	(6) ⓘ	(7) ⓒ	(8) ⓕ
(9) ⓗ	(10) ⓐ	(11) ⓚ	(12) ⓛ

練習 1

(1) ⓓ	(2) ⓔ	(3) ⓑ	(4) ⓕ
(5) ⓗ	(6) ⓐ	(7) ⓖ	(8) ⓒ

練習 2

(1) ⓖ	(2) ⓒ	(3) ⓔ	(4) ⓗ
(5) ⓐ	(6) ⓑ	(7) ⓓ	(8) ⓕ

第31課　週末の活動

単語

(1) ⓓ	(2) ⓕ	(3) ⓘ	(4) ⓒ
(5) ⓐ	(6) ⓑ	(7) ⓔ	(8) ⓗ
(9) ⓙ	(10) ⓛ	(11) ⓖ	(12) ⓚ

練習 1

(1) ⓐ	(2) ⓑ	(3) ⓐ	(4) ⓑ
(5) ⓑ	(6) ⓐ		

練習 2

(1) ⓕ	(2) ⓒ	(3) ⓑ	(4) ⓓ
(5) ⓔ	(6) ⓐ		

第32課　生活でよく使う動詞

単語

(1) ⓓ	(2) ⓐ	(3) ⓒ	(4) ⓜ

(5) ⓕ	(6) ⓔ	(7) ⓝ	(8) ⓗ
(9) ⓑ	(10) ⓖ	(11) ⓙ	(12) ⓘ
(13) ⓚ	(14) ⓛ		

練習 1

(1) ⓐ	(2) ⓑ	(3) ⓑ	(4) ⓐ
(5) ⓐ	(6) ⓐ	(7) ⓑ	(8) ⓐ

練習 2

(1) ③, ⓔ	(2) ④, ⓒ	(3) ②, ⓐ	(4) ①, ⓓ
(5) ⑥, ⓕ	(6) ⑤, ⓑ		

第33課　生活でよく使う形容詞

単語

(1) ⓗ	(2) ⓑ	(3) ⓕ	(4) ⓒ
(5) ⓖ	(6) ⓘ	(7) ⓔ	(8) ⓓ
(9) ⓐ	(10) ⓙ		

練習 1

(1) 필요 없다	(2) 쉽다	(3) 안전하다
(4) 재미없다	(5) 맛없다	(6) 한가하다
(7) 안 중요하다	(8) 인기가 없다	

練習 2

(1) ⓑ	(2) ⓓ	(3) ⓐ	(4) ⓔ
(5) ⓕ	(6) ⓗ	(7) ⓒ	(8) ⓖ

第34課　生活でよく使う表現 1

単語

(1) ⓓ	(2) ⓗ	(3) ⓚ	(4) ⓖ
(5) ⓑ	(6) ⓕ	(7) ⓔ	(8) ⓛ
(9) ⓙ	(10) ⓐ	(11) ⓒ	(12) ⓘ

練習 1

(1) ⓓ	(2) ⓒ	(3) ⓐ	(4) ⓕ
(5) ⓔ	(6) ⓑ		

練習 2

(1) ⓒ	(2) ⓓ	(3) ⓐ	(4) ⓑ

第35課　生活でよく使う表現 2

単語

(1) ⓕ	(2) ⓚ	(3) ⓖ	(4) ⓗ
(5) ⓓ	(6) ⓛ	(7) ⓘ	(8) ⓑ
(9) ⓒ	(10) ⓐ	(11) ⓔ	(12) ⓙ

練習 1
(1) ⓒ　　　(2) ⓔ　　　(3) ⓘ　　　(4) ⓑ
(5) ⓙ　　　(6) ⓖ　　　(7) ⓐ　　　(8) ⓓ
(9) ⓗ　　　(10) ⓕ

練習 2
(1) ⓒ　　　(2) ⓑ　　　(3) ⓔ　　　(4) ⓓ
(5) ⓕ　　　(6) ⓐ

第36課　果物

単語
(1) ⓑ　　　(2) ⓐ　　　(3) ⓔ　　　(4) ⓙ
(5) ⓗ　　　(6) ⓚ　　　(7) ⓛ　　　(8) ⓓ
(9) ⓖ　　　(10) ⓕ　　　(11) ⓒ　　　(12) ⓘ

練習 2
(1) ④, ⓐ　　(2) ①, ⓓ　　(3) ②, ⓒ　　(4) ③, ⓑ

第37課　野菜

単語
(1) ⓘ　　　(2) ⓔ　　　(3) ⓕ　　　(4) ⓑ
(5) ⓗ　　　(6) ⓙ　　　(7) ⓒ　　　(8) ⓐ
(9) ⓓ　　　(10) ⓖ　　　(11) ⓢ　　　(12) ⓜ
(13) ⓣ　　　(14) ⓝ　　　(15) ⓡ　　　(16) ⓠ
(17) ⓛ　　　(18) ⓚ　　　(19) ⓟ　　　(20) ⓞ

練習 1
(1) ○,×　　(2) ○, ○　　(3) ×,×　　(4) ×,○

練習 2
(1) ×　　　(2) ○　　　(3) ×　　　(4) ×
(5) ×　　　(6) ×　　　(7) ○　　　(8) ×

第38課　肉と海産物

単語
2　(1) ⓕ　　　(2) ⓘ　　　(3) ⓑ　　　(4) ⓗ
(5) ⓙ　　　(6) ⓐ　　　(7) ⓔ　　　(8) ⓖ
(9) ⓓ　　　(10) ⓒ　　　(11) ⓜ　　　(12) ⓚ
(13) ⓝ　　　(14) ⓛ　　　(15) ⓞ　　　(16) ⓟ

練習 2
(1) ⓒ, ⓔ　　(2) ⓐ, ⓑ　　(3) ⓔ, ⓓ　　(4) ⓐ, ⓔ
(5) ⓔ, ⓒ　　(6) ⓑ, ⓒ

第39課　毎日の食べ物と材料

単語
1　(1) ⓒ　　　(2) ⓓ　　　(3) ⓐ　　　(4) ⓑ
(5) ⓔ　　　(6) ⓕ
2　(1) ⓑ　　　(2) ⓑ　　　(3) ⓐ　　　(4) ⓐ
(5) ⓐ　　　(6) ⓑ

練習 1
(1) ⓓ　　　(2) ⓐ　　　(3) ⓔ　　　(4) ⓒ
(5) ⓕ　　　(6) ⓑ

練習 2
(1) ⓕ　　　(2) ⓖ　　　(3) ⓐ　　　(4) ⓒ
(5) ⓔ　　　(6) ⓗ　　　(7) ⓑ　　　(8) ⓙ
(9) ⓘ　　　(10) ⓓ

第40課　飲み物

単語
(1) ⓕ　　　(2) ⓒ　　　(3) ⓔ　　　(4) ⓑ
(5) ⓕ　　　(6) ⓗ　　　(7) ⓐ　　　(8) ⓖ
(9) ⓙ　　　(10) ⓛ　　　(11) ⓚ　　　(12) ⓜ
(13) ⓘ

練習 2
(1) ⓕ　　　(2) ⓔ　　　(3) ⓑ　　　(4) ⓐ
(5) ⓒ　　　(6) ⓓ

第41課　デザートとおやつ

単語
1　(1) ⓓ　　　(2) ⓒ　　　(3) ⓐ　　　(4) ⓗ
(5) ⓑ　　　(6) ⓕ　　　(7) ⓖ　　　(8) ⓔ

練習 1
(1) ⓑ　　　(2) ⓐ　　　(3) ⓔ　　　(4) ⓖ
(5) ⓕ　　　(6) ⓗ　　　(7) ⓓ　　　(8) ⓒ

練習 2
(1) ⓑ　　　(2) ⓒ　　　(3) ⓐ　　　(4) ⓓ

第42課　食卓

単語
1　(1) ⓐ　　　(2) ⓓ　　　(3) ⓕ　　　(4) ⓘ
(5) ⓖ　　　(6) ⓗ　　　(7) ⓑ　　　(8) ⓔ
(9) ⓒ
2　(1) ⓕ　　　(2) ⓐ　　　(3) ⓓ　　　(4) ⓒ
(5) ⓑ　　　(6) ⓔ

練習 1

(1) ×	(2) ○	(3) ×	(4) ×
(5) ○	(6) ○	(7) ○	(8) ○
(9) ○	(10) ×		

練習 2

(1) ⓐ	(2) ⓑ	(3) ⓑ	(4) ⓐ
(5) ⓐ	(6) ⓐ		

第43課 食事

単語

(1) ⓓ	(2) ⓒ	(3) ⓑ	(4) ⓐ
(5) ⓔ	(6) ⓕ		

練習 1

(1) ⓔ	(2) ⓘ	(3) ⓚ	(4) ⓗ
(5) ⓓ	(6) ⓐ	(7) ⓘ	(8) ⓒ
(9) ⓕ	(10) ⓖ	(11) ⓑ	(12) ⓙ

練習 2

(1) ⓖ	(2) ⓐ	(3) ⓗ	(4) ⓒ
(5) ⓔ	(6) ⓓ	(7) ⓕ	(8) ⓑ

第44課 料理法

単語

2

(1) ⓑ, ⓐ	(2) ⓐ, ⓑ	(3) ⓑ, ⓐ	(4) ⓑ, ⓐ
(5) ⓐ, ⓑ	(6) ⓑ, ⓐ		

練習 1

(1) ⓓ	(2) ⓒ	(3) ⓒ	(4) ⓐ
(5) ⓒ	(6) ⓒ		

練習 2

ⓒ → ⓔ → ⓐ → ⓓ → ⓕ → ⓑ

第45課 趣味

単語

(1) ⓒ	(2) ⓘ	(3) ⓑ	(4) ⓕ
(5) ⓓ	(6) ⓗ	(7) ⓝ	(8) ⓙ
(9) ⓜ	(10) ⓐ	(11) ⓛ	(12) ⓞ
(13) ⓟ	(14) ⓖ	(15) ⓔ	(16) ⓚ

練習 2

(1) ○, ×	(2) ×, ×	(3) ×, ○	(4) ×, ×
(5) ○, ×, ×	(6) ×, ○, ×		

第46課 スポーツ

単語

(1) ⓛ	(2) ⓔ	(3) ⓖ	(4) ⓚ
(5) ⓑ	(6) ⓞ	(7) ⓘ	(8) ⓕ
(9) ⓗ	(10) ⓓ	(11) ⓐ	(12) ⓙ
(13) ⓜ	(14) ⓒ	(15) ⓝ	

練習 2

(1) ×	(2) ○	(3) ×	(4) △
(5) ×	(6) ○	(7) ×	(8) △
(9) ○	(10) △	(11) △	(12) ×

第47課 旅行 1

単語

(1) ⓐ	(2) ⓕ	(3) ⓒ	(4) ⓞ
(5) ⓟ	(6) ⓡ	(7) ⓙ	(8) ⓝ
(9) ⓑ	(10) ⓠ	(11) ⓜ	(12) ⓗ
(13) ⓔ	(14) ⓘ	(15) ⓚ	(16) ⓓ
(17) ⓖ	(18) ⓛ		

練習 1

(1) ⓓ	(2) ⓐ	(3) ⓒ	(4) ⓑ
(5) ⓗ	(6) ⓖ	(7) ⓔ	(8) ⓕ

練習 2

2

(1) ⓓ	(2) ⓒ	(3) ⓐ	(4) ⓕ
(5) ⓒ	(6) ⓔ		

第48課 旅行 2

単語

(1) ⓓ	(2) ⓐ	(3) ⓑ	(4) ⓚ
(5) ⓔ	(6) ⓒ	(7) ⓘ	(8) ⓕ
(9) ⓛ	(10) ⓙ	(11) ⓖ	(12) ⓗ

練習 1

(1) ⓔ	(2) ⓘ	(3) ⓐ	(4) ⓓ
(5) ⓗ	(6) ⓑ	(7) ⓕ	(8) ⓙ
(9) ⓒ	(10) ⓖ		

練習 2

(1) ⓓ	(2) ⓔ	(3) ⓐ	(4) ⓕ
(5) ⓑ	(6) ⓖ	(7) ⓗ	(8) ⓒ

第49課 通信

単語
1 (1) ⓒ   (2) ⓕ   (3) ⓐ   (4) ⓙ
    (5) ⓔ   (6) ⓗ   (7) ⓘ   (8) ⓖ
    (9) ⓓ   (10) ⓑ
2 (1) ⓓ   (2) ⓑ   (3) ⓒ   (4) ⓐ

練習1
(1) ⓓ   (2) ⓑ   (3) ⓒ   (4) ⓐ
(5) ⓒ

練習2
(1) ⓐ, ⓑ   (2) ⓐ, ⓑ   (3) ⓑ, ⓐ   (4) ⓒ, ⓑ, ⓐ

第50課 買い物

単語
(1) ⓖ   (2) ⓒ   (3) ⓔ   (4) ⓘ
(5) ⓓ   (6) ⓕ   (7) ⓐ   (8) ⓑ
(9) ⓗ

練習1
(1) ⓑ   (2) ⓐ   (3) ⓕ   (4) ⓔ
(5) ⓓ   (6) ⓒ

練習2
(1) 3, 0, 1   (2) 15, 0, 2   (3) 3, 4, 0   (4) 6, 2, 0
(5) 6, 0, 4   (6) 9, 4, 0

第51課 感覚

単語
(1) ⓖ   (2) ⓓ   (3) ⓐ   (4) ⓘ
(5) ⓕ   (6) ⓔ   (7) ⓒ   (8) ⓗ
(9) ⓑ

練習1
(1) ⓓ   (2) ⓒ   (3) ⓑ   (4) ⓐ
(5) ⓕ   (6) ⓔ

練習2
(1) ⓓ   (2) ⓔ   (3) ⓐ   (4) ⓒ
(5) ⓑ

第52課 感情

単語
(1) ⓙ   (2) ⓚ   (3) ⓐ   (4) ⓒ
(5) ⓘ   (6) ⓔ   (7) ⓗ   (8) ⓑ
(9) ⓛ   (10) ⓕ   (11) ⓓ   (12) ⓖ

練習1
(1) ⓑ   (2) ⓐ   (3) ⓑ   (4) ⓑ
(5) ⓐ

練習2
(1) ⓒ   (2) ⓐ   (3) ⓕ   (4) ⓔ
(5) ⓑ   (6) ⓓ

第53課 人の描写

単語
(1) ⓑ   (2) ⓐ   (3) ⓑ   (4) ⓐ
(5) ⓐ   (6) ⓑ   (7) ⓐ   (8) ⓑ
(9) ⓑ   (10) ⓐ   (11) ⓐ   (12) ⓑ
(13) ⓑ   (14) ⓒ   (15) ⓐ

練習1
(1) ⓔ   (2) ⓓ   (3) ⓒ   (4) ⓐ
(5) ⓑ   (6) ⓕ

練習2
(1) ⓑ   (2) ⓒ   (3) ⓓ   (4) ⓐ

第54課 体と症状

単語
(1) ⓗ   (2) ⓖ   (3) ⓒ   (4) ⓕ
(5) ⓘ   (6) ⓔ   (7) ⓐ   (8) ⓓ
(9) ⓑ   (10) ⓙ   (11) ⓝ   (12) ⓜ
(13) ⓣ   (14) ⓚ   (15) ⓠ   (16) ⓞ
(17) ⓟ   (18) ⓡ   (19) ⓛ   (20) ⓢ

練習1
(1) ⓓ   (2) ⓑ   (3) ⓐ   (4) ⓕ
(5) ⓔ   (6) ⓒ

練習2
(1) ⓒ   (2) ⓑ   (3) ⓕ   (4) ⓔ
(5) ⓐ   (6) ⓓ   (7) ⓗ   (8) ⓖ
(9) ⓘ

第55課 身体部位

単語
A (1) ⓑ   (2) ⓔ   (3) ⓐ   (4) ⓓ
    (5) ⓕ   (6) ⓒ
B (1) ⓔ   (2) ⓒ   (3) ⓓ   (4) ⓑ
    (5) ⓕ   (6) ⓐ
C (1) ⓑ   (2) ⓓ   (3) ⓔ   (4) ⓒ
    (5) ⓐ   (6) ⓕ

D (1) ⓒ (2) ⓔ (3) ⓑ (4) ⓐ
(5) ⓕ (6) ⓓ

練習 1
(1) ⓐ, ⓑ, ⓒ, ⓔ, ⓗ, ⓘ, ⓞ, ⓟ, ⓡ
(2) ⓕ, ⓛ, ⓜ, ⓤ (3) ⓖ, ⓝ, ⓢ, ⓣ
(4) ⓓ, ⓙ, ⓚ, ⓠ

練習 2
(1) ⓑ (2) ⓕ (3) ⓓ (4) ⓒ
(5) ⓔ (6) ⓐ

第56課 服装

単語
A (1) ⓔ (2) ⓚ (3) ⓞ (4) ⓐ
(5) ⓘ (6) ⓗ (7) ⓓ (8) ⓜ
(9) ⓛ (10) ⓙ (11) ⓑ (12) ⓕ
(13) ⓒ (14) ⓖ (15) ⓝ
B (1) ⓑ (2) ⓐ (3) ⓒ (4) ⓔ
(5) ⓓ (6) ⓖ (7) ⓕ
C (1) ⓒ (2) ⓓ (3) ⓐ (4) ⓑ
(5) ⓔ
D (1) ⓓ (2) ⓑ (3) ⓕ (4) ⓒ
(5) ⓔ (6) ⓐ
E (1) ⓒ (2) ⓐ (3) ⓑ
F (1) ⓑ (2) ⓐ

練習
(1) ⓐ (2) ⓐ (3) ⓑ (4) ⓐ
(5) ⓑ (6) ⓐ

第57課 季節

単語
1 (1) ⓒ (2) ⓑ (3) ⓓ (4) ⓐ

練習 1
(1) ⓒ (2) ⓐ (3) ⓓ (4) ⓑ

練習 2
(1) ⓑ (2) ⓑ (3) ⓑ (4) ⓐ
(5) ⓑ

第58課 天気

単語
1 (1) ⓑ (2) ⓔ (3) ⓒ (4) ⓐ
(5) ⓗ (6) ⓓ (7) ⓕ (8) ⓖ

2 (1) ⓒ (2) ⓐ (3) ⓓ (4) ⓑ
(5) ⓔ (6) ⓕ

練習 1
(1) ⓐ (2) ⓒ (3) ⓓ (4) ⓔ
(5) ⓑ

練習 2
(1) ⓐ, ⓓ, ⓗ (2) ⓕ, ⓘ
(3) ⓑ, ⓔ, ⓖ (4) ⓒ, ⓙ

第59課 動物

単語
1 (1) ⓔ (2) ⓐ (3) ⓓ (4) ⓕ
(5) ⓗ (6) ⓖ (7) ⓑ (8) ⓒ
(9) ⓘ (10) ⓚ (11) ⓙ (12) ⓘ
2 A (1) ⓓ (2) ⓔ (3) ⓕ (4) ⓑ
(5) ⓒ (6) ⓐ
B (1) ⓑ (2) ⓒ (3) ⓓ (4) ⓐ
C (1) ⓐ (2) ⓒ (3) ⓑ (4) ⓓ

練習 1
(1) ⓓ (2) ⓕ (3) ⓐ (4) ⓒ
(5) ⓔ (6) ⓑ

練習 2
(1) ⓑ (2) ⓒ (3) ⓐ (4) ⓑ
(5) ⓐ (6) ⓒ (7) ⓑ (8) ⓐ
(9) ⓒ (10) ⓑ (11) ⓒ (12) ⓐ

第60課 田舎

単語
(1) ⓣ (2) ⓗ (3) ⓜ (4) ⓢ
(5) ⓡ (6) ⓑ (7) ⓙ (8) ⓐ
(9) ⓒ (10) ⓘ (11) ⓓ (12) ⓞ
(13) ⓖ (14) ⓕ (15) ⓝ (16) ⓟ
(17) ⓔ (18) ⓠ (19) ⓚ (20) ⓛ

練習 1
(1) ○ (2) × (3) × (4) ○
(5) ○ (6) ×

練習 2
(1) ⓒ (2) ⓗ (3) ⓔ (4) ⓐ
(5) ⓕ (6) ⓙ (7) ⓘ (8) ⓓ
(9) ⓖ (10) ⓑ

Part ②

第61課　外見

確認テスト

1 (1) ⓓ　　(2) ⓐ　　(3) ⓕ　　(4) ⓒ
　　(5) ⓑ　　(6) ⓔ

2 (1) 키가 작아요　　　(2) 뚱뚱해요
　　(3) 머리가 짧아요　　(4) 잘생겼어요

3 (1) 눈이 커요　　　　(2) 말랐어요
　　(3) 커요　　　　　　(4) 잘생겼어요
　　(5) 20대 초반이에요　(6) 검은색 머리예요

4 (1) ⓔ　　(2) ⓒ　　(3) ⓑ　　(4) ⓐ
　　(5) ⓕ　　(6) ⓓ

第62課　性格

確認テスト

1 (1) ⓒ　　(2) ⓓ　　(3) ⓐ　　(4) ⓑ

2 (1) ⓑ　　(2) ⓐ　　(3) ⓑ　　(4) ⓑ
　　(5) ⓐ　　(6) ⓐ　　(7) ⓑ　　(8) ⓑ

3 (1) 착한　　　　　　(2) 인내심이 없어요
　　(3) 게을러　　　　　(4) 성실한
　　(5) 이기적이에요　　(6) 활발하

4 (1) ⓓ　　(2) ⓒ　　(3) ⓑ　　(4) ⓐ
　　(5) ⓕ　　(6) ⓔ

第63課　感情描写

確認テスト

1 (1) ⓑ　　(2) ⓐ　　(3) ⓑ　　(4) ⓐ

2 (1) ⓒ, 그리워요　　　(2) ⓑ, 대단해요
　　(3) ⓕ, 불쌍해요　　　(4) ⓓ, 신기해요
　　(5) ⓔ, 아쉬워요　　　(6) ⓐ, 싫어요

第64課　人間関係

確認テスト

1 (1) ① 할아버지, 아저씨, 사위, 삼촌, 아들, 형, 손자, 아빠, 남편
　　　② 딸, 아내, 엄마, 이모, 장모, 며느리, 손녀, 고모, 할머니, 누나
　　　③ 조카, 동생
　(2) ① 할아버지, 아저씨, 엄마, 이모, 장모, 삼촌, 고모, 할머니, 형, 아빠, 누나
　　　② 딸, 아내, 조카, 사위, 며느리, 손녀, 아들, 동생, 손자, 남편

2 (1) ⓑ　　(2) ⓔ　　(3) ⓕ　　(4) ⓐ
　　(5) ⓒ　　(6) ⓓ

3 (1) 부모님　(2) 부부　(3) 형제　(4) 동료

4 (1) ⓒ　　(2) ⓐ　　(3) ⓓ　　(4) ⓒ
　　(5) ⓐ　　(6) ⓑ

5 (1) 이모　　　　　(2) 부모님
　　(3) 사위　　　　　(4) 조카
　　(5) 시어머니　　　(6) 엄마
　　(7) 손자　　　　　(8) 큰아버지
　　(9) 며느리　　　　(10) 사촌

第65課　人生

確認テスト

1 (1) 퇴근　(2) 퇴직　(3) 졸업　(4) 이혼

2 (1) ⓑ　　(2) ⓒ　　(3) ⓐ　　(4) ⓓ

3 (1) ⓑ　　(2) ⓑ　　(3) ⓐ　　(4) ⓑ
　　(5) ⓑ　　(6) ⓐ

第66課　負傷

確認テスト

1 (1) ⓐ　　(2) ⓑ　　(3) ⓑ　　(4) ⓐ

2 (1) ②, ⓐ　(2) ③, ⓒ　(3) ④, ⓑ　(4) ①, ⓓ

3 (1) ⓑ　　(2) ⓐ　　(3) ⓐ　　(4) ⓑ

第67課　治療

確認テスト

1 (1) ⓑ　　(2) ⓐ　　(3) ⓑ　　(4) ⓑ

2 (1) ⓓ　　(2) ⓐ　　(3) ⓕ　　(4) ⓒ
　　(5) ⓔ　　(6) ⓑ

3 (1) 피부과　(2) 안과　(3) 치과　(4) 소아과
　　(5) 내과　　(6) 정형외과

第68課　家でのトラブル

確認テスト

1 (1) ⓐ　　(2) ⓐ　　(3) ⓑ　　(4) ⓐ

2 (1) ⓑ　　(2) ⓐ　　(3) ⓑ　　(4) ⓐ
　　(5) ⓑ　　(6) ⓐ

3 (1) ⓔ　　(2) ⓒ　　(3) ⓓ　　(4) ⓐ
　　(5) ⓑ

第69課 生活でのトラブル

確認テスト

1 (1) ⓑ　　(2) ⓒ　　(3) ⓐ　　(4) ⓑ
　　(5) ⓓ　　(6) ⓐ

2 (1) ⓑ　　(2) ⓐ　　(3) ⓑ　　(4) ⓑ
　　(5) ⓐ

第70課 問題の状況

確認テスト

1 (1) ⓐ　　(2) ⓑ　　(3) ⓓ　　(4) ⓑ

2 (1) ⓒ　　(2) ⓑ　　(3) ⓑ　　(4) ⓒ
　　(5) ⓐ　　(6) ⓑ

3 (1) ⓔ　　(2) ⓐ　　(3) ⓓ　　(4) ⓒ
　　(5) ⓑ　　(6) ⓕ

4 (1) ⓓ　　(2) ⓒ　　(3) ⓕ　　(4) ⓔ
　　(5) ⓑ　　(6) ⓐ

第71課 反対の副詞 1

確認テスト

1 (1) ⓒ　　(2) ⓑ　　(3) ⓐ　　(4) ⓕ
　　(5) ⓓ　　(6) ⓔ

2 (1) 혼자　　　　　　(2) 잘
　　(3) 오래　　　　　　(4) 빨리
　　(5) 많이　　　　　　(6) 일찍

3 (1) 일찍　　　　　　(2) 조금
　　(3) 혼자　　　　　　(4) 천천히

第72課 反対の副詞 2

確認テスト

1 (1) ⓔ　　(2) ⓐ　　(3) ⓓ　　(4) ⓑ
　　(5) ⓒ

2 (1) ⓓ, 다　　　　　(2) ⓕ, 더
　　(3) ⓔ, 같이　　　　(4) ⓑ, 자세히
　　(5) ⓒ, 먼저　　　　(6) ⓐ, 대충

3 (1) 하나 더　　　　(2) 전혀 안 해요
　　(3) 먼저

第73課 反対の形容詞 1

確認テスト

1 (1) ⓑ　　(2) ⓐ　　(3) ⓐ　　(4) ⓐ

2 (1) ⓒ　　(2) ⓓ　　(3) ⓔ　　(4) ⓕ
　　(5) ⓑ　　(6) ⓐ

3 (1) ⓑ　　(2) ⓐ　　(3) ⓑ　　(4) ⓑ

第74課 反対の形容詞 2

確認テスト

1 (1) 낮아요　　　　　(2) 많아요
　　(3) 불편해요　　　　(4) 빨라요

2 (1) ⓒ　　(2) ⓐ　　(3) ⓑ　　(4) ⓓ

3 (1) ⓐ　　(2) ⓑ　　(3) ⓐ　　(4) ⓑ
　　(5) ⓐ　　(6) ⓑ　　(7) ⓐ　　(8) ⓐ

4 (1) ⓕ　　(2) ⓗ　　(3) ⓒ　　(4) ⓑ
　　(5) ⓔ　　(6) ⓐ　　(7) ⓖ　　(8) ⓓ

5 (1) 달라요　　　　　(2) 느려서
　　(3) 좁아서　　　　　(4) 안 불편해요
　　(5) 적어서

第75課 反対の動詞 1

確認テスト

1 (1) 등, 얼굴, 다리　　(2) 피아노, 외국어, 태권도
　　(3) 스트레스, 월급, 선물

2 (1) ⓐ　　(2) ⓐ　　(3) ⓑ

3 (1) ⑤, ⓑ　(2) ①, ⓐ　(3) ③, ⓑ　(4) ②, ⓑ
　　(5) ⑥, ⓐ　(6) ④, ⓑ

第76課 反対の動詞 2

確認テスト

1 (1) ⓐ　　(2) ⓑ　　(3) ⓐ　　(4) ⓑ
　　(5) ⓑ　　(6) ⓑ

2 (1) ⓒ　　(2) ⓑ　　(3) ⓐ　　(4) ⓓ

3 (1) ⓐ　　(2) ⓐ　　(3) ⓐ　　(4) ⓑ
　　(5) ⓑ　　(6) ⓐ　　(7) ⓑ　　(8) ⓑ

4 (1) 에　　(2) 에서　　(3) 을　　(4) 에
　　(5) 을　　(6) 에　　　(7) 에서　(8) 가

5 (1) 놓으세요　　　　(2) 주웠어요
　　(3) 덮으세요

第77課 反対の動詞3

確認テスト

1 (1) ⓐ   (2) ⓑ   (3) ⓐ   (4) ⓐ

2 (1) ⓑ   (2) ⓐ   (3) ⓓ   (4) ⓒ

3 (1) 올랐어요   (2) 몰라요

   (3) 줄여요

第78課 動作動詞

確認テスト

1 (1) ⓐ   (2) ⓑ   (3) ⓑ   (4) ⓐ

   (5) ⓑ   (6) ⓐ

2 (1) ⓒ   (2) ⓑ   (3) ⓑ   (4) ⓐ

   (5) ⓑ   (6) ⓐ

第79課 身体に関連する動詞

確認テスト

1 (1) ⓑ   (2) ⓐ   (3) ⓓ   (4) ⓒ

   (5) ⓒ   (6) ⓑ

2 (1) ⓑ   (2) ⓐ   (3) ⓑ   (4) ⓐ

   (5) ⓑ   (6) ⓑ   (7) ⓑ   (8) ⓐ

3 (1) ⓑ   (2) ⓐ   (3) ⓑ   (4) ⓑ

   (5) ⓑ   (6) ⓑ

4 (1) ⓐ   (2) ⓑ   (3) ⓑ   (4) ⓐ

第80課 対を成す動詞

確認テスト

1 (1) ⓑ   (2) ⓑ   (3) ⓐ   (4) ⓐ

   (5) ⓑ   (6) ⓐ

2 (1) ⓔ   (2) ⓒ   (3) ⓓ   (4) ⓕ

   (5) ⓑ   (6) ⓐ

3 (1) ⓑ   (2) ⓐ   (3) ⓑ   (4) ⓑ

   (5) ⓐ   (6) ⓑ

4 (1) ⓔ   (2) ⓓ   (3) ⓑ   (4) ⓐ

   (5) ⓕ   (6) ⓒ

Part ③

第81課 「가다/오다」動詞

A 確認クイズ

(1) 선아   (2) 영호   (3) 동현   (4) 지수

(5) 소연   (6) 준기

B 確認クイズ

(1) ⓑ   (2) ⓐ   (3) ⓑ   (4) ⓑ

(5) ⓐ   (6) ⓑ

C 確認クイズ

(1) ⓒ   (2) ⓑ   (3) ⓓ   (4) ⓓ

(5) ⓒ   (6) ⓓ   (7) ⓐ   (8) ⓑ

D 確認クイズ

(1) ⓑ   (2) ⓐ   (3) ⓐ   (4) ⓐ

E 確認クイズ

(1) 가지고 다니   (2) 다니

(3) 돌아다녔어요   (4) 데리고 다녔

F 確認クイズ

(1) 다니고   (2) 가지고 다녀요

(3) 돌아다녔어요   (4) 찾아다녔어요

(5) 다녀갔어요   (6) 따라다녔지만

(7) 마중 나갔지만   (8) 다녀왔습니다

第82課 「나다」動詞

A, B 確認クイズ

(1) ⓐ   (2) ⓑ   (3) ⓐ   (4) ⓑ

C, D 確認クイズ

(1) ⓓ   (2) ⓑ   (3) ⓐ   (4) ⓒ

E, F 確認クイズ

(1) ⓐ   (2) ⓑ   (3) ⓑ   (4) ⓐ

(5) ⓑ   (6) ⓑ

G, H 確認クイズ

(1) ⓒ   (2) ⓕ   (3) ⓐ   (4) ⓓ

(5) ⓑ   (6) ⓔ

第83課 「하다」動詞

A 確認クイズ

(1) 공부해요   (2) 운동해요

(3) 연습해요   (4) 청소해요

C 確認クイズ

(1) ⓑ   (2) ⓓ   (3) ⓒ   (4) ⓐ

D 確認クイズ

(1) 했어요   (2) 썼어요

(3) 썼어요   (4) 했어요

(5) 했어요/찼어요   (6) 했어요/맺어요

E 確認クイズ

(1) ⓑ   (2) ⓐ   (3) ⓑ   (4) ⓐ

F 確認クイズ

(1) ×   (2) ×   (3) ○   (4) ○

G 確認クイズ

(1) 없냐고 했어요   (2) 만났다고 했어요

(3) 점심 먹자고 했어요   (4) 운동한다고 했어요

H 確認クイズ

(1) ⓓ   (2) ⓒ   (3) ⓑ   (4) ⓐ

I 確認クイズ

(1) ⓐ   (2) ⓑ   (3) ⓑ   (4) ⓑ

第84課 「되다」動詞

A 確認クイズ

(1) 작가   (2) 경찰   (3) 의사   (4) 배우

B 確認クイズ

(1) ⓑ   (2) ⓐ   (3) ⓓ   (4) ⓒ

C 確認クイズ

(1) 송년회   (2) 환갑잔치

(3) 집들이   (4) 환송회

(5) 돌잔치   (6) 환영회

D 確認クイズ

(1) 거의   (2) 다   (3) 반   (4) 하나도

E 確認クイズ

(1) ⓑ   (2) ⓑ   (3) ⓐ   (4) ⓑ

F 確認クイズ

(1) 세탁기   (2) 전화기   (3) 면도기   (4) 자판기

G 確認クイズ

(1) ⓑ   (2) ⓐ   (3) ⓐ   (4) ⓑ

H 確認クイズ

(1) ⓒ   (2) ⓐ   (3) ⓓ   (4) ⓑ

第85課 「생기다, 풀다, 걸리다」動詞

「생기다」動詞

A, B 確認クイズ

(1) ⓑ   (2) ⓐ   (3) ⓓ   (4) ⓒ

C 確認クイズ1

(1) ⓑ   (2) ⓓ   (3) ⓐ   (4) ⓒ

確認クイズ2

(1) ⓑ   (2) ⓐ   (3) ⓐ   (4) ⓑ

「풀다」動詞

A 確認クイズ1

(1) ⓐ   (2) ⓑ   (3) ⓐ   (4) ⓒ

(5) ⓑ   (6) ⓒ

確認クイズ2

(1) ⓐ   (2) ⓑ   (3) ⓑ   (4) ⓐ

(5) ⓐ   (6) ⓑ

B 確認クイズ

(1) ⓑ   (2) ⓒ   (3) ⓑ   (4) ⓐ

「걸리다」動詞

A 確認クイズ

(1) ○   (2) ×   (3) ×   (4) ○

(5) ×

B 確認クイズ

(1) ⓑ   (2) ⓓ   (3) ⓒ   (4) ⓐ

C, D, E 確認クイズ

(1) ⓓ   (2) ⓐ   (3) ⓒ   (4) ⓑ

第86課 行動と結果を表す動詞

A 確認クイズ1

(1) ⓓ   (2) ⓒ   (3) ⓐ   (4) ⓕ

(5) ⓔ   (6) ⓑ

確認クイズ2

(1) ⓑ, ⓐ   (2) ⓑ, ⓐ   (3) ⓑ, ⓐ   (4) ⓑ, ⓐ

(5) ⓑ, ⓐ   (6) ⓐ, ⓑ   (7) ⓐ, ⓑ   (8) ⓑ, ⓐ

B 確認クイズ

(1) 깨져   (2) 부러뜨려

(3) 빠졌어요   (4) 떨어뜨려

C 確認クイズ

(1) ⓐ   (2) ⓑ   (3) ⓐ   (4) ⓑ

(5) ⓐ   (6) ⓐ   (7) ⓑ   (8) ⓑ

D 確認クイズ

(1) ⓑ (2) ⓐ (3) ⓐ (4) ⓑ

(5) ⓐ (6) ⓐ

第87課 お金と関連する動詞

A 確認クイズ

(1) ⓑ, ⓐ (2) ⓐ (3) ⓑ (4) ⓑ

(5) ⓑ (6) ⓐ

B 確認クイズ

(1) ⓓ (2) ⓐ (3) ⓑ (4) ⓒ

C, D 確認クイズ

(1) 썼어요 (2) 내

(3) 모이 (4) 떨어졌어요

(5) 들어요 (6) 모으

E 確認クイズ

(1) ⓐ (2) ⓑ (3) ⓑ (4) ⓐ

(5) ⓐ (6) ⓑ

F 確認クイズ

(1) ⓒ (2) ⓐ (3) ⓑ (4) ⓓ

第88課 テーマ別動詞

A 確認クイズ

(1) 미루 (2) 고민하

(3) 정했어요 (4) 세우

(5) 믿을 (6) 바라

B 確認クイズ

(1) 그만뒀어요 (2) 고생했어요

(3) 참으 (4) 포기하

(5) 계속하

C, D 確認クイズ

(1) ⓐ (2) ⓑ (3) ⓐ (4) ⓑ

E 確認クイズ

(1) ⓒ (2) ⓔ (3) ⓓ (4) ⓐ

(5) ⓑ

F 確認クイズ

(1) ⓓ (2) ⓑ (3) ⓐ (4) ⓔ

(5) ⓒ

G 確認クイズ

(1) 태워 (2) 갈아타

(3) 탈 (4) 내려

H 確認クイズ

(1) 알아볼게요 (2) 알아두세요

(3) 알아듣기 (4) 알아차리지

I, J 確認クイズ

(1) ⓐ (2) ⓐ (3) ⓑ (4) ⓑ

第89課 感情表現

A 確認クイズ

(1) ⓑ (2) ⓔ (3) ⓕ (4) ⓐ

(5) ⓒ (6) ⓓ

B 確認クイズ

(1) 만족하 (2) 질투해요

(3) 마음에 들 (4) 사랑하

(5) 당황했 (6) 실망했어요

C 確認クイズ1

(1) ⓐ (2) ⓒ (3) ⓐ (4) ⓒ

確認クイズ2

(1) ⓐ (2) ⓑ (3) ⓐ (4) ⓑ

D 確認クイズ

(1) ⓐ (2) ⓑ (3) ⓑ (4) ⓐ

E 確認クイズ

(1) ⓐ (2) ⓐ (3) ⓑ (4) ⓐ

F 確認クイズ

(1) ⓓ (2) ⓐ (3) ⓑ (4) ⓒ

第90課 ショッピングの表現

A 確認クイズ1

(1) ⓓ (2) ⓔ (3) ⓒ (4) ⓑ

(5) ⓐ

確認クイズ2

(1) ⓑ (2) ⓐ (3) ⓐ (4) ⓑ

B 確認クイズ

(1) ⓐ (2) ⓐ (3) ⓑ (4) ⓑ

C 確認クイズ

(1) ⓐ (2) ⓑ (3) ⓐ (4) ⓑ

D 確認クイズ

(1) ⓐ (2) ⓐ (3) ⓐ (4) ⓑ

第91課　服装の表現

A　確認クイズ1

(1) ⓓ　　(2) ⓓ　　(3) ⓒ　　(4) ⓑ

確認クイズ2

(1) ⓐ　　(2) ⓑ　　(3) ⓐ　　(4) ⓑ

B　確認クイズ

(1) ⓑ　　(2) ⓐ　　(3) ⓐ　　(4) ⓑ

(5) ⓑ　　(6) ⓑ

C　確認クイズ

(1) 잠옷　　(2) 수영복　　(3) 운동복　　(4) 비옷

(5) 반팔 옷　(6) 속옷　　(7) 양복　　(8) 교복

D　確認クイズ

(1) 입다, 벗다　　　　(2) 차다, 풀다

(3) 신다, 벗다　　　　(4) 끼다, 벗다

(5) 쓰다, 벗다　　　　(6) 하다, 빼다

(7) 하다, 풀다　　　　(8) 하다, 풀다/벗다

(9) 끼다, 빼다　　　　(10) 쓰다/끼다, 벗다

(11) 차다, 풀다　　　　(12) 신다, 벗다

E　確認クイズ

(1) ⓐ　　(2) ⓑ　　(3) ⓐ

F　確認クイズ

(1) 가죽　　(2) 유리　　(3) 금　　(4) 모

(5) 은　　(6) 고무　　(7) 털　　(8) 면

G　確認クイズ

(1) 단추　　(2) 끈/줄　　(3) 거울

H　確認クイズ

(1) ⓑ　　(2) ⓑ　　(3) ⓐ

第92課　時間の表現

A　確認クイズ1

(1) ⓐ　　(2) ⓑ　　(3) ⓐ　　(4) ⓑ

(5) ⓑ　　(6) ⓐ

確認クイズ2

(1) ⓑ　　(2) ⓑ　　(3) ⓐ　　(4) ⓐ

(5) ⓑ　　(6) ⓐ

確認クイズ3

(1) ⓐ　　(2) ⓐ　　(3) ⓑ　　(4) ⓐ

確認クイズ4

(1) ⓐ　　(2) ⓑ　　(3) ⓐ　　(4) ⓑ

B　確認クイズ

(1) ⓑ　　(2) ⓐ　　(3) ⓑ　　(4) ⓑ

C　確認クイズ

(1) ⓐ　　(2) ⓐ　　(3) ⓐ　　(4) ⓑ

D　確認クイズ1

(1) ⓑ　　(2) ⓑ　　(3) ⓐ　　(4) ⓑ

(5) ⓐ　　(6) ⓑ

確認クイズ2

(1) 보냈어요　　　　(2) 지내요

(3) 지냈어요　　　　(4) 보내요

確認クイズ3

(1) ⓑ　　(2) ⓓ　　(3) ⓐ　　(4) ⓒ

第93課　数量の表現

A　確認クイズ

(1) 삼 대 영　　　　(2) 영 점 오

(3) 이백십　　　　(4) 이 대 이

B　確認クイズ

(1) ⓐ　　(2) ⓑ　　(3) ⓐ　　(4) ⓑ

(5) ⓑ

C, D, E, F　確認クイズ1

(1) ⓑ　　(2) ⓒ

確認クイズ2

(1) ⓐ　　(2) ⓑ

確認クイズ3

(1) ⓒ　　(2) ⓐ　　(3) ⓓ　　(4) ⓑ

(5) ⓔ

第94課　位置の表現

A　確認クイズ1

(1) 작은아버지　　　(2) 아버지

(3) 작은형　　　　(4) 어머니

(5) 큰형　　　　(6) 고모

(7) 큰아버지　　　(8) 큰어머니

(9) 작은어머니　　　(10) 할아버지

(11) 할머니　　　(12) 막내 삼촌

확認クイズ2

(1) 아버지　　　　(2) 고모

(3) 큰형　　　　(4) 작은어머니

B　確認クイズ

(1) ⓑ　　(2) ⓐ　　(3) ⓐ　　(4) ⓑ

C 確認クイズ1

(1) 남쪽 (2) 서쪽 (3) 중앙/가운데 (4) 북쪽

確認クイズ2

(1) × (2) × (3) ○ (4) ×

(5) × (6) ○

第95課 助詞

A, B, C 確認クイズ1

(1) ⓑ (2) ⓑ (3) ⓐ (4) ⓐ

確認クイズ2

(1) × (2) ○ (3) × (4) ×

(5) × (6) ○

D, E 確認クイズ1

(1) 보통 아침 8시에 회사에 가요.

(2) 밤 11시에 길에 사람이 없어요.

(3) 올해 6월에 박물관에서 일했어요.

(4) 다음 달 15일에 고향에 돌아갈 거예요.

(5) 오늘 오후 2시에 친구를 만나요.

(6) 토요일 저녁 6시에 공원 입구에서 봐요.

確認クイズ2

(1) 시장에 (2) 사무실에

(3) 다음 주 금요일에 (4) 부산에

(5) 내일 오후 3시에 (6) 일본에

F 確認クイズ

(1) ⓐ (2) ⓑ (3) ⓐ (4) ⓑ

(5) ⓐ (6) ⓑ (7) ⓑ (8) ⓐ

(9) ⓑ (10) ⓐ

G 確認クイズ1

(1) 부터, 까지 (2) 에서, 까지

(3) 부터, 까지 (4) 에서, 까지

確認クイズ2

(1) 부터 (2) 까지

(3) 에서 (4) 까지

(5) 에서 (6) 부터

(7) 까지 (8) 부터

(9) 까지 (10) 까지

H, I 確認クイズ

(1) ⓑ (2) ⓑ (3) ⓐ (4) ⓑ

(5) ⓑ (6) ⓑ (7) ⓑ

J 確認クイズ

(1) ○ (2) ○ (3) × (4) ○

(5) ○ (6) × (7) × (8) ×

K 確認クイズ

(1) ⓐ (2) ⓑ (3) ⓐ (4) ⓑ

(5) ⓐ

L 確認クイズ1

(1) ⓑ (2) ⓐ (3) ⓐ (4) ⓐ

(5) ⓑ (6) ⓐ (7) ⓑ (8) ⓐ

確認クイズ2

(1) 께서는 (2) 께서

(3) 께 (4) 께서

(5) 께

M, N 確認クイズ

(1) 처럼 (2) 에

(3) 마다 (4) 보다

(5) 씩 (6) 나

第96課 疑問詞

A 確認クイズ

(1) 누구하고 (2) 누구

(3) 누구한테 (4) 누가

(5) 누구를 (6) 누구한테서

B 確認クイズ

(1) ⓑ (2) ⓐ (3) ⓐ (4) ⓑ

(5) ⓐ (6) ⓐ

C, D 確認クイズ

(1) ⓐ (2) ⓑ (3) ⓑ (4) ⓐ

(5) ⓐ (6) ⓐ

E 確認クイズ1

(1) ⓔ (2) ⓓ (3) ⓐ (4) ⓒ

(5) ⓑ

確認クイズ2

(1) 몇 개 (2) 몇 명

(3) 몇 잔 (4) 몇 장

(5) 몇 층 (6) 몇 호

F 確認クイズ

(1) ⓐ (2) ⓑ (3) ⓑ (4) ⓐ

G 確認クイズ1

(1) ⓒ (2) ⓑ (3) ⓐ

確認クイズ2

(1) 어디예요 (2) 누구예요

(3) 언제예요 (4) 얼마예요

第97課　副詞

A, B, C, D 確認クイズ1
(1) ⓐ (2) ⓐ (3) ⓑ (4) ⓐ
(5) ⓑ (6) ⓐ

確認クイズ2
(1) 두껍게 (2) 사이좋게
(3) 편하게 (4) 시끄럽게

確認クイズ3
(1) ⓔ, 우연히 (2) ⓑ, 새로
(3) ⓒ, 겨우 (4) ⓕ, 억지로
(5) ⓓ, 갑자기 (6) ⓐ, 그만

E 確認クイズ
(1) ⓑ (2) ⓑ (3) ⓐ (4) ⓑ

F 確認クイズ
(1) 가끔 (2) 자주 (3) 보통 (4) 항상

G 確認クイズ
(1) ⓐ (2) ⓑ (3) ⓐ (4) ⓑ

H 確認クイズ
(1) ⓑ (2) ⓑ (3) ⓐ

I 確認クイズ
(1) ⓓ (2) ⓒ (3) ⓐ (4) ⓑ

J 確認クイズ
(1) 마지막으로 (2) 가운데
(3) 첫째 (4) 다른 하나는

K 確認クイズ1
(1) ⓐ (2) ⓑ (3) ⓐ (4) ⓑ
(5) ⓑ (6) ⓐ

確認クイズ2
(1) ⓐ (2) ⓑ (3) ⓑ (4) ⓑ
(5) ⓑ (6) ⓐ (7) ⓐ (8) ⓑ

第98課　接続詞

A 確認クイズ1
(1) 그래서 (2) 그러면
(3) 왜냐하면 (4) 그리고
(5) 그렇지 않으면 (6) 그래도

確認クイズ2
(1) ⓔ (2) ⓐ (3) ⓓ (4) ⓑ
(5) ⓕ (6) ⓒ

B, C 確認クイズ
(1) ⓐ (2) ⓑ (3) ⓐ (4) ⓑ
(5) ⓐ (6) ⓑ

D 確認クイズ1
(1) ⓑ (2) ⓑ (3) ⓐ (4) ⓑ

確認クイズ2
(1) ⓑ (2) ⓑ (3) ⓑ (4) ⓑ

E 確認クイズ1
(1) 커피하고 주스 (2) 쉬거나
(3) 통화하고 (4) 소설이나 잡지

確認クイズ2
(1) 예를 들면 (2) 왜냐하면
(3) 그래서 (4) 하지만
(5) 그래서 (6) 그리고
(7) 그런데 (8) 그래도

第99課　形容詞

A 確認クイズ
(1) ⓑ (2) ⓐ (3) ⓑ (4) ⓐ

B, C, D 確認クイズ
(1) ⓐ (2) ⓐ (3) ⓑ (4) ⓐ
(5) ⓑ (6) ⓐ

E 確認クイズ
(1) 게을러 (2) 아름다웠어요
(3) 필요한 (4) 힘든
(5) 이상하 (6) 젊은

第100課　名詞

A 確認クイズ
(1) 걱정 (2) 사랑
(3) 준비 (4) 기억

B 確認クイズ
(1) ⓑ (2) ⓐ (3) ⓐ (4) ⓐ

C 確認クイズ
(1) 아픔 (2) 배고픔
(3) 고마움 (4) 슬픔

D 確認クイズ
(1) 춤 (2) 꿈
(3) 모임 (4) 싸움
(5) 죽음 (6) 웃음

E 　確認クイズ

(1) ③, ⓑ　　(2) ①, ⓐ　　(3) ②, ⓒ

F 　確認クイズ

(1) ②, ⓒ　　(2) ③, ⓐ　　(3) ①, ⓑ

G 　確認クイズ

(1) ⓒ　　　　(2) ⓑ　　　　(3) ⓑ　　　　(4) ⓐ

H 　確認クイズ1

(1) ⓓ　　　　(2) ⓔ　　　　(3) ⓐ　　　　(4) ⓑ

(5) ⓕ　　　　(6) ⓒ

　確認クイズ2

(1) 성함　　　　　　　(2) 진지

(3) 생신　　　　　　　(4) 연세

(5) 말씀　　　　　　　(6) 댁

I 　確認クイズ

(1) 저는　　　　　　　(2) 제가

(3) 저희　　　　　　　(4) 말씀해

聞き取り台本

Part ①

第01課

単語 ▶ track 003

(1) A 전화번호가 몇 번이에요?
　　B 3371–2420이에요.
(2) A 핸드폰 번호가 몇 번이에요?
　　B 010–9523–8614예요.
(3) A 비밀번호가 몇 번이에요?
　　B 7203이에요.
(4) A 우편 번호가 몇 번이에요?
　　B 03139예요.
(5) A 자동차 번호가 몇 번이에요?
　　B 3152예요.
(6) A 외국인 등록 번호가 몇 번이에요?
　　B 4952300이에요.
(7) A 카드 번호가 몇 번이에요?
　　B 9428 7780 3631 2768이에요.

練習 2 ▶ track 005

(1) 영화관 전화번호가 1544–15700이에요.
(2) 공항 전화번호가 1577–26000이에요.
(3) 교회 전화번호가 398–12870이에요.
(4) 리에 전화번호가 010–5690–0235예요.
(5) 민호 전화번호가 010–3467–32300이에요.
(6) 제인 전화번호가 010–2924–35730이에요.
(7) 병원 전화번호가 507–7584예요.
(8) 미용실 전화번호가 6334–10100이에요.
(9) 경찰서 전화번호가 2438–96700이에요.

第02課

単語 ▶ track 008

(1) A 몇 쪽이에요?
　　B 27쪽이에요.
(2) A 책이 몇 쪽으로 되어 있어요?
　　B 84쪽으로 되어 있어요.
(3) A 몇 층이에요?
　　B 15층이에요.

(4) A 몇 층이에요?
　　B 32층이에요.
(5) A 몇 퍼센트예요?
　　B 41퍼센트예요.
(6) A 몇 퍼센트예요?
　　B 29퍼센트예요.
(7) A 몸무게가 몇 킬로그램이에요?
　　B 74킬로그램이에요.
(8) A 몸무게가 몇 킬로그램이에요?
　　B 16킬로그램이에요.

第03課

単語 2 ▶ track 014

(1) A 노트북이 얼마예요?
　　B 1,120,000원 (백십이만 원)이에요.
(2) A 그림이 얼마예요?
　　B 56,300,000원 (오천육백삼십만 원)이에요.
(3) A 한복이 얼마예요?
　　B 830,000원 (팔십삼만 원)이에요.
(4) A 코트가 얼마예요?
　　B 610,000원 (육십일만 원)이에요.
(5) A 자동차가 얼마예요?
　　B 47,400,000원 (사천칠백사십만 원)이에요.
(6) A 가방이 얼마예요?
　　B 380,000원 (삼십팔만 원)이에요.
(7) A 비행기표가 얼마예요?
　　B 2,173,000원 (이백십칠만삼천 원)이에요.
(8) A 냉장고가 얼마예요?
　　B 2,837,000원 (이백팔십삼만칠천 원)이에요.

第05課

単語 ▶ track 019

(1) A 몇 월이에요?　　B 1 (일)월이에요.
(2) A 몇 월이에요?　　B 2 (이)월이에요.
(3) A 몇 월이에요?　　B 3 (삼)월이에요.
(4) A 몇 월이에요?　　B 4 (사)월이에요.
(5) A 몇 월이에요?　　B 5 (오)월이에요.

(6) A 몇 월이에요?　　B 6 (유)월이에요.

(7) A 몇 월이에요?　　B 7 (칠)월이에요.

(8) A 몇 월이에요?　　B 8 (팔)월이에요.

(9) A 몇 월이에요?　　B 9 (구)월이에요.

(10) A 몇 월이에요?　　B 10 (시)월이에요.

(11) A 몇 월이에요?　　B 11 (십일)월이에요.

(12) A 몇 월이에요?　　B 12 (십이)월이에요.

▶ track **020**

(1) 시험을 1월에 봐요.

(2) 출장을 10월에 가요.

(3) 휴가를 8월에 가요.

(4) 축제를 6월에 해요.

練習 **1** ▶ track **022**

(1) A 며칠이에요?　　B 1 (일)일이에요.

(2) A 며칠이에요?　　B 2 (이)일이에요.

(3) A 며칠이에요?　　B 3 (삼)일이에요.

(4) A 며칠이에요?　　B 4 (사)일이에요.

(5) A 며칠이에요?　　B 5 (오)일이에요.

(6) A 며칠이에요?　　B 6 (육)일이에요.

(7) A 며칠이에요?　　B 7 (칠)일이에요.

(8) A 며칠이에요?　　B 8 (팔)일이에요.

(9) A 며칠이에요?　　B 9 (구)일이에요.

(10) A 며칠이에요?　　B 10 (십)일이에요.

(11) A 며칠이에요?　　B 11 (십일)일이에요.

(12) A 며칠이에요?　　B 12 (십이)일이에요.

(13) A 며칠이에요?　　B 13 (십삼)일이에요.

(14) A 며칠이에요?　　B 14 (십사)일이에요.

(15) A 며칠이에요?　　B 15 (십오)일이에요.

(16) A 며칠이에요?　　B 16 (십육)일이에요.

(17) A 며칠이에요?　　B 17 (십칠)일이에요.

(18) A 며칠이에요?　　B 18 (십팔)일이에요.

(19) A 며칠이에요?　　B 19 (십구)일이에요.

(20) A 며칠이에요?　　B 20 (이십)일이에요.

(21) A 며칠이에요?　　B 21 (이십일)일이에요.

(22) A 며칠이에요?　　B 22 (이십이)일이에요.

(23) A 며칠이에요?　　B 23 (이십삼)일이에요.

(24) A 며칠이에요?　　B 24 (이십사)일이에요.

(25) A 며칠이에요?　　B 25 (이십오)일이에요.

(26) A 며칠이에요?　　B 26 (이십육)일이에요.

(27) A 며칠이에요?　　B 27 (이십칠)일이에요.

(28) A 며칠이에요?　　B 28 (이십팔)일이에요.

(29) A 며칠이에요?　　B 29 (이십구)일이에요.

(30) A 며칠이에요?　　B 30 (삼십)일이에요.

(31) A 며칠이에요?　　B 31 (삼십일)일이에요.

練習 **2** ▶ track **023**

(1) 오늘이 13일이에요.

(2) 졸업이 27일이에요.

(3) 발표가 11일이에요.

(4) 생일이 31일이에요.

第06課

単語 ▶ track **025**

(1) A 설날이 며칠이에요?
　　B 음력 1월 1일이에요.

(2) A 개천절이 며칠이에요?
　　B 10월 3일이에요.

(3) A 어린이날이 며칠이에요?
　　B 5월 5일이에요.

(4) A 광복절이 며칠이에요?
　　B 8월 15일이에요.

(5) A 추석이 며칠이에요?
　　B 음력 8월 15일이에요.

(6) A 부처님 오신 날이 며칠이에요?
　　B 음력 4월 8일이에요.

(7) A 성탄절이 며칠이에요?
　　B 12월 25일이에요.

(8) A 현충일이 며칠이에요?
　　B 6월 6일이에요.

(9) A 한글날이 며칠이에요?
　　B 10월 9일이에요.

練習 **1** ▶ track **026**

(1) A 설날 때 뭐 해요?
　　B 세배해요.

(2) A 돌 때 뭐 해요?
　　B 잔치를 해요.

(3) A 어버이날 때 뭐 해요?
　　B 부모님께 꽃을 드려요.

(4) A 추석 때 뭐 해요?
　　B 성묘 가요.

第07課

練習 **1** ▶ track **031**

(1) A 언제 휴가 가요?　　B 9월 초에 가요.

(2) A 언제 여행 가요?　　B 9월 중순에 가요.

(3) A 언제 출장 가요?　　B 9월 말에 가요.

(1) A 몇 시에 지하철을 타요?
B 아침 8시 반에 지하철을 타요.
(2) A 몇 시에 퇴근해요?
B 저녁 8시 반에 퇴근해요.
(3) A 몇 시에 이메일을 써요?
B 새벽 1시 30분에 이메일을 써요.
(4) A 몇 시에 회의해요?
B 오후 1시 30분에 회의해요.

第12課

練習 1 ▶ track 053

(1) A 어떻게 가요?　　B 자동차로 가요.
(2) A 어떻게 가요?　　B 버스로 가요.
(3) A 어떻게 가요?　　B 지하철로 가요.
(4) A 어떻게 가요?　　B 택시로 가요.
(5) A 어떻게 가요?　　B 비행기로 가요.
(6) A 어떻게 가요?　　B 기차로 가요.
(7) A 어떻게 가요?　　B 배로 가요.
(8) A 어떻게 가요?　　B 자전거로 가요.
(9) A 어떻게 가요?　　B 오토바이로 가요.
(10) A 어떻게 가요?　　B 걸어서 가요.
(11) A 어떻게 가요?　　B 뛰어서 가요.

練習 2 ▶ track 055

(1) A 서울에서 뉴욕까지 어떻게 가요?
B 비행기로 가요.
A 시간이 얼마나 걸려요?
B 14시간 걸려요.
(2) A 집에서 공항까지 어떻게 가요?
B 택시로 가요.
A 시간이 얼마나 걸려요?
B 40분 걸려요.
(3) A 서울에서 부산까지 어떻게 가요?
B 기차로 가요.
A 시간이 얼마나 걸려요?
B 3시간 30분 걸려요.
(4) A 부산에서 오사카까지 어떻게 가요?
B 배로 가요.
A 시간이 얼마나 걸려요?
B 18시간 걸려요.

(5) A 집에서 회사까지 어떻게 가요?
B 지하철로 가요.
A 시간이 얼마나 걸려요?
B 50분 걸려요.
(6) A 집에서 지하철역까지 어떻게 가요?
B 걸어서 가요.
A 시간이 얼마나 걸려요?
B 10분 걸려요.

第13課

練習 1 ▶ track 057

(1) A 에펠탑이 어디에 있어요?
B 프랑스에 있어요.
(2) A 만리장성이 어디에 있어요?
B 중국에 있어요.
(3) A 피라미드가 어디에 있어요?
B 이집트에 있어요.
(4) A 오페라하우스가 어디에 있어요?
B 호주에 있어요.
(5) A 할리우드가 어디에 있어요?
B 미국에 있어요.
(6) A 타지마할이 어디에 있어요?
B 인도에 있어요.
(7) A 한강이 어디에 있어요?
B 한국에 있어요.
(8) A 타워브리지가 어디에 있어요?
B 영국에 있어요.

練習 2 ▶ track 058

(1) A 한국은 뭐가 유명해요?
B 태권도가 유명해요.
(2) A 일본은 뭐가 유명해요?
B 초밥이 유명해요.
(3) A 독일은 뭐가 유명해요?
B 맥주가 유명해요.
(4) A 미국은 뭐가 유명해요?
B 카우보이가 유명해요.
(5) A 영국은 뭐가 유명해요?
B 여왕이 유명해요.
(6) A 호주는 뭐가 유명해요?
B 캥거루가 유명해요.
(7) A 인도는 뭐가 유명해요?
B 카레가 유명해요.

(8)　A　스페인은 뭐가 유명해요?
　　　B　투우가 유명해요.

第14課

練習 2　▶ track 061

(1)　A　한국어 할 수 있어요?
　　　B　네, 할 수 있어요.
(2)　A　일본어 할 수 있어요?
　　　B　아니요, 못해요.
(3)　A　영어 할 수 있어요?
　　　B　그럼요, 잘해요.
(4)　A　중국어로 말할 수 있어요?
　　　B　아니요, 말할 수 없어요.
(5)　A　스페인어로 말이 통해요?
　　　B　네, 말이 통해요.
(6)　A　아랍어 할 수 있어요?
　　　B　아니요, 할 수 없어요.

第15課

単語　▶ track 063

(1)　A　직업이 뭐예요?　　B　교사예요.
(2)　A　직업이 뭐예요?　　B　의사예요.
(3)　A　직업이 뭐예요?　　B　간호사예요.
(4)　A　직업이 뭐예요?　　B　회사원이에요.
(5)　A　직업이 뭐예요?　　B　변호사예요.
(6)　A　직업이 뭐예요?　　B　주부예요.
(7)　A　직업이 어떻게 되세요?　　B　작가예요.
(8)　A　직업이 어떻게 되세요?　　B　가수예요.
(9)　A　직업이 어떻게 되세요?　　B　요리사예요.
(10)　A　직업이 어떻게 되세요?　　B　운동선수예요.
(11)　A　직업이 어떻게 되세요?　　B　배우예요.
(12)　A　직업이 어떻게 되세요?　　B　군인이에요.

練習 1　▶ track 064

(1)　A　기자가 무슨 일을 해요?
　　　B　기자가 기사를 써요.
(2)　A　미용사가 무슨 일을 해요?
　　　B　미용사가 머리를 잘라요.
(3)　A　경찰이 무슨 일을 해요?
　　　B　경찰이 도둑을 잡아요.
(4)　A　영화감독이 무슨 일을 해요?
　　　B　영화감독이 영화를 만들어요.

---

(5)　A　수리 기사가 무슨 일을 해요?
　　　B　수리 기사가 기계를 고쳐요.

第18課

単語　▶ track 074

(1)　A　어디에서 책을 사요?
　　　B　서점에서 책을 사요.
(2)　A　어디에서 약을 사요?
　　　B　약국에서 약을 사요.
(3)　A　어디에서 빵을 사요?
　　　B　빵집에서 빵을 사요.
(4)　A　어디에서 꽃을 사요?
　　　B　꽃집에서 꽃을 사요.
(5)　A　어디에서 옷을 사요?
　　　B　옷 가게에서 옷을 사요.
(6)　A　어디에서 우유를 사요?
　　　B　편의점에서 우유를 사요.
(7)　A　어디에서 커피를 사요?
　　　B　카페에서 커피를 사요.
(8)　A　어디에서 표를 사요?
　　　B　여행사에서 표를 사요.
(9)　A　어디에서 구두를 사요?
　　　B　백화점에서 구두를 사요.
(10)　A　어디에서 채소를 사요?
　　　B　시장에서 채소를 사요.

練習 1　▶ track 075

(1)　A　어디에 가요?
　　　B　돈을 찾으러 은행에 가요.
(2)　A　어디에 가요?
　　　B　산책하러 공원에 가요.
(3)　A　어디에 가요?
　　　B　일하러 회사에 가요.
(4)　A　어디에 가요?
　　　B　기도하러 성당에 가요.
(5)　A　어디에 가요?
　　　B　머리를 자르러 미용실에 가요.
(6)　A　어디에 가요?
　　　B　소포를 보내러 우체국에 가요.

練習 2　▶ track 076

(1)　A　집에서 뭐 해요?　　B　집에서 쉬어요.
(2)　A　공항에서 뭐 해요?　　B　공항에서 비행기를 타요.
(3)　A　식당에서 뭐 해요?　　B　식당에서 밥을 먹어요.

(4) A 학원에서 뭐 해요?   B 학원에서 요리를 배워요.

(5) A 영화관에서 뭐 해요?   B 영화관에서 영화를 봐요.

(6) A 피시방에서 뭐 해요?   B 피시방에서 게임해요.

第19課

単語 ▶ track 077

(1) A 여기가 어디예요?   B 노래방이에요.

(2) A 여기가 어디예요?   B 대학교예요.

(3) A 여기가 어디예요?   B 도서관이에요.

(4) A 여기가 어디예요?   B 헬스장이에요.

(5) A 여기가 어디예요?   B 대사관이에요.

(6) A 여기가 어디예요?   B 박물관이에요.

(7) A 여기가 어디예요?   B 사진관이에요.

(8) A 여기가 어디예요?   B 교회예요.

(9) A 여기가 어디예요?   B 지하철역이에요.

(10) A 여기가 어디예요?   B 술집이에요.

(11) A 여기가 어디예요?   B 경찰서예요.

(12) A 여기가 어디예요?   B 주차장이에요.

練習 1 ▶ track 078

(1) A 경찰이 어디에 있어요?
   B 경찰이 경찰서에 있어요.

(2) A 신부가 어디에 있어요?
   B 신부가 성당에 있어요.

(3) A 요리사가 어디에 있어요?
   B 요리사가 식당에 있어요.

(4) A 교수가 어디에 있어요?
   B 교수가 대학교에 있어요.

(5) A 의사가 어디에 있어요?
   B 의사가 병원에 있어요.

(6) A 소방관이 어디에 있어요?
   B 소방관이 소방서에 있어요.

練習 2 ▶ track 079

(1) 옷이 더러워요. 그러면 세탁소에 가요.

(2) 교통사고가 났어요. 그러면 병원에 가요.

(3) 살을 빼고 싶어요. 그러면 헬스장에 가요.

(4) 스피커가 고장 났어요. 그러면 서비스 센터에 가요.

(5) 여권을 잃어버렸어요. 그러면 대사관에 가요.

(6) 기름이 떨어졌어요. 그러면 주유소에 가요.

第21課

単語 ▶ track 084

(1) A 은행이 어디에 있어요?
   B 모퉁이에 있어요.

(2) A 우체국이 어디에 있어요?
   B 길 건너편에 있어요.

(3) A 세탁소가 어디에 있어요?
   B 병원 오른쪽에 있어요.

(4) A 약국이 어디에 있어요?
   B 병원 왼쪽에 있어요.

(5) A 경찰서가 어디에 있어요?
   B 병원 앞에 있어요.

(6) A 교회가 어디에 있어요?
   B 병원 바로 뒤에 있어요.

(7) A 꽃집이 어디에 있어요?
   B 약국하고 병원 사이에 있어요.

(8) A 빵집이 어디에 있어요?
   B 병원 근처에 있어요.

(9) A 대사관이 어디에 있어요?
   B 횡단보도 지나기 전에 오른쪽에 있어요.

(10) A 박물관이 어디에 있어요?
   B 횡단보도 지나서 오른쪽에 있어요.

第23課

練習 1 ▶ track 090

(1) 아빠가 열쇠하고 서류하고 안경하고 지갑을 갖고 있어요. 핸드폰하고 사진도 있어요.

(2) 엄마가 우산하고 수첩하고 휴지하고 빗하고 화장품을 갖고 있어요.

(3) 아이가 책하고 공책하고 펜하고 필통이 있어요. 그런데 핸드폰을 갖고 있지 않아요.

第24課

練習 1 ▶ track 093

(1) A 공책이 어디에 있어요?
   B 공책이 휴지 옆에 있어요.

(2) A 나무가 어디에 있어요?
   B 나무가 창문 밖에 있어요.

(3) A 핸드폰이 어디에 있어요?
   B 핸드폰이 액자 앞에 있어요.

(4) A 가방이 어디에 있어요?
    B 가방이 책상 아래에 있어요.
(5) A 책꽂이가 어디에 있어요?
    B 책꽂이가 휴지 뒤에 있어요.
(6) A 옷이 어디에 있어요?
    B 옷이 침대 위에 있어요.
(7) A 시계가 어디에 있어요?
    B 시계가 안경 앞에 있어요.
(8) A 모자가 어디에 있어요?
    B 모자가 책상 서랍 안에 있어요.
(9) A 그림이 어디에 있어요?
    B 그림이 창문 오른쪽에 있어요.
(10) A 노트북이 어디에 있어요?
    B 노트북이 핸드폰과 선풍기 사이에 있어요.

練習 2 ▶ track 094

(1) A 안경이 누구 거예요?　B 안경이 지수 거예요.
(2) A 치마가 누구 거예요?　B 치마가 지수 거예요.
(3) A 노트북이 누구 거예요?　B 노트북이 승민 거예요.
(4) A 시계가 누구 거예요?　B 시계가 지수 거예요.
(5) A 핸드폰이 누구 거예요?　B 핸드폰이 승민 거예요.
(6) A 모자가 누구 거예요?　B 모자가 승민 거예요.
(7) A 공책이 누구 거예요?　B 공책이 지수 거예요.
(8) A 가방이 누구 거예요?　B 가방이 승민 거예요.
(9) A 연필이 누구 거예요?　B 연필이 지수 거예요.
(10) A 바지가 누구 거예요?　B 바지가 승민 거예요.

第25課

単語 ▶ track 096

(1) A 방이 어디에 있어요?
    B 방이 2층 왼쪽에 있어요.
(2) A 창고가 어디에 있어요?
    B 창고가 2층 계단 바로 왼쪽 옆에 있어요.
(3) A 계단이 어디에 있어요?
    B 계단이 2층 중앙에 있어요.
(4) A 화장실이 어디에 있어요?
    B 화장실이 2층 계단 오른쪽에 있어요.
(5) A 정원이 어디에 있어요?
    B 정원이 1층 현관 밖에 있어요.
(6) A 현관이 어디에 있어요?
    B 현관이 1층 정원과 거실 사이에 있어요.
(7) A 거실이 어디에 있어요?
    B 거실이 1층 주방 옆에 있어요.
(8) A 주방이 어디에 있어요?

    B 주방이 1층 거실 옆에 있어요.
(9) A 지하실이 어디에 있어요?
    B 지하실이 지하에 있어요.

練習 1 ▶ track 097

(1) A 방에서 뭐 해요?
    B 방에서 자요.
(2) A 주방에서 뭐 해요?
    B 주방에서 요리해요.
(3) A 거실에서 뭐 해요?
    B 거실에서 텔레비전을 봐요.
(4) A 현관에서 뭐 해요?
    B 현관에서 신발을 벗어요.
(5) A 창고에서 뭐 해요?
    B 창고에서 물건을 정리해요.
(6) A 지하실에서 뭐 해요?
    B 지하실에서 운동해요.

練習 2 ▶ track 098

(1) A 식탁이 어디에 있어요?　B 식탁이 주방에 있어요.
(2) A 칫솔이 어디에 있어요?　B 칫솔이 화장실에 있어요.
(3) A 접시가 어디에 있어요?　B 접시가 주방에 있어요.
(4) A 침대가 어디에 있어요?　B 침대가 방에 있어요.
(5) A 소파가 어디에 있어요?　B 소파가 거실에 있어요.
(6) A 옷장이 어디에 있어요?　B 옷장이 방에 있어요.
(7) A 치약이 어디에 있어요?　B 치약이 화장실에 있어요.
(8) A 냄비가 어디에 있어요?　B 냄비가 주방에 있어요.
(9) A 상자가 어디에 있어요?　B 상자가 창고에 있어요.
(10) A 책상이 어디에 있어요?　B 책상이 방에 있어요.
(11) A 변기가 어디에 있어요?　B 변기가 화장실에 있어요.
(12) A 시계가 어디에 있어요?　B 시계가 거실에 있어요.

第26課

単語 ▶ track 100

(1) A 에어컨이 어디에 있어요?
    B 에어컨이 방에 있어요.
(2) A 옷걸이가 어디에 있어요?
    B 옷걸이가 방에 있어요.
(3) A 책장이 어디에 있어요?
    B 책장이 방에 있어요.
(4) A 선풍기가 어디에 있어요?
    B 선풍기가 방에 있어요.
(5) A 청소기가 어디에 있어요?
    B 청소기가 방에 있어요.

(6) A 옷장이 어디에 있어요?
B 옷장이 방에 있어요.

(7) A 서랍장이 어디에 있어요?
B 서랍장이 방에 있어요.

(8) A 침대가 어디에 있어요?
B 침대가 방에 있어요.

(9) A 베개가 어디에 있어요?
B 베개가 방에 있어요.

(10) A 이불이 어디에 있어요?
B 이불이 방에 있어요.

(11) A 의자가 어디에 있어요?
B 의자가 방에 있어요.

(12) A 탁자가 어디에 있어요?
B 탁자가 방에 있어요.

(13) A 변기가 어디에 있어요?
B 변기가 화장실에 있어요.

(14) A 세면대가 어디에 있어요?
B 세면대가 화장실에 있어요.

(15) A 샤워기가 어디에 있어요?
B 샤워기가 화장실에 있어요.

(16) A 욕조가 어디에 있어요?
B 욕조가 화장실에 있어요.

(17) A 냉장고가 어디에 있어요?
B 냉장고가 부엌에 있어요.

(18) A 전자레인지가 어디에 있어요?
B 전자레인지가 부엌에 있어요.

(19) A 가스레인지가 어디에 있어요?
B 가스레인지가 부엌에 있어요.

(20) A 신발장이 어디에 있어요?
B 신발장이 현관에 있어요.

練習 1 ▶ track **101**

(1) A 이 집에 냉장고가 있어요?
B 네, 있어요.

(2) A 이 집에 청소기가 있어요?
B 네, 있어요.

(3) A 이 집에 의자가 있어요?
B 아니요, 없어요.

(4) A 이 집에 옷장이 있어요?
B 네, 있어요.

(5) A 이 집에 신발장이 있어요?
B 네, 있어요.

(6) A 이 집에 선풍기가 있어요?
B 아니요, 없어요.

(7) A 이 집에 침대가 있어요?
B 네, 있어요.

(8) A 이 집에 세탁기가 있어요?
B 네, 있어요.

練習 2 ▶ track **102**

(1) A 거울이 어디에 있어요?
B 거울이 벽에 있어요.

(2) A 냄비가 어디에 있어요?
B 냄비가 가스레인지 바로 위에 있어요.

(3) A 그림이 어디에 있어요?
B 그림이 창문 옆에 있어요.

(4) A 청소기가 어디에 있어요?
B 청소기가 옷장 옆에 있어요.

(5) A 신발이 어디에 있어요?
B 신발이 신발장 안에 있어요.

(6) A 방석이 어디에 있어요?
B 방석이 탁자 양쪽에 있어요.

---------------------------- **第27課** ----------------------------

単語 ▶ track **103**

(1) A 몇 시에 일어나요?
B 아침 6시 55분에 일어나요.

(2) A 몇 시에 세수해요?
B 아침 7시에 세수해요.

(3) A 몇 시에 이를 닦아요?
B 아침 7시 10분에 이를 닦아요.

(4) A 몇 시에 옷을 입어요?
B 아침 7시 20분에 옷을 입어요.

(5) A 몇 시에 집에서 나가요?
B 아침 7시 30분에 집에서 나가요.

(6) A 몇 시에 집에 돌아와요?
B 저녁 7시 30분에 집에 돌아와요.

(7) A 몇 시에 밥을 먹어요?
B 저녁 8시에 밥을 먹어요.

(8) A 몇 시에 목욕해요?
B 밤 9시 30분에 목욕해요.

(9) A 몇 시에 자요?
B 밤 11시에 자요.

練習 2 ▶ track **105**

(1) A 뭐 마셔요?
B 녹차를 마셔요.

(2) A 뭐 읽어요?
B 신문하고 잡지를 읽어요.

(3) A 뭐 봐요?

B 영화만 봐요.

(4) A 뭐 해요?

B 아무것도 안해요.

第28課

単語 ▶ track 106

(1)	A 아빠가 뭐 해요?	B 자동차를 닦아요.
(2)	A 아이가 뭐 해요?	B 단어를 찾아요.
(3)	A 아이가 뭐 해요?	B 라면을 먹어요.
(4)	A 엄마가 뭐 해요?	B 손을 씻어요.
(5)	A 아이가 뭐 해요?	B 이를 닦아요.
(6)	A 엄마가 뭐 해요?	B 화장해요.
(7)	A 아빠가 뭐 해요?	B 면도해요.
(8)	A 엄마가 뭐 해요?	B 머리를 빗어요.
(9)	A 아빠가 뭐 해요?	B 화분에 물을 줘요.
(10)	A 아이가 뭐 해요?	B 편지를 써요.
(11)	A 엄마가 뭐 해요?	B 음식을 만들어요.
(12)	A 아빠가 뭐 해요?	B 집을 수리해요.

練習 1 ▶ track 107

(1) A 누가 손을 씻어요?

　　B 엄마가 손을 씻어요.

(2) A 누가 면도해요?

　　B 아빠가 면도해요.

(3) A 누가 이를 닦아요?

　　B 아이가 이를 닦아요.

(4) A 누가 화장해요?

　　B 엄마가 화장해요.

(5) A 누가 라면을 먹어요?

　　B 아이가 라면을 먹어요.

(6) A 누가 편지를 써요?

　　B 아이가 편지를 써요.

(7) A 누가 자동차를 닦아요?

　　B 아빠가 자동차를 닦아요.

(8) A 누가 단어를 찾아요?

　　B 아이가 단어를 찾아요.

(9) A 누가 머리를 빗어요?

　　B 엄마가 머리를 빗어요.

(10) A 누가 화분에 물을 줘요?

　　B 아빠가 화분에 물을 줘요.

(11) A 누가 집을 수리해요?

　　B 아빠가 집을 수리해요.

(12) A 누가 음식을 만들어요?

　　B 엄마가 음식을 만들어요.

練習 2 ▶ track 108

(1) A 뭘로 머리를 빗어요?

　　B 빗으로 머리를 빗어요.

(2) A 뭘로 손을 씻어요?

　　B 비누로 손을 씻어요.

(3) A 뭘로 이를 닦아요?

　　B 칫솔로 이를 닦아요.

(4) A 뭘로 단어를 찾아요?

　　B 사전으로 단어를 찾아요.

(5) A 뭘로 면도해요?

　　B 면도기로 면도해요.

(6) A 뭘로 화분에 물을 줘요?

　　B 물통으로 화분에 물을 줘요.

(7) A 뭘로 편지를 써요?

　　B 펜으로 편지를 써요.

(8) A 뭘로 집을 수리해요?

　　B 망치로 집을 수리해요.

(9) A 뭘로 음식을 만들어요?

　　B 냄비로 음식을 만들어요.

(10) A 뭘로 자동차를 닦아요?

　　B 수건으로 자동차를 닦아요.

(11) A 뭘로 라면을 먹어요?

　　B 젓가락으로 라면을 먹어요.

(12) A 뭘로 화장해요?

　　B 화장품으로 화장해요.

第29課

単語 ▶ track 109

(1) 하루에 한 번 커피를 마셔요.

(2) 하루에 세 번 이를 닦아요.

(3) 하루에 다섯 번 손을 씻어요.

(4) 하루에 세 번 밥을 먹어요.

(5) 일주일에 세 번 운동해요.

(6) 일주일에 네 번 요리해요.

(7) 일주일에 한 번 택시를 타요.

(8) 신용 카드를 전혀 사용 안 해요.

(9) 한 달에 한두 번 친구를 만나요.

(10) 한 달에 세네 번 빨래해요.

(11) 한 달에 한 번 가족한테 전화해요.

(12) 한 달에 한두 번 장을 봐요.

(13) 선물을 전혀 안 사요.

(14) 일 년에 한 번 여행해요.

(15) 일 년에 두세 번 영화를 봐요.

(16) 일 년에 두 번 미용실에 가요.

(1) A 자주 외식해요?
　　B 아니요, 거의 외식하지 않아요.
(2) A 담배를 피워요?
　　B 가끔 담배를 피워요.
(3) A 가끔 거짓말해요?
　　B 아니요, 저는 거짓말을 전혀 안 해요.
(4) A 늦잠을 잘 때도 있어요?
　　B 네, 보통 늦잠을 자요.
(5) A 감기에 자주 걸려요?
　　B 아니요, 저는 감기에 거의 걸리지 않아요.
(6) A 보통 정장을 입어요?
　　B 네, 저는 항상 정장을 입어요.
(7) A 자주 술을 마셔요?
　　B 네, 회식이 있어서 자주 술을 마셔요.
(8) A 자주 운동해요?
　　B 일주일에 한 번쯤 운동해요. 가끔 해요.

(6) A 도마하고 칼로 뭐 해요?
　　B 요리해요.
(7) A 전자레인지로 뭐 해요?
　　B 음식을 데워요.
(8) A 행주로 뭐 해요?
　　B 상을 치워요.

練習 2　▶track 114

(1) A 뭐가 필요해요?　　B 베개가 필요해요.
(2) A 뭐가 필요해요?　　B 뚜껑이 필요해요.
(3) A 뭐가 필요해요?　　B 사다리가 필요해요.
(4) A 뭐가 필요해요?　　B 망치가 필요해요.
(5) A 뭐가 필요해요?　　B 이불이 필요해요.
(6) A 뭐가 필요해요?　　B 바늘하고 실이 필요해요.
(7) A 뭐가 필요해요?　　B 삽이 필요해요.
(8) A 뭐가 필요해요?　　B 빗자루가 필요해요.

第30課

単語　▶track 112

(1) A 지금 뭐 해요?　　B 장을 봐요.
(2) A 지금 뭐 해요?　　B 요리해요.
(3) A 지금 뭐 해요?　　B 음식을 데워요.
(4) A 지금 뭐 해요?　　B 상을 차려요.
(5) A 지금 뭐 해요?　　B 상을 치워요.
(6) A 지금 뭐 해요?　　B 설거지해요.
(7) A 지금 뭐 해요?　　B 빨래해요.
(8) A 지금 뭐 해요?　　B 다리미질해요.
(9) A 지금 뭐 해요?　　B 옷을 정리해요.
(10) A 지금 뭐 해요?　　B 청소해요.
(11) A 지금 뭐 해요?　　B 바닥을 닦아요.
(12) A 지금 뭐 해요?　　B 쓰레기를 버려요.

練習 1　▶track 113

(1) A 걸레로 뭐 해요?
　　B 바닥을 닦아요.
(2) A 청소기로 뭐 해요?
　　B 청소해요.
(3) A 세탁기로 뭐 해요?
　　B 빨래해요.
(4) A 다리미로 뭐 해요?
　　B 다리미질해요.
(5) A 쓰레기봉투로 뭐 해요?
　　B 쓰레기를 버려요.

第31課

単語　▶track 115

(1) A 지난 주말에 뭐 했어요?
　　B 시험을 봤어요.
(2) A 지난 주말에 뭐 했어요?
　　B 친구를 만났어요.
(3) A 지난 주말에 뭐 했어요?
　　B 책을 읽었어요.
(4) A 지난 주말에 뭐 했어요?
　　B 구경했어요.
(5) A 지난 주말에 뭐 했어요?
　　B 쉬었어요.
(6) A 지난 주말에 뭐 했어요?
　　B 데이트했어요.
(7) A 지난 주말에 뭐 했어요?
　　B 이사했어요.
(8) A 지난 주말에 뭐 했어요?
　　B 아르바이트했어요.
(9) A 지난 주말에 뭐 했어요?
　　B 피아노를 배웠어요.
(10) A 지난 주말에 뭐 했어요?
　　B 친구 집에 놀러 갔어요.
(11) A 지난 주말에 뭐 했어요?
　　B 산책했어요.
(12) A 지난 주말에 뭐 했어요?
　　B 동영상을 봤어요.

練習 1 ▶track 116

(1) 절을 구경했어요.
(2) 길을 산책했어요.
(3) 영화관에서 데이트했어요.
(4) 놀이공원에 놀러 갔어요.
(5) 술집에서 친구를 만났어요.
(6) 편의점에서 아르바이트했어요.

練習 2 ▶track 117

(1) A 데이트가 어땠어요?　　B 그저 그랬어요.
(2) A 생일 파티가 어땠어요?　B 심심했어요.
(3) A 여행이 어땠어요?　　　B 별로였어요.
(4) A 수업이 어땠어요?　　　B 재미있었어요.
(5) A 영화가 어땠어요?　　　B 재미없었어요.
(6) A 공연이 어땠어요?　　　B 신났어요.

第32課

単語 ▶track 118

(1) A 정우가 뭐 하고 있어요?
　　B 정우가 웃고 있어요.
(2) A 동현이 뭐 하고 있어요?
　　B 동현이가 울고 있어요.
(3) A 지연이 뭐 하고 있어요?
　　B 지연이가 나리하고 얘기하고 있어요.
(4) A 진규가 뭐 하고 있어요?
　　B 진규가 유나하고 놀고 있어요.
(5) A 준기가 뭐 하고 있어요?
　　B 준기가 춤을 추고 있어요.
(6) A 민수가 뭐 하고 있어요?
　　B 민수가 소은을 찾고 있어요.
(7) A 윤호가 뭐 하고 있어요?
　　B 윤호가 친구를 기다리고 있어요.
(8) A 동욱이 뭐 하고 있어요?
　　B 동욱이가 의자에 앉아 있어요.
(9) A 소은이 뭐 하고 있어요?
　　B 소은이가 의자 뒤에 숨어 있어요.
(10) A 정희가 뭐 하고 있어요?
　　B 정희가 풍선을 사고 있어요.
(11) A 영식이 뭐 하고 있어요?
　　B 영식이가 풍선을 팔고 있어요.
(12) A 현철이 뭐 하고 있어요?
　　B 현철이가 사진을 찍고 있어요.

(13) A 혜인이 뭐 하고 있어요?
　　B 혜인이가 진석하고 싸우고 있어요.
(14) A 성하가 뭐 하고 있어요?
　　B 성하가 음악을 듣고 있어요.

練習 2 ▶track 120

(1) A 누가 운동화를 신고 있어요?
　　B 진석이 운동화를 신고 있어요.
(2) A 누가 모자를 쓰고 있어요?
　　B 동현이 모자를 쓰고 있어요.
(3) A 누가 치마를 입고 있어요?
　　B 소은이 치마를 입고 있어요.
(4) A 누가 목도리를 하고 있어요?
　　B 성하가 목도리를 하고 있어요.
(5) A 누가 부채를 들고 있어요?
　　B 동욱이 부채를 들고 있어요.
(6) A 누가 시계를 차고 있어요?
　　B 윤호가 시계를 차고 있어요.

第36課

単語 ▶track 127

(1) A 뭐 드릴까요?　　B 사과 주세요.
(2) A 뭐 드릴까요?　　B 배 주세요.
(3) A 뭐 드릴까요?　　B 포도 주세요.
(4) A 뭐 드릴까요?　　B 딸기 주세요.
(5) A 뭐 드릴까요?　　B 수박 주세요.
(6) A 뭐 드릴까요?　　B 참외 주세요.
(7) A 뭐 드릴까요?　　B 복숭아 주세요.
(8) A 뭐 드릴까요?　　B 감 주세요.
(9) A 뭐 드릴까요?　　B 귤 주세요.
(10) A 뭐 드릴까요?　　B 레몬 주세요.
(11) A 뭐 드릴까요?　　B 키위 주세요.
(12) A 뭐 드릴까요?　　B 바나나 주세요.

練習 2 ▶track 129

(1) A 사과가 얼마예요?
　　B 사과 한 개에 1,500원이에요.
(2) A 사과가 얼마예요?
　　B 사과 한 상자에 25,000원이에요.
(3) A 사과가 얼마예요?
　　B 사과 한 봉지에 6,000원이에요.
(4) A 사과가 얼마예요?
　　B 사과 한 바구니에 10,000원이에요.

練習 1 ▸ track **132**

(1) 저는 양파는 좋아하는데 마늘은 안 좋아해요.
(2) 저는 옥수수도 고구마도 둘 다 좋아해요.
(3) 저는 고추하고 콩 둘 다 안 좋아해요.
(4) 저는 호박은 안 좋아하지만 버섯은 좋아해요.

第38課

単語 ▸ track **135**

(1) A 이게 한국어로 뭐예요?   B 새우예요.
(2) A 이게 한국어로 뭐예요?   B 조개예요.
(3) A 이게 한국어로 뭐예요?   B 홍합이에요.
(4) A 이게 한국어로 뭐예요?   B 게예요.
(5) A 이게 한국어로 뭐예요?   B 가재예요.
(6) A 이게 한국어로 뭐예요?   B 문어예요.
(7) A 이게 한국어로 뭐예요?   B 낙지예요.
(8) A 이게 한국어로 뭐예요?   B 오징어예요.
(9) A 이게 한국어로 뭐예요?   B 굴이에요.
(10) A 이게 한국어로 뭐예요?   B 미역이에요.
(11) A 이게 한국어로 뭐예요?   B 고등어예요.
(12) A 이게 한국어로 뭐예요?   B 장어예요.
(13) A 이게 한국어로 뭐예요?   B 연어예요.
(14) A 이게 한국어로 뭐예요?   B 참치예요.
(15) A 이게 한국어로 뭐예요?   B 갈치예요.
(16) A 이게 한국어로 뭐예요?   B 멸치예요.

練習 2 ▸ track **137**

(1) 남자 저는 소고기를 좋아하는데 좀 비싸서 가끔 먹어요.
    여자 저는 소고기를 전혀 안 먹어요.
(2) 남자 저는 돼지고기를 좋아해서 매일 먹어요.
    여자 저도 돼지고기를 자주 먹어요.
(3) 남자 저는 닭고기를 못 먹어요.
    여자 저도 닭고기를 거의 안 먹어요.
(4) 남자 저는 아침마다 새우를 먹어요.
    여자 저는 새우를 전혀 안 먹어요.
(5) 남자 저는 조개를 못 먹어요.
    여자 저는 가끔 조개를 먹어요.
(6) 남자 저는 장어를 좋아해서 자주 먹어요.
    여자 저도 장어를 좋아해서 가끔 먹어요.

第39課

練習 1 ▸ track **139**

(1) 고추가 매워요.
(2) 바닷물이 짜요.
(3) 초콜릿이 달아요.
(4) 레몬이 시어요.
(5) 치킨이 느끼해요.
(6) 인삼이 써요.

第40課

単語 ▸ track **142**

(1) A 뭐 드릴까요?   B 커피 주세요.
(2) A 뭐 드릴까요?   B 녹차 주세요.
(3) A 뭐 드릴까요?   B 홍차 주세요.
(4) A 뭐 드릴까요?   B 주스 주세요.
(5) A 뭐 드릴까요?   B 콜라 주세요.
(6) A 뭐 드릴까요?   B 사이다 주세요.
(7) A 뭐 드릴까요?   B 우유 주세요.
(8) A 뭐 드릴까요?   B 생수 주세요.
(9) A 뭐 드릴까요?   B 맥주 주세요.
(10) A 뭐 드릴까요?   B 생맥주 주세요.
(11) A 뭐 드릴까요?   B 소주 주세요.
(12) A 뭐 드릴까요?   B 막걸리 주세요.
(13) A 뭐 드릴까요?   B 와인 주세요.

第41課

練習 2 ▸ track **148**

(1) 케이크 한 조각하고 커피 한 잔 주세요.
(2) 과자 두 봉지에 콜라 한 병 주세요.
(3) 떡 한 접시와 물 세 잔 주세요.
(4) 땅콩 한 접시하고 생맥주 두 잔 주세요.

第42課

単語 ▸ track **150**

(1) 개인 접시 좀 갖다주세요.
(2) 국자 좀 갖다주세요.
(3) 계산서 좀 갖다주세요.

(4) 물티슈 좀 갖다주세요.

(5) 영수증 좀 갖다주세요.

(6) 냅킨 좀 갖다주세요.

練習 1 ▶ track 151

A 찌개에 뭐가 들어가요?

B 파하고 마늘, 감자가 들어가요. 고추하고 양파, 버섯도 들어가요.

A 그럼, 찌개에 뭐가 안 들어가요?

B 오이하고 당근은 안 들어가요. 옥수수하고 호박도 안 들어가요.

▶ track 152

(1) A 찌개에 오이가 들어가요?
   B 아니요, 안 들어가요.

(2) A 찌개에 감자가 들어가요?
   B 네, 들어가요.

(3) A 찌개에 당근이 들어가요?
   B 아니요, 안 들어가요.

(4) A 찌개에 옥수수가 들어가요?
   B 아니요, 안 들어가요.

(5) A 찌개에 파가 들어가요?
   B 네, 들어가요.

(6) A 찌개에 고추가 들어가요?
   B 네, 들어가요.

(7) A 찌개에 양파가 들어가요?
   B 네, 들어가요.

(8) A 찌개에 버섯이 들어가요?
   B 네, 들어가요.

(9) A 찌개에 마늘이 들어가요?
   B 네, 들어가요.

(10) A 찌개에 호박이 들어가요?
   B 아니요, 안 들어가요.

------------ **第44課** ------------

単語 ▶ track 158

(1) 썰어요, 잘라요

(2) 넣어요, 빼요

(3) 구워요, 부쳐요

(4) 발라요, 뿌려요

(5) 섞어요, 저어요

(6) 삶아요, 데쳐요

練習 2 ▶ track 159

먼저, 여러 가지 채소를 잘 씻으세요.
그다음에, 채소를 썰어 놓으세요.
그리고 그릇에 밥을 넣고 그 위에 채소를 놓으세요.
그다음에 고추장을 넣으세요.
그리고 채소와 밥을 잘 비비세요.
마지막으로 맛있게 드세요.

------------ **第45課** ------------

単語 ▶ track 160

(1) A 시간이 있을 때 뭐 해요?
   B 여행해요.

(2) A 시간이 있을 때 뭐 해요?
   B 등산해요.

(3) A 시간이 있을 때 뭐 해요?
   B 책을 읽어요.

(4) A 시간이 있을 때 뭐 해요?
   B 영화를 봐요.

(5) A 시간이 있을 때 뭐 해요?
   B 사진을 찍어요.

(6) A 시간이 있을 때 뭐 해요?
   B 음악을 들어요.

(7) A 시간이 있을 때 뭐 해요?
   B 악기를 연주해요.

(8) A 시간이 있을 때 뭐 해요?
   B 그림을 그려요.

(9) A 시간이 있을 때 뭐 해요?
   B 쇼핑해요.

(10) A 시간이 있을 때 뭐 해요?
   B 운동해요.

(11) A 시간이 있을 때 뭐 해요?
   B 테니스를 쳐요.

(12) A 시간이 있을 때 뭐 해요?
   B 게임해요.

(13) A 시간이 있을 때 뭐 해요?
   B 개하고 놀아요.

(14) A 시간이 있을 때 뭐 해요?
   B 수리해요.

(15) A 시간이 있을 때 뭐 해요?
   B 요리해요.

(16) A 시간이 있을 때 뭐 해요?
   B 낚시해요.

練習 2 ▶ track 162

(1) 저는 한국 음악에 관심이 있지만, 가수에는 관심이 없어요.

(2) 친구는 사진도 안 좋아하고, 사진 작가에도 관심이 없어요.

(3) 저는 한국 음식을 좋아해요. 하지만 요리 방법에 관심이 없어요.

(4) 저는 운동도 안 좋아하고 운동선수에도 관심이 없어요.

(5) 제 동생은 한국 영화에 관심이 있지만 한국 배우하고 감독은 잘 몰라요.

(6) 저는 한국 역사하고 그림은 잘 모르겠어요. 하지만 서예에 관심이 있어요.

第46課

単語 ▶ track 165

(1) A 수리 잘해요?   B 아니요, 전혀 못해요.

(2) A 요리 잘해요?   B 네, 잘해요.

(3) A 춤 잘 춰요?   B 아니요, 전혀 못 춰요.

(4) A 노래 잘해요?   B 아니요, 잘 못해요.

(5) A 기타 잘 쳐요?   B 아니요, 전혀 못 쳐요.

(6) A 운전 잘해요?   B 네, 잘해요.

(7) A 바둑 잘해요?   B 아니요, 전혀 못해요.

(8) A 외국어 잘해요?   B 아니요, 잘 못해요.

(9) A 피아노 잘 쳐요?   B 네, 잘 쳐요.

(10) A 컴퓨터 잘해요?   B 아니요, 잘 못해요.

(11) A 농담 잘해요?   B 아니요, 잘 못해요.

(12) A 한자 잘해요?   B 아니요, 전혀 못해요.

第47課

単語 ▶ track 167

(1) A 옷을 가져가요?   B 네, 가져가요.

(2) A 속옷을 가져가요?   B 네, 가져가요.

(3) A 양말을 가져가요?   B 네, 가져가요.

(4) A 수영복을 가져가요?   B 아니요, 안 가져가요.

(5) A 모자를 가져가요?   B 네, 가져가요.

(6) A 운동화를 가져가요?   B 아니요, 안 가져가요.

(7) A 담요를 가져가요?   B 아니요, 안 가져가요.

(8) A 수건을 가져가요?   B 네, 가져가요.

(9) A 비누를 가져가요?   B 아니요, 안 가져가요.

(10) A 칫솔을 가져가요?   B 네, 가져가요.

(11) A 치약을 가져가요?   B 아니요, 안 가져가요.

(12) A 화장품을 가져가요?   B 네, 가져가요.

(13) A 책을 가져가요?   B 아니요, 안 가져가요.

(14) A 약을 가져가요?   B 네, 가져가요.

(15) A 지도를 가져가요?   B 아니요, 안 가져가요.

(16) A 카메라를 가져가요?   B 네, 가져가요.

(17) A 우산을 가져가요?   B 아니요, 안 가져가요.

(18) A 슬리퍼를 가져가요?   B 아니요, 안 가져가요.

練習 1 ▶ track 168

(1) A 어디로 놀러 갔어요?
B 산으로 놀러 갔어요.

(2) A 어디로 놀러 갔어요?
B 바닷가로 놀러 갔어요.

(3) A 어디로 놀러 갔어요?
B 강으로 놀러 갔어요.

(4) A 어디로 놀러 갔어요?
B 섬으로 놀러 갔어요.

(5) A 어디로 놀러 갔어요?
B 궁으로 놀러 갔어요.

(6) A 어디로 놀러 갔어요?
B 동물원으로 놀러 갔어요.

(7) A 어디로 놀러 갔어요?
B 관광지로 놀러 갔어요.

(8) A 어디로 놀러 갔어요?
B 놀이 공원으로 놀러 갔어요.

練習 2 ▶ track 170

(1) A 누구하고 산에 등산 갔어요?
B 가족이 시간이 없었어요. 그래서 이웃하고 등산 갔어요.

(2) A 누구하고 강에 놀러 갔어요?
B 회사에서 동료하고 강에 놀러 갔어요.

(3) A 누구하고 바다에 여행 갔어요?
B 지난 여름에 여행을 못 갔어요. 그래서 이번에는 가족하고 바다에 여행 갔어요.

(4) A 누구하고 관광지에 구경 갔어요?
B 저는 산책을 좋아해요. 그래서 혼자 구경 갔어요.

(5) A 누구하고 동물원에 구경 갔어요?
B 원래 친구하고 동물원에 가려고 했어요. 하지만 결국 동료하고 갔어요.

(6) A 누구하고 놀이공원에 놀러 갔어요?
B 친구하고 놀이공원에 가고 싶었어요. 하지만 친구가 시간이 없어서 아는 사람하고 놀러 갔어요.

▶ track 177

(1) A 지금 어때요?　　　　 B 아파요.
(2) A 지금 어때요?　　　　 B 더워요.
(3) A 지금 어때요?　　　　 B 추워요.
(4) A 지금 어때요?　　　　 B 배고파요.
(5) A 지금 어때요?　　　　 B 배불러요.
(6) A 지금 어때요?　　　　 B 목말라요.
(7) A 지금 어때요?　　　　 B 피곤해요.
(8) A 지금 어때요?　　　　 B 긴장돼요.
(9) A 지금 어때요?　　　　 B 졸려요.

練習 2 ▶ track 179

(1) 배고파요. 빵 좀 주세요.
(2) 더워요. 부채 좀 주세요.
(3) 아파요. 약 좀 주세요.
(4) 목말라요. 물 좀 주세요.
(5) 추워요. 담요 좀 주세요.

第52課

単語 ▶ track 180

(1) A 기분이 어때요?　　　　 B 기분이 좋아요.
(2) A 기분이 어때요?　　　　 B 걱정돼요.
(3) A 기분이 어때요?　　　　 B 기뻐요.
(4) A 기분이 어때요?　　　　 B 슬퍼요.
(5) A 기분이 어때요?　　　　 B 놀랐어요.
(6) A 기분이 어때요?　　　　 B 무서워요.
(7) A 기분이 어때요?　　　　 B 화가 났어요.
(8) A 기분이 어때요?　　　　 B 심심해요.
(9) A 기분이 어때요?　　　　 B 기분이 나빠요.
(10) A 기분이 어때요?　　　　 B 창피해요.
(11) A 기분이 어때요?　　　　 B 실망했어요.
(12) A 기분이 어때요?　　　　 B 외로워요.

第58課

単語 ▶ track 198

(1) A 날씨가 어때요?　　　　 B 비가 와요.
(2) A 날씨가 어때요?　　　　 B 맑아요.
(3) A 날씨가 어때요?　　　　 B 눈이 와요.
(4) A 날씨가 어때요?　　　　 B 흐려요.

(5) A 날씨가 어때요?　　　　 B 바람이 불어요.
(6) A 날씨가 어때요?　　　　 B 안개가 꼈어요.

練習 2 ▶ track 199

(1) 날씨가 더워요. 선풍기하고 손수건하고 부채가 필요해요.
(2) 비가 와요. 비옷하고 우산이 필요해요.
(3) 날씨가 추워요. 장갑하고 코트하고 목도리가 필요해요.
(4) 햇빛이 강해요. 선글라스하고 모자가 필요해요.

第59課

練習 2 ▶ track 202

(1) A 무슨 띠예요?　　　　 B 쥐띠예요.
(2) A 무슨 띠예요?　　　　 B 소띠예요.
(3) A 무슨 띠예요?　　　　 B 호랑이띠예요.
(4) A 무슨 띠예요?　　　　 B 토끼띠예요.
(5) A 무슨 띠예요?　　　　 B 용띠예요.
(6) A 무슨 띠예요?　　　　 B 뱀띠예요.
(7) A 무슨 띠예요?　　　　 B 말띠예요.
(8) A 무슨 띠예요?　　　　 B 양띠예요.
(9) A 무슨 띠예요?　　　　 B 원숭이띠예요.
(10) A 무슨 띠예요?　　　　 B 닭띠예요.
(11) A 무슨 띠예요?　　　　 B 개띠예요.
(12) A 무슨 띠예요?　　　　 B 돼지띠예요.

単語目録

単語

人

表現